KB028977

인생이 막막할 땐

스토아 철학

THE LITTLE BOOK OF STOICISM
Copyright © 2019 Jonas Salzgeber
All rights reserved

Korean translation copyright © 2022 by SEEP CORP.
Korean translation rights arranged with Montse Cortazar Literary Agency
(www.montsecortazar.com) through EYA Co., Ltd

이 책의 한국어판 저작권은 EYA Co., Ltd를 통해
Montse Cortazar Literary Agency (www.montsecortazar.com) 과 독점 계약한
(주)시프가 소유합니다. 저작권법에 의하여 한국 내에서 보호를 받는 저작물이므로
무단 전재 및 복제를 금합니다.

인생이 막막할 땐 스토아 철학

회복력, 자신감, 평정심을 얻는 55가지 실전 원칙

초판 1쇄 발행 2022년 6월 10일
초판 2쇄 발행 2024년 1월 23일

지은이 요나스 잘츠게버
옮긴이 이경희

펴낸이 김진규
경영지원 정동윤
책임편집 김정희

펴낸곳 (주)시프 | 출판등록 2021년 2월 15일(제2021-000035호)
주소 경기도 고양시 덕양구 권율대로668 티오피클래식 209-2호
전화 070-7576-1412
팩스 0303-3448-3388
이메일 seepbooks@naver.com

ISBN 979-11-92421-01-8 13160

회복력, 자신감, 평정심을 얻는 55가지 실전 원칙

인생이 막막할 땐 스토아 철학

요나스 잘츠게버 지음
이경희 옮김

시프

철학의 힘

"운명의 타격을 둔하게 하는 철학의 힘은
믿을 수 없을 정도로 강하다네.
어떤 무기도 철학을 점령할 수 없지.
철학은 잘 보호되어 있고 뚫리지 않는다네.
철학은 무기의 힘을 무력화하고
철학을 감싸는 보호막의 느슨한 구김살로도 무기를 막아내지.
마치 무기가 해를 끼칠 힘이 없었던 것처럼 말일세.
또 철학은 가만히 돌진하여
무기를 보낸 곳으로 힘껏 던져버린다네.
그럼 잘 있게."

세네카

들어가는 말

어쩌면 여러분은 고대 스토아 철학의 명언을 우연히 발견했거나 영감을 주는 스토아 철학의 개념을 공유한 글을 읽었을 수도 있습니다. 어쩌면 유용하고 번성했던 오랜 철학에 대해 친구한테서 들었거나 스토아 철학에 관한 책을 한두 권 공부했을 수도 있고요.

어떤 방식으로든 스토아 철학을 접하기는 쉽지만 스토아 철학이 정확히 무엇인지 이해하고 설명하기는 힘듭니다. 스토아 철학이 오늘날 어떤 의의가 있고 우리에게 어떻게 도움이 될 수 있는지를 정확히 인식하고 확인하는 일은 정말로 어렵죠. 스토아 철학을 완전히 이해하고 실천하는 일은 크고 높은 포부입니다. 바로 여기에 금이 숨겨져 있지요.

검투사들이 목숨을 걸고 싸우고 로마인들이 공중목욕탕에서 사교 활동을 하던 시대에 스토아학파가 가르치고 실천한 일은 〈왕좌의 게임〉 드라마나 페이스북이 인기 있는 오늘날에도 여전히 놀라울 만큼 유용합니다. 이런 고대 철학의 지혜는 시대를 초월하고, 또한 행복하고 의미 있는 삶을 추구할 때 그 가치가 명백하지요.

이 책은 여러분에게 귀하고 소중한 보배를 안겨줄 보물 지도입니다. 먼저 스토아 철학의 가장 중요한 철학자들을 소개하고 철학에 관한 이해하기 쉬운 개요와 핵심 원리를 알려드릴 거예요. 그리고 스토아 철학의 55가지 원칙들에다 도전하는 삶에 적용할 수 있는 유용한 조언도 들려드릴 거고요. 이론을 실제 생활에서 행동으로 옮기는 방법을 보여준다는 점이 이 책의 가장 중요한 포인트입니다.

우리는 어떤 시련을 겪더라도 스토아 철학의 조언으로부터 도움을 받을 수 있습니다. 고전 시대의 철학임에도 그 지혜는 종종 놀랍도록 현대적이고 신선하게 느껴집니다. 스토아 철학은 우리가 도전적인 삶을 살 수 있는 원동력과 능력을 기르도록 도와줍니다. 정서적인 회복력을 갖추게 해주어 우리는 외적인 일에 흔들리지도, 타인 때문에 화를 내지도 않게 될 거예요. 스토아 철학은 또한 우리 자신을 잘 다스리는 방법, 폭풍 같은 시련이 닥칠 때 평정심을 유지할 방법을 알려줍니다. 그리고 결정을 내릴 수 있게 해, 그에 따라 일상생활을 대담하면서도 단순하게 꾸릴 수 있도록 도와줄 것입니다.

세네카가 말했습니다. **"철학자와 함께 공부하는 사람은 매일 한 가지 선한 일을 시작해야 한다. 날마다 더 견실한 사람으로 귀가하거나 견실한 사람이 되기 위한 태도로 귀가해야 한다."** 스토아 철학은 우리가 인간으로서 스스로 개선하도록 도와줍니다. 우리가 용기, 인내, 자제력, 평온, 끈기, 용서, 친절, 겸손 등의 바람직한 가치관을 새기며 살도록 가르쳐주지요. 스토아 철학의 여러 정신적 버팀목들이 삶의 확신을 주고 길잡이가 되어주며 자신감을 높여줄 것입니다.

우리는 또한 훌륭한 삶에 도달할 수 있습니다. 사실 스토아 철학은 훌륭한 삶을 사회 계층과는 상관없이 모든 사람이 도달할 수 있는 목표로 보았습니다. 부유하든 가난하든, 건강하든 아프든, 교육을 잘 받았든 안 받았든, 이런 여건들은 훌륭한 삶을 살아갈 능력과는 상관없습니다. 스토아학파는 우리의 행복과 외부 환경 사이의 관계가 미약하다는 것을 잘 알았습니다.

스토아 철학에서는 우리가 주어진 환경에서 **어떻게 해야 하는지**가 훨씬 더 중요합니다. 스토아학파는 훌륭한 삶은 인성의 함양에 달려 있다고, 주변의 통제할 수 없는 세상에서 일어나는 일이 아니라 우리의 선택과 행동에 달려 있다고 말합니다. 스토아 철학을 배우는 독자들에게, 이는 스토아 철학의 어렵고도 흥미로운 근본이지요. 이 근본은 우리에게 책임감을 느끼게 해주고, 삶에 최선을 다하지 못할 변명을 못 대게 만듭니다.

주위를 둘러보세요. 비싼 아파트, 외제차, 억대 연봉 등을 꿈꾸는 무수한 사람들을 볼 수 있지요. 그들은 '열심히 일하면 성공할 것이고, 또 성공하면 행복할 것'이라는 사고방식으로 살아갑니다. '이러이러한 일을 완성하거나 차지하거나 달성하면 행복할 것'이라고 생각하거나요. 다만 문제는, 이런 방식이 계속 이어지지는 않는다는 점입니다. 여러 해 동안 이런 사고방식에 따라 살아온 사람들은 이런 의문을 품게 됩니다. "이게 과연 인생의 전부일까?"

사람들은 같은 실수를 되풀이하면서 뚜렷한 방향이 없는 삶을 아무 생각 없이 거닐지요. **삶의 철학이라는 나침반**이 없으면 우리는 모든 선의의 행동에도 불구하고 다람쥐 쳇바퀴 돌 듯 제자리를 맴돌며 가치 없는 것들을 뒤쫓을 것입니다. 그러면 결국 감정적인 고통과 후회와 좌절로 가득한 성취감 없는 삶을 살게 될 위험이 있습니다. 스토아 철학을 삶의 길잡이로 삼는 일은 노력이 많이 필요하지 않으므로, 잃는 것은 전혀 없고 얻는 것이 많은 일입니다.

이 책은 스토아 철학의 가르침을 전합니다. 더할 나위 없이 행복하고 원만하게 흘러가는 삶을 살아가는 방법, 역경에 처해도 그 삶을 유지하는 방법을 알려줍니다. 그리고 든든한 버팀목처럼 어떤 일에든 대비할 수 있게 해주지요. 우리가 흔들림 없이 잘 견뎌내고, 정서적인 회복력을 갖추며, 엄청난 고난 속에서도 놀라울 정도로 침착하고 주의 깊은 사람이 되도록 준비시켜줍니다.

스토아 철학은 좋은 시기에도 우리의 삶을 개선할 수 있으나 안 좋은 시기에 그 효과가 더욱 뚜렷합니다. 밝은 빛이 되어 칠흑같이 어두운 순간들을 헤쳐나가는 길을 보여주기 때문입니다. 스토아 철학은 자신감이 필요할 때는 분노, 두려움, 슬픔 같은 안 좋은 감정을 다스려 정서적 고통을 최소화하도록 우리의 손을 잡아줍니다. 곤경에 처할 때는 평정심에 도달하는 발판이 될 수 있지요. 또 두려움에 떨더라도 용기 있게 행동해야 할 때는 강력한 버팀목이 되어줄 것입니다. 또 우리가 가장 필요로 할 때는 우리를 일깨우고 미소짓게 하는 재치꾼 역할도 해줄 테고요.

요컨대 스토아 철학은 우리에게 좋은 삶으로 향하는 길을 보여줄 뿐 아니라 그 비결까지 건네줍니다. 우리는 훌륭한 삶으로 향하는 길을 걷고 그 비결의 문을 열고 들어가기만 하면 됩니다. 스토아 철학의 스승인 에픽테토스는 묻습니다. **"당신은 언제까지 기다릴 것인가?"**

"얼마나 기다린 후에야 자신에게 최선을 요구할 것인가?" 우리는 더 이상 어린애가 아니라 다 자란 성인이지만 여전히 미루고 있다며 에픽테토스는 이렇게 상기시킵니다. "당신은 발전하고 있지 않다는 사실도 모르는 채 퍽 평범한 사람으로 살다가 죽을 것이다." 그는 모두에게 앞으로는 성숙한 인간처럼 살라고, 자신이 최선이라고 생각하는 일을 제쳐놓아서는 안 된다고 경고합니다. 어려움과 마주칠 때마다 더 이상 지연시킬 수 없는 올림픽 경기가 바로 지금 시작된다 생각하라고 조언합니다.

훈련을 미루는 사치를 누려서는 안 됩니다. 올림픽 경기와 달리 우리가 매일같이 참가하는 삶이라는 대회는 이미 시작됐기 때문입니다. 삶은 바로 지금이니, 이제 훈련을 시작해야 합니다.

스토아 철학의 훈련은 파도타기와 다소 비슷합니다. 이론은 조금, 연습은 많이 필요하지요. 지금 당장 시작하고 싶다면 파도에 부딪히는 서핑보드 위에 선 자신의 모습을 상상해보세요. 그렇게 즐거운 시간을 마음껏 보내는 모습을… 하지만 기다리세요, 바로 거기서 잠시 멈추어야 합니다. 파도타기 첫 수업 때는 이론을 배워야 하니까요. 모래사장 위에서 손을 젓고, 일어나서, 서핑보드 위에 서 있는 법을 연습해야 하지요. 처음에 배우는 이런 이론은 짜증이 날 수 있습니다.

사람들은 이론 부분은 재빨리 통과하고 바다로 들어가 모래 가득한 입을 씻어내고 실습을 시작합니다. 바다에 들어가면 실습이 그리 쉽지 않고, 이론 부분이 정말 필요했다는 사실을 이내 깨닫게 되지요. 스토아 철학도 이와 마찬가지입니다.

저는 이 책을 체계화하여 고대의 지혜를 이해하기 쉽게 실용적으로 보여주고자 했습니다. 1부에서는 철학의 가르침과 역사, 주요 철학자들, 스토아 철학의 행복 삼각형으로 제시된 핵심 원리 등을 배울 거예요. 스토아 철학의 행복 삼각형을 배우면 우리는 다섯 살 아이에게도 철학을 설명할 수 있습니다. 2부에서는 파도에 부딪히는 과정을 배웁니다. 여기에는 일상생활에 적용할 실제적인 조언과 원칙들로 가득합니다.

이 책이 모두가 더 나은 삶을 사는 데 도움이 되길 바랍니다. 누구나 이 멋진 철학을 실천하여 좀더 현명하고 행복해질 수 있다고 믿습니다.

그럼, 이제 책 속으로 뛰어들어볼까요?

차례

들어가는 말 • 006

1부 스토아 철학이란 무엇인가?

1장 스토아 철학의 가르침 018
삶의 기술을 실천하는 과제: 이성의 진정한 전사와 같은 철학자가 되어라 021
첫 번째 핵심 개념: 에우다이모니아 024
두 번째 핵심 개념: 정서적 회복력 027

2장 간략하게 배우는 스토아 철학의 역사 036
세네카 042
무소니우스 루푸스 044
에픽테토스 046
마르쿠스 아우렐리우스 048

3장 스토아 철학의 행복 삼각형 050
아레테를 추구하며 살라 056
통제할 수 있는 일에 집중하라 073
책임을 다하라 090

4장 부정적 감정이라는 원흉 106

2부 스토아 철학의 55가지 원칙들

5장 스토아 철학을 어떻게 실천해야 할까? 120

마음의 준비 124

6장 준비단계의 원칙들 130

원칙 1 무슨 일이든 받아들이고 사랑하라 133

원칙 2 유보 조항을 적용하라 137

원칙 3 장애물이 곧 길이 된다 140

원칙 4 사물의 덧없음을 상기하라 143

원칙 5 죽음에 대해 깊이 생각해보라 146

원칙 6 모든 것을 자연에서 빌렸다고 생각하라 148

원칙 7 나쁜 일을 예측하라 151

원칙 8 자발적으로 불편해져라 154

원칙 9 아침에 하루를 준비하라 157

원칙 10 저녁에 하루를 평가하라 160

원칙 11 본보기를 정하라 164

원칙 12 자신의 무기를 바로 사용할 수 있게 준비하라 167

원칙 13 맡은 역할을 다하라 170

원칙 14 불필요한 일을 없애라 173

원칙 15 명성을 잊어라 175
원칙 16 소박한 삶을 살아라 177
원칙 17 시간을 평가하라 180
원칙 18 중요한 일에서 성공하라 183
원칙 19 영원한 학생이 되어라 186
원칙 20 살면서 무엇을 보여줄지 생각하라 188
원칙 21 완성에 필요한 일을 하라 191

7장 삶의 힘든 상황을 위한 원칙 194
원칙 22 고통을 판단하지 말라 197
원칙 23 이성으로 슬픔을 극복하라 199
원칙 24 분노보다 용기와 침착함을 선택하라 202
원칙 25 준비와 이성으로 두려움을 이겨라 206
원칙 26 내 기대치를 탓하라 209
원칙 27 고통과 역경은 미덕을 위한 큰 기회다 212
원칙 28 평정심을 되찾아라 214
원칙 29 꼭두각시처럼 조종당하지 말라 217
원칙 30 삶은 도전적이어야 한다 220
원칙 31 지금 이 순간에 집중하라 223
원칙 32 지금 누리는 것에 감사하라 226
원칙 33 남에게 대입해보라 229
원칙 34 높은 곳에서 내려다보듯 바라보라 232
원칙 35 세상 일은 늘 같음을 기억하라 234
원칙 36 객관적으로 관찰하라 236

원칙 37 인상을 따져보고 경솔함을 피하라 — 239
원칙 38 선을 행하고 선한 사람이 되어라 — 243

8장 힘든 인간관계를 위한 원칙 — 246

원칙 39 우리는 모두 하나의 생명체다 — 249
원칙 40 고의로 실수하는 사람은 없다 — 251
원칙 41 자신의 결점을 살펴보라 — 254
원칙 42 잘못한 이를 용서하고 사랑하라 — 256
원칙 43 나쁜 짓 하는 이를 비난하지 말고 동정하라 — 259
원칙 44 친절은 강하다 — 262
원칙 45 모욕을 잊고 모범을 보여라 — 264
원칙 46 삶을 훈련으로 여겨라 — 268
원칙 47 자신도 타인도 포기하지 말라 — 271
원칙 48 평정심에 그만한 값을 치러라 — 274
원칙 49 타인의 입장이 되어보라 — 276
원칙 50 좋은 친구를 사귀어라 — 279
원칙 51 나 자신 외에는 판단하지 말라 — 282
원칙 52 방관하지 말고 선을 행하라 — 285
원칙 53 꼭 필요한 말만 하라 — 288
원칙 54 이해하려는 의도로 들어라 — 290
원칙 55 모범을 보여라 — 292

감사의 말 • 294
참고문헌 • 295

"올바르지 않으면 행하지 말고,
진리가 아니면 말하지 말라."

마르쿠스 아우렐리우스

1부

스토아 철학이란 무엇인가?

스토아 철학의 가르침

01

나무는 바람이 강하게 불어야 뿌리를 깊이 내려 튼튼하게 자랍니다. 바람이 나무를 흔들고 잡아당길수록 나무가 땅을 단단히 움켜쥐어 뿌리를 더욱 깊이 내리는 법이지요. 양지바른 골짜기에서 자란 나무들은 쉽게 부러집니다.

"그렇다면 선한 사람들이 굳건해지기 위해 풍파에 흔들리는 것에 놀랄 이유가 있을까?"

세네카는 이렇게 묻습니다. 나무가 폭우와 강풍에 휘둘려 단단해지듯 선한 사람들도 그런 시련을 견뎌내어 평정심과 절제력과 겸허함과 강인함을 키울 수 있다고 말합니다.

나무가 바람에 쓰러지지 않으려고 더 깊이 뿌리를 내리듯이 우리가 사소한 일에 휩쓸리지 않으려면 마음을 강건하게 해야 합니다. 우리의 단단한 중심을 찾는 법을 바로 이 스토아 철학에서 알아낼 수 있지요. 마음이 강해지고 거센 비바람과 같은 시련도 거뜬히 이겨내며 늘 굳건하게 자신을 지킬 방법 말입니다. 우리는 스토아 철학을 통해 삶에 어떤 폭풍우가 휘몰아치더라도 훌륭히 대처할 수 있게 됩니다.

힘든 문제와 씨름하는 철학자들부터 감정적인 탐욕에 이르기까지, 1장에서는 '왜 스토아 철학을 시작해야 하는가'를 비롯해 스토아 철학의 가르침에 관해 알아야 하는 내용을 모두 다룰 거예요. 유의할 점이 있다면, 이 책에는 에우다이모니아(*eudaimonia*, 행복), 아레테(*areté*, 탁월성), 미덕(*virtue*) 등 다소 부담스러운 용어들이 등장한다는 겁니다. 생소하게 보이는 이런 용어들 때문에 책장을 넘기고 싶은 마음이 들더라도 마음을 단단히 먹고 견뎌내시기를. 인내를 갖고 그런 용어들을 익힌다면 일상의 어휘를 풍부하게 만들 수 있습니다. 더욱이 이런 부담스러운 용어들이 없다면 고대 철학이라고 할 수도 없겠죠.

삶의 기술을 실천하는 과제

이성의 진정한 전사와 같은 철학자가 되어라

"먼저 어떤 사람이 될지를 생각해보라,
그런 뒤에 해야 할 일을 실천하라."

에픽테토스

행복한 삶을 살아가는 방법은 무엇일까요? 스토아 철학의 핵심은 삶을 살아가는 방법, 즉 **삶의 기술**입니다. 스토아 철학자 에픽테토스는 철학을 장인에 비유했습니다. 이를테면 나무가 목수의 재료이고 청동이 조각가의 재료이듯 우리 자신의 삶은 삶의 기술을 실천하는 적절한 재료가 된다고 했지요. 철학은 지혜로운 노인의 전유물이 아니라 잘 사는 (그리고 잘 죽는) 방법을 배우려는 사람이면 누구에게나 꼭 필요한 기술입니다. 삶은 어떤 상황에서든 우리가 그림을 그릴 수 있는 하얀 캔버스나, 조각할 수 있는 대리석 덩어리 같은 재료를 제공해줍니다. 그러니 우리는 평생 삶의 기술을 습득할 수 있지요. 이것이 바로 스토아 철학의 역할입니다. 우리에게 더 나은 삶을 추구하는 방법, 침착하게 역경에 맞서고 행복한 삶을 창조하고 즐길 수 있는 삶의 기술을 알려주는 것 말이에요.

어떻게 하면 최선의 삶을 살 수 있을까요? 에픽테토스에 따르면, 최선의 삶을 살아가는 데 필요한 조건은 부유함도 높은 지위도 아닙니다.

다른 조건이 필요하지요. 글씨를 잘 쓰고 싶은 사람은 필체에 관한 지식을 많이 습득하고 연습해야 하고, 음악을 잘하고 싶은 사람은 음악을 공부해야 합니다. 마찬가지로 최선의 삶을 살고 싶은 사람은 살아가는 방법에 관한 훌륭한 지식을 습득해야 합니다. 당연한 이치가 아닌가요? 2장에 등장하는 또다른 주요 스토아 철학자 세네카는 철학자란 "살아가는 방법이라는 근본적인 문제를 아는 사람이다"라고 말했습니다.

철학자philosopher라는 단어는 문자 그대로 '지혜를 사랑하는 사람'이라는 뜻의 그리스어에서 비롯되었습니다. 다시 말해 살아가는 방법을 습득하기를 좋아하는 사람, 실제로 삶을 살아가는 방법에 관한 실천적인 지혜를 얻으려는 사람이 철학자이지요. 에픽테토스가 앞서 말했듯이, 최선의 삶을 살아가기를 원한다면 우리는 살아가는 방법에 관한 지식을 얻어야 합니다. 의외인 것처럼 느껴지시나요? 실제로 철학은 삶을 창조하는 방법을 배우는 실천의 문제입니다. 재료인 대리석 덩어리를 두고 철학적으로 사색한다고 해서 나무망치와 끌을 능숙하게 다룰 수 있게 되는 것은 아니지요. 스토아학파는 철학을 일상생활에 적용하는 문제에 특히 관심을 기울였습니다. 그들은 자신을 '이성의 진정한 전사'로 여겼고, 철학이란 실천으로 옮기기 위해 공부하는 것이라고 보았지요.

도널드 로버트슨Donald Robertson은 저서 《인지행동 치료의 철학》*The Philosophy of Cognitive Behavioural Therapy*에서 이 사실을 훌륭하게 비유했습니다. 고대에 이상적인 철학자는 이성의 진정한 전사였으나 현대에는 철학자가 "전사가 아니라 이성의 사서에 불과해 보이는,

책을 더 좋아하는 공론가 같은 존재가 되었다"고 로버트슨은 주장했습니다.

전사가 되고 싶다면 무엇보다 스토아 철학의 원칙들을 외우기만 할 것이 아니라 현실에서 그 원칙들을 실행하는 능력을 갖추어야 합니다. 에픽테토스는 제자들에게 이렇게 물었습니다. "자네들은 스토아 철학의 원칙들을 실천하려고 배운 것이 아니라면 도대체 무엇 때문에 배웠는가?" 그는 또한 제자들이 현실 사회로 나가 그 이론을 실천할 만큼 의욕적이지도 대담하지도 않은 모습을 보며 이렇게 말했습니다. "나는 좋아하는 레슬링 선수가 기술 이론을 어떻게 실전에 적용하는지를 확인하러 로마로 달려가고 싶네."

진정한 철학은 고대의 레슬링이나 현대의 윈드서핑처럼 이론보다는 실천을 더 많이 해야 하는 일입니다. 파도를 탈 때는 해변에서 이론을 재빨리 배운 뒤 바다에 들어가 연습을 하는 데 시간을 많이 들이지요. 거센 파도가 어려운 교과서보다 더 나은 스승이기 때문입니다. 그래서 스토아 철학은 반드시 현실 사회로 나가 교실에서 배운 지식을 적극적으로 활용해야 한다고 가르칩니다.

스토아 철학의 이런 실천적인 관점은 두 가지 중요한 가르침을 제시합니다. 첫 번째, 행복하고 원만하게 흘러가는 삶을 사는 방법을 알려줍니다. 두 번째, 역경에 부딪힐 때도 행복하고 원만하게 흘러가는 삶을 유지하도록 정서적 회복력을 발휘하는 방법을 알려줍니다. 부담스러운 용어들 가운데 우선 에우다이모니아*eudaimonia*라는 말이 무엇을 의미하는지 살펴보면서 첫 번째 가르침 속으로 뛰어들어봅시다.

첫 번째 핵심 개념
에우다이모니아

"네 안을 들여다보라. 네 안에는 선의 샘이 있고,
그 샘은 늘 파내야 솟아오를 수 있다."

마르쿠스 아우렐리우스

나의 가장 좋은 모습을 상상해보세요. 내면을 들여다보세요. 최고의 나는 어떤 모습일까요? 어떤 상황에서도 올바른 행동을 하는 사람, 어떠한 실수도 하지 않는 탁월한 존재일까요? 자기 발전을 위해 부단히 노력해온 사람이라면 내 이상적인 모습을 상상해볼 것입니다. 이런 이상적인 모습을 그리스어로 표현하면 '내면의 영혼'이나 '신성한 정령'이라는 뜻이 담긴 **내면의 다이몬*daimon***이 됩니다. 스토아학파를 비롯한 고대 철학의 모든 학파들에게 삶의 궁극적인 목표는 에우다이모니아, 즉 '내면의 다이몬을 잘 발휘하는 삶'이었습니다. (다이몬을 나쁜 영혼을 의미하는 악령, 즉 데몬demon과 혼동해서는 안 됩니다.)

스토아학파는 인간이 최고의 자아가 되기 위한 삶이 자연의 이치라고 믿었습니다. 이런 이유로 씨앗이 땅속에 자리 잡고 있듯, 내면의 다이몬(또는 신성한 정령)은 인간의 내면에 자리를 잡아 최고의 자아가 되기 위한 타고난 잠재력으로 존재한다고 했지요. 다시 말해, 그 신성한 씨앗을 완전히 자라게 하여 잠재력에 활기를 불어넣는 것이 우리의 본

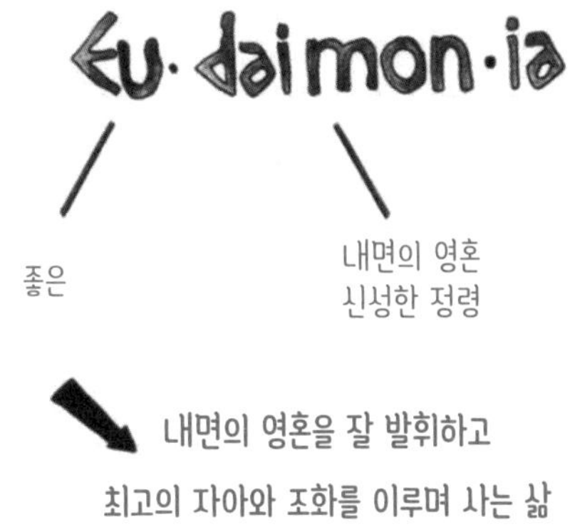

성입니다. 우리 내면의 다이몬을 잘 발휘하고 이상적인 자아와 조화를 이루며 사는 삶이 최고의 자아에 최대한 가까워지는 일인 것이지요.

우리는 최고의 자아(이상적인 자아)와 실제로 이 순간을 살아가는 존재 사이의 차이를 좁혀야 합니다. 어떻게 하면 그렇게 할 수 있을까요? 스토아학파는 이 문제를 해결하는 데 아레테areté라는 개념을 사용했습니다. 아레테는 말 그대로 '미덕'이나 '탁월성'이라는 의미로 풀이되지만, '모든 순간에 최고의 자아를 표현하는 행위'라는 더 깊은 뜻이 있습니다. 3장에서 아레테에 관해 더 깊이 다루겠지만 스토아 철학이 매 순간의 행동뿐 아니라 이상적인 자아에 최대한 가까워지는 삶을 다룬다는 사실은 이미 알 수 있지요.

스토아학파의 가장 중요한 목표는 에우다이모니아, 내면의 영혼을 잘 발휘하고 이상적인 자아와 조화를 이루며 살고 모든 순간에 최고의 자아를 표현하는 일입니다. 이 말은 정확히 무엇을 의미하는 걸까요? 그리스어 에우다이모니아의 가장 잘 알려진 뜻은 행복입니다. '융성'이나 '번영'이라는 더 좋은 본뜻을 지니고 있기도 하지요. 이는 매순간의 행동이 이상적인 자아와 조화를 이룰 때만 내면의 영혼을 잘 발휘할 수 있다는 '지속성'을 표현합니다. 인간은 좋은 삶으로 번영하고 그로 인해 행복을 느끼게 됩니다.

에우다이모니아는 행복 같은 일시적인 기분보다 전반적인 삶의 질과 더욱 관련 있습니다. 이를테면 인간이 번영하고 더없이 행복하고 최적으로 잘 사는 상태를 말하지요. 스토아 철학의 창시자 제논이 주장한 바 있습니다. "행복은 원만하게 흘러가는 삶이다."

결론을 내리면, 에우다이모니아는 행복하고 원만하게 흘러가는 삶이며 그 삶은 매순간의 행동이 최고의 자아와 조화를 이루는 번영에서 비롯됩니다.

에우다이모니아는 우리가 삶의 역경에 대처하는 데 필요한 모든 것을 갖추고 있음을 일러줍니다. 그렇지 않다면 삶이 힘들 때 어떻게 행복할 수 있겠어요? 일이 순조롭게 풀릴 때는 쉬울지 몰라도 상황이 불리하고 역경과 시련이 닥칠 때는 삶이 몹시 힘들기만 합니다. 그래서 스토아 철학은 우리를 두 번째 가르침으로 안내합니다. 즉 스토아 철학은 삶이 원만하게 계속 흘러가도록, 올바른 사고방식으로 삶의 어떤 난관도 받아들일 수 있도록 우리를 단련시킵니다.

두 번째 핵심 개념

정서적 회복력

"침착한 마음으로 시련을 견디면
불행의 힘과 부담을 덜어낼 수 있다."

세네카

에픽테토스는 이런 질문을 던졌습니다. "그런데 철학이란 무엇인가? 철학은 우연히 생기는 일들에 대처할 준비를 한다는 의미가 아닌가?"

그렇습니다. 에픽테토스가 말했듯이, 철학은 어떤 일이 일어나더라도 우리가 견딜 수 있도록 준비시켜줍니다. "그렇지 않으면 상대편에게 얼굴 좀 맞았다고 링을 떠나는 권투 선수처럼 난관에 봉착해 포기해버릴 수 있다."

우리는 결과와 상관없이 링을 떠날 수도 있겠지만 그 상황이 지혜를 얻으려는 노력을 포기하는 일이라면 어떻게 해야 할까요? "우리는 각자 맞닥뜨리는 모든 시련에 이렇게 응해야 한다. '그 시련은 바로 내가 대비하여 단련해온 내 훈련이다!'라고." 예컨대 권투 선수가 얼굴을 맞아도 링을 떠나지 않는다면 그 시련은 그가 대비한 훈련일 것입니다. 철학자들도 마찬가지예요. 철학이 의미하는 바는 삶에 얻어맞고 차이고 굴욕을 당한다고 해서 우리가 포기하고 떠나야 한다는 것이 아닙니다. 우리가 다시 일어나서 더 나아지도록 계속 노력해야 한다는 것이지요. 삶은 링 위나 다름없습니다. 삶의 역경으로부터 주먹질과 발길질을 당하는 고통은 우리가 단련해온, 바로 우리의 훈련입니다.

세네카는 이렇게 말했습니다. "시련을 겪은 적 없는 행운은 단 한 번의 타격조차 견디지 못한다. 하지만 불운과 계속 싸운 사람은 고통으로 굳은살이 박인다." 이런 사람은 불행에 쓰러지지 않고 쓰러진다고 해도 무릎을 꿇은 채로 싸웁니다. 그는 절대로 포기하지 않을 거예요.

스토아학파는 레슬링에 비유하기를 좋아해서, 마르쿠스 아우렐리우스도 이렇게 말했습니다. "삶의 기술은 무용의 기술보다 레슬링의 기술과 더 비슷하다." 우리는 기습 공격에 대비하고 있어야 합니다. 전사 같은 철학자들처럼 우리는 삶이 도전적이라는 사실을 압니다. 우리는 두 손을 비비며 마음의 준비를 하고, 얼굴을 맞을 것이라는 예상도 해야 합니다. 그렇게 하면 분명히 더욱 강해지고 더욱 무덤덤해지겠지요.

우리는 삶이라는 싸움에 참여하고 훈련해야 합니다. 우리는 강해지기를 바라고 행복하고 원만하게 흘러가는 삶을 살기를 바라니까요. 삶이 힘들 때 우리는 나 자신을 다스리며 내 행동을 조절할 수 있기를, 맹렬한 공격을 받는 가장 힘든 역경에도 흔들리지 않는 든든한 버팀목이 되기를 바랍니다. 다른 사람들이 공황 상태에 빠질 때면 우리는 침착성을 잃지 않고 깊게 생각하며, 가능한 최고의 자아가 될 수 있기를 바라지요.

스토아 철학을 실천하면 우리는 삶이 던지는 어떤 역경도 최대한 효과적으로 처리할 방법을 알아낼 수 있습니다. 삶에 어떤 일이 생기더라도 우리는 뭐든 할 각오가 돼 있어요. 삶으로부터 짧은 강타나 옆차기

같은 기습 공격을 받아도 포기하지 않고 최대한 이용할 준비가 됐지요. 이것이 스토아 철학의 가르침입니다. 그러나 바로 지금 우리가 주먹으로 얼굴을 맞는다면 어떤 일이 벌어질까요? 순식간에 불쾌한 감정이 치밀어오를 것입니다. 우리는 화가 나서 맞서거나 거의 틀림없이 눈물이 날 거예요. 스토아학파는 격한 감정을 인간의 궁극적인 약점으로 여겼는데, 특히 격한 감정이 행동을 좌우할 때를 그리 보았어요. 격한 감정은 에우다이모니아에 독이 되며 모든 인간 고통의 근원이 됩니다. 스토아학파에 따르면, 불행하게도 사람들은 대부분 비이성적인 두려움, 슬픔, 분노 같은 부정적인 격한 감정이라는 정념에 사로잡히는 경향이 있습니다. 이런 이유로 대다수가 불행하게 살지요. 든든한 버팀목은커녕 이상적인 자아에 최대한 가까워지는 삶과도 멀리 떨어져 살아가고 있는 거지요. 우리는 정념 때문에 최고의 자아에 훨씬 못 미치는 행동을 하게 됩니다.

우리가 이상적인 자아처럼 행동하려면 감정을 억제해야 하고, 행복한 삶에 방해되지 않도록 감정을 길들여야 합니다.

감정을 길들여라

스토아 철학은 최고의 행복한 삶(에우다이모니아)을 가르치고, 삶이 우리에게 던지는 어떤 시련에든 효과적으로 대처할 준비를 시켜주고자 합니다. 우리는 정서적 회복력이 있고 감정 때문에 곤란하지 않을 때 삶의 도전을 감당해낼 수 있지요.

그러니 우리는 삶에 방해가 되는 욕구와 감정을 길들이고 극복하는 방향으로 나아가야 합니다. 세네카가 주장했듯이, 그러면 우리는 빛나는 용기보다 반짝거리는 금에 현혹되는 법 없이 다른 사람들이 갈망하고 두려워하는 것을 쉽게 밀어낼 수 있습니다. 스토아학파가 **정념의 치료**라고 했던 이러한 감정의 극복은 또한 에픽테토스가 "철학 학교는 일종의 진료소와 같다"라고 말한 이유이기도 했을 것입니다.

이제, 상담 의자가 놓인 진료소를 떠올려보세요. 상투적으로 들리겠지만 심리치료사의 진료실로 들어간다고 상상해보세요. 에픽테토스의 시대에 우리가 정신이나 마음에 문제가 있었다면 정신과 상담을 받는 대신에 철학자를 만났을 거예요. 당시에는 철학자들이 마음을 치료하는 의사로 선호됐지요. 스토아학파는 인간의 마음을 탐구하는 위대한 관찰자들이었고 실제로도 중요한 심리적 통찰력을 많이 갖추었어요. 예컨대 그들은 모욕적인 말이 해로운 이유는 그 내용 때문이 아니라 모욕적인 말에 대한 사람들의 해석 때문이라는 사실을 깨달았습니다. 스토아학파는 인간의 마음을 제대로 이해하여 부정적 감정을 방지하고 처리하는 방법을 발전시켰습니다(심리를 다루는 방법 대부분은 이 책의 2부에서 다룰 거예요).

스토아주의는 철학이지만 중요한 심리적 요소를 담고 있습니다. 번영하고자 하는 인간의 목표 같은 스토아주의 신념은 대부분 긍정심리학에 관한 현대의 연구와 관련되어 있습니다. 이런 사실 때문에 스토아 철학에 매우 흥미를 느꼈지요. 스토아 사상 이면의 과학을 살펴보는 것은 이 책의 범위를 벗어나지만 긍정심리학에 관한 책을 읽어보면 스토아 사상과 일치한다는 사실을 알게 될 것입니다(숀 아처Shawn Achor의

《행복의 특권》*The Happiness Advantage*이 매우 흥미로운 출발점이 될 테고요).

신체에 질환이 있는 것처럼 정신에도 질환이 있습니다. 이런 사실을 스토아학파는 잘 알고 있었지요. 그들은 비이성적인 감정으로 고통을 받으면서 삶에서 번영을 일굴 수는 없다고 했습니다. 그리하여 우리에게는 삶을 방해하는 감정을 이겨내는 능력, 아파테이아*apatheia*가 필요합니다.

그런데 여기에서 무관심이라는 뜻의 '아파시'apathy가 유래되었고, 또 이것이 어찌된 영문인지 스토아학파가 몰인정하거나 감정을 억제하려고 했다는 전형적인 오해가 생긴 주요 원인이 되었습니다. 그런 오해는 '잘 받아들이기'나 '내색하지 않기'라는 뜻을 나타내는 '스토익'stoic에서 비롯되기도 했습니다. '스토익'은 이 책에서 다루는 '스토이시즘'(Stoicism, 스토아주의, 또는 스토아 철학)과 전혀 관련이 없습니다. 이제 '스토아학파는 감정이 없다'라는 오해는 말끔히 없애버리기로 해요.

스토아 철학은 감정을 억제하거나 숨기거나, 혹은 감정이 없는 태도와 아무 관련이 없습니다. 오히려 감정을 인정하고, 감정의 원인을 곰곰이 생각해보고, 자신에게 도움이 되도록 감정을 다스리는 법을 터득하는 일과 관련 있지요. 다시 말해 스토아 철학은 부정적인 감정에서 벗어나게 하고, 그 감정을 없애기보다 길들이는 법을 가르칩니다.

내면의 늑대처럼 변하는 격한 감정을 상상해보세요. 그런 감정은 제멋대로일 때 막대한 영향력을 미치고 어디든 원하는 곳으로 우리를 끌어당길 수 있습니다. 감정은 '행동 성향'을 활발하게 합니다. 예컨대 사람들은 화가 나면 주먹을 불끈 쥐고, 고함을 치고, 물건을 던지는 행동을 할 수 있습니다. 내면의 늑대가 화가 나면 우리는 내면의 늑대에게 통제권을 빼앗긴 뒤 무턱대고 그 늑대의 행동 성향을 따르고 실행에 옮기지요. 그러나 스토아학파는 우리가 그런 성향에 따를 필요가 없다는 사실을 알아냈습니다. 우리는 화가 나더라도 침착하게 행동하도록 나 자신을 단련시킬 수 있고, 불안하더라도 용감하게 행동할 수 있으며, 또한 내면의 늑대가 서쪽으로 잡아당기더라도 동쪽으로 향할 수 있습니다.

다행히도 우리는 내면의 늑대가 없는 척하거나(가능하지도 않지만) 그 늑대를 없애버릴 필요가 없습니다. 스토아학파는 우리가 내면의 늑대를 길들이고 이해하는 법을 터득하기를 바랍니다. 우리는 내면의 늑대가 화가 나고 불안해하거나 굶주렸을 때 우리의 행동을 좌우하도록 두지 말고 침착하게 행동해야 합니다. 내면의 늑대가 한껏 으르렁거리고 울부짖더라도 이를 두려워하지 않고 원하는 대로 행동해야 하고요.

우리의 목표는 감정을 모두 없애는 것이 아니라 그 엄청난 영향력에도 불구하고 감정에 압도당하지 않는 것입니다. 우리는 감정적인 늑대가 느껴지고 그 늑대가 다른 방향으로 잡아당기더라도 자신의 길로 계속 나아가야 해요. 마음속으로 이렇게 생각하면서 말입니다. "그래, 내면의 늑대가 몹시 흥분하여 날뛰려고 하는데, 그게 어디에 도움이 되겠어?" 그렇게 감정을 뛰어넘어야 합니다. 내면의 늑대가 으르렁거리는 소리가 들려도 귀 기울일 필요도, 따라갈 필요도 없습니다.

스토아학파는 동정심이라고는 없는 몰인정한 사람들이 아니었습니다. 욕구와 감정이 본성의 일부이기는 하지만 우리의 힘으로 그런 욕구와 감정에 과도하게 동요되지 않고 뛰어넘을 수 있음을 인정했지요. 세네카는 "스토아학파만큼 선량하고 관대한 학파는 없고, 이보다 인간을 사랑하는 학파도 없다"라고 말했습니다. 또한 "스토아학파가 우리에게 부여하는 목표는 가치 있는 사람이 되고, 타인을 도와주고, 자신뿐만 아니라 다른 모든 이들을 소중히 여기는 일이다"라고도 했지요. 스토아학파는 사랑하는 사람과 동포들을 소중히 여기는 사람들입니다. 그들은 다만 비이성적으로 압도당하지 않도록 감정을 길들일 뿐이고요. 세네카가 주장하듯, "느끼지 못하는 감정을 참아내는 일"이 무슨 감동이 있겠어요? 스토아 철학 관련 저술가 도널드 로버트슨은 이를 두고 다음과 같이 설명합니다. "용감한 사람은 두려움을 조금도 경험하지 않은 사람이 아니라 **불안하더라도 용기 있게 행동하는** 사람이다."

스토아학파는 사람들이 정념을 없애지 않고 그보다 강해짐으로써 극복하기를 바랍니다. 감정적인 늑대가 언제 모습을 드러내는지는 늘 알 수 있습니다. 우리는 그 늑대를 따라가려는 자신의 성향을 스스로 인지할 수 있도록 훈련한 다음, 따를지 말지를 신중하게 선택할 수 있지요. 스토아 철학은 부정적 감정에 거의 시달리지 않으면서 동시에 기쁨이나 평정심 같은 더욱 긍정적 감정을 경험할 수 있도록 해줍니다.

주목할 점은 스토아학파에게 이런 긍정적 감정은 목적이라기보다 오히려 추가된 선물에 더 가깝다는 사실입니다. 이제 스토아 철학의 실천을 통해 덤으로 생기는 **평정심**을 자세히 살펴볼까요?

스토아 철학의 실천으로 평정심을 얻어라

놀랍게도 스토아 철학은 꽤 기쁨을 주는 삶의 철학입니다. 스토아학파에 관한 책을 읽으면, 주어진 삶을 완전히 즐기는 쾌활하고 긍정적인 사람들을 발견하게 되지요. 스토아학파는 몰인정한 사람들이 아니라, 격한 감정이 인간의 약점이며 이상적인 자아를 추구하려는 삶에 방해가 된다는 사실을 알았을 뿐이에요.

스토아학파에게 삶의 궁극적인 목표는 에우다이모니아, 즉 매순간 이상적인 자아를 발휘하여 번영하고 행복하며 원만하게 흘러가는 삶입니다. 감정적인 늑대에 사로잡히면 공황 상태에 빠지고 이상적인 자아를 추구하려는 삶과 동떨어진 행동 성향을 따르게 되지요. 그래서 스토아학파는 격한 감정이 삶에 미치는 영향력을 최소화하라고 조언합니다. 내면의 늑대에게 통제력을 넘기지 말고 우리가 늘 감정의 주도권을 유지하도록 그 늑대를 길들이기를 바라고요. 그렇게 해야만 우리는 최고의 자아를 발휘하고, 마침내 행복하고 원만하게 흘러가는 삶을 살 수 있습니다.

우리가 감정에 구속되지만 않으면 매순간 최고의 자아를 발휘할 수 있습니다. 그렇게 하면 후회하고 두려워하거나 불안해할 여지가 전혀 없게 됩니다. 이런 과정에서 생기는 매우 유익한 뜻밖의 선물이 **평정심**이에요. 평정심은 오늘날의 정신없이 바쁜 세상에서 우리가 추구해야 할 태도로, 침착함을 유지하고 혼란 속에서도 자신감과 안정감을 느낄 수 있게 합니다. 스토아학파가 처음부터 추구한 핵심은 에우다이모니아이기 때문에 평정심은 '부산물'이 됩니다. 말하자면 평정심은 추가된(그리고 환영받은) 선물이었습니다. 그러므로 평정심 자체를 위해 실천하는 것은 사실 스토아 철학에 부합하지 않았을 거예요.

스토아학파에게 평정심은 무엇일까요? 세네카는 자신의 대표적인 서간집에서 에우티미아*euthymia*의 힘에 관해 언급합니다. 그에 따르면, 평정심이라는 뜻의 그리스어 에우티미아는 **자신의 길을 알고 그 길을 걸어가는 일**입니다. 에우티미아는 또한 **진실로 완전히 자신을 믿을 때 생기는 느낌**을 말하지요. 우리는 자신이 하는 일이 옳다고 확신하고, 여기저기에서 다른 이들이 말하는 것을 귀담아들을 필요가 없습니다. 늘 남들을 자신과 비교하거나 의심할 필요도 없지요. 우리는 최선을 다해 노력하고 자신의 가치관에 따라 살고 있으므로, 자신이 하는 일을 신뢰하고 또 할 수 있는 전부라고 여깁니다.

요컨대 **평정심은 최고의 가치관을 갖고 온전하게 진정한 자아로 살고 있을 때 느끼는 침착한 자신감**입니다. 세네카에 따르면, 변하지 않는 기준에 따라 사는 사람들은 평정심이라는 마음의 평화를 얻습니다. 그리고 그런 사람들은 "결정을 계속 번복하여 일을 추구하다가 거부하는 삶으로 방황하는" 이들과는 다릅니다.

스토아 철학이 스스로 견디고 이겨낼 수많은 정신적 버팀목을 제시할 테니, 우리는 각자의 길을 찾아 걸어갈 수 있습니다. 꽤나 심술궂은 삶의 주먹질과 발길질에 당하더라도 늘 평정심이라는 침착한 자신감을 얻을 수 있지요. 무엇을 하고 왜 해야 하는가를 잘 아니까요. 옳은 일을 하고 있다는 확고한 마음을 갖고 굳건한 사람이 된다면 우리는 그 어떤 역경에도 쓰러지지 않을 것입니다.

"배는 난파되었으나 항해는 성공적이었다."

키티온의 제논

간략하게 배우는 스토아 철학의 역사

02

기원전 320년경 한 페니키아 상인이 항해 도중에 지중해에 있는 키프로스와 그리스 본토 사이 어딘가에서 배가 난파되는 시련을 겪었습니다. 그는 배에 실린 재물을 비롯해 뿔고둥에서 채취한 매우 값비싼 자줏빛 염료까지 모두 잃고 말았습니다. 그 사람은 바로, 이 난파 덕분에 수년 뒤 스토아 철학의 창시자가 된 키티온의 제논입니다.

상인이었던 제논의 아버지는 그리스 아테네에서 책을 구매해오곤 했습니다. 난파된 뒤 아테네로 들어간 제논이 서점에서 소크라테스에 관한 책을 읽었던 것은 그런 아버지의 영향 때문이었겠지요. 한 세기쯤 일찍 가르침을 전한 아테네의 철학자에게 매우 감명을 받은 제논은 서적상에게 이런 소크라테스 같은 사람들을 어디서 찾을 수 있느냐고 물었습니다. 그러자 서적상은 막 지나가고 있던 키니코스학파 철학자 크라테스를 가리키며, "저 사람을 따라가시오"라고 말해주었지요.

실제로 제논은 당대의 주요 철학자였던 크라테스를 따라갔고 그 뒤 수년 동안 그의 제자로 지냈습니다. 제논은 완전히 바뀐 삶에 행복해하며 이렇게 말했습니다. "잘했노라, 그대 행운이여, 나를 철학으로 이끌어주었으니." 배가 난파되었던 시절을 되돌아보며, 제논은 이렇게 말하기도 했습니다. "배는 난파되었으나 항해는 성공적이었다."

이 흥미로운 이야기는 제논이 사망하고 약 150년 뒤 고대 그리스의 전기 작가 디오게네스 라에르티오스가 저술한《유명한 철학자들의 생애》에 수록되어 있습니다. 이 이야기에는 여러 다른 해석들이 있고 연대도 서로 일치하지 않아서, 이 이야기가 사실인지 아니면 스토아 철학 창시 일화 가운데 흥미로운 사례일 뿐인지는 확실치 않습니다.

한동안 크라테스의 가르침을 받은 뒤 제논은 다른 굵직한 철학자들에게 찾아가 공부하기로 했습니다. 그리고 수년이 지난 기원전 301년경에 그는 독자적인 철학을 만들기 시작했지요. 처음에 제논의 추종자들은 '제노니안'Zenonians이라고 불렸습니다. 그러다 제논이 스토아 포이킬레Stoa Poikilê 현관에서 강연하는 바람에 스토아학파Stoics로 알려지게 되었죠. 아테네 중심부에 있는 스토아 포이킬레는 '채색 주랑'이라는 뜻입니다. 역사 속 전투를 표현한 그림들로 장식돼 있지요. 그렇게 스토아 철학이 탄생했습니다. 다른 학파들과 달리 스토아학파는 그들의 영웅인 소크라테스의 본보기를 따라 누구나 접근 가능한 외부 공공장소에 모였습니다. 스토아 철학은 학구적인 사람과 일반인 모두를 위했으므로 '거리의 철학'이라 할 수 있었지요.

앞서 살펴보았듯이 스토아 철학은 갑자기 생겨난 것이 아니라 제논이 창시했고 초기의 스토아학파는 특히 소크라테스, 키니코스학파(크라테스 등), 아카데미아학파(플라톤의 추종자들) 등 철학의 여러 학파와 사상가들로부터 영향을 받았습니다. 스토아학파는 '어떻게 하면 훌륭한 삶을 살 수 있을까?'라는 소크라테스의 질문을 채택했습니다. 그들은 철학을 일상적인 문제에 적용하고, 훌륭한 성품을 가꾸고, 탁월하며 타인과 자연을 소중히 여기는 더 나은 인간이 되는 데 중점을 두었습니다. 스토아학파가 키니코스학파에서 바뀐 것이 한 가지 있었어요. 금욕주의를 단념한 사실입니다. 키니코스학파와 달리 스토아학파는 소박한 즐거움을 허용했습니다. 그들은 사람들이 집착하지 않고 삶에서 좋은 일들을 즐겨야 한다고 주장했지요. 이후에 마르쿠스 아우렐리우스도 "궁전에 살아야 한다면, 궁전에서 잘 살 수도 있다"라고 말한 바 있습니다. 스토아 철학은 이렇게 편안함을 허용하는 매력으로 과거와 오늘날에도 사람들의 마음을 사로잡았습니다.

제논이 사망한 뒤(제논은 사후 청동상이 세워질 정도로 아테네인들에게 존경을 받았습니다) 스토아는 기원전 155년까지 아테네의 주요 학파로 자리매김했습니다. 그 당시는 고대 철학사에서 매우 중요한 일이 벌어지던 때였어요. 스토아 철학의 대표(바빌론의 디오게네스)를 비롯한 여러 학파의 대표들이 로마에서 이루어질 정치 협상에서 아테네를 대변할 대사로 선출되었지요. 로마와의 협상은 그다지 흥미를 끌지 못했으나, 아테네인들의 방문이 미치는 문화적 영향은 컸지요. 아테네인들이 연 강연회에는 사람들이 꽉 들어찼고 다소 보수적인 로마인들로 하여금 철학에 관심을 갖도록 만들었습니다. 스토아 철학은 로마에서 번성하는 철학이 되었고, 세네카, 무소니우스 루푸스, 에픽테토스, 마르쿠스 아우렐리우스 등이 유명해졌습니다.

스토아 철학은 그 뒤로 약 500년 동안 가장 영향력 있고 존경받는 철학 가운데 하나였습니다. 부유한 사람이든 가난한 사람이든, 권력이 있는 사람이든 고통받는 사람이든 모두가 훌륭한 삶을 추구하며 스토아 철학을 실천했지요. 그러나 무소니우스 루푸스, 에픽테토스, 로마 황제 마르쿠스 아우렐리우스 등 유명한 지도자들이 사망한 뒤 스토아 철학은 침체기에 빠졌고 아직도 회복되지 않았습니다. 카리스마 있는 지도자의 부족과 기독교의 대두로 인해 한때 큰 인기를 모았던 철학이 쇠퇴하고 말았지요.

그러나 스토아 철학의 개념은 데카르트, 쇼펜하우어, 소로 등 역사적인 철학자들의 많은 저작물 속으로 흘러 들어갔습니다. 또한 스토아 철학의 개념은 독자 여러분이나 저 같은 일반인(나쁜 뜻으로 한 말은 아니니 오해가 없으시기를!)의 삶 속으로 되돌아오고 있지요. 빅터 프랭클의 의미치료logotherapy와 앨버트 엘리스의 합리적 정서 행동치료rational emotive behavior therapy에서 이런 스토아 철학의 부활이 감지됩니다. 이 두 사람은 스토아 철학의 영향을 받았지요. 더욱 최근에는 피에르 아도, 윌리엄 어빈, 도널드 로버트슨, 특히 라이언 홀리데이 등의 저술가들이 스토아 철학의 귀환에 속도를 높이고 있습니다.

가장 중요한 스토아 철학자들

예컨대 우리가 지금 고대 로마의 전차 경기장인 키르쿠스 막시무스에 있다고 상상해볼까요? 주위를 둘러보세요. 열광하는 관중 수천 명이 좋아하는 전차 경주자를 향해 깃발을 흔들고 환호하며 응원을 하고 있습니다. 자, 이제 영상을 축소해 멀리 북쪽으로 반 마일 이동해보세요.

그곳에서 영상을 확대해볼까요? 갑자기 으르렁거리는 소리가 들립니다. 우리 바로 앞에서 한 검투사가 사자와 싸우고, 오른편에서는 또다른 검투사가 우리를 향해 창을 겨누고 있습니다. 왼편에는 무시무시하게 커다란 코끼리가 우리 쪽으로 맹렬하게 달려오고요. 이런 극적인 시대에 우리의 주인공들은 스토아 철학을 가르치고 실천했습니다. 철학은 (조금 전에 코끼리가 우리를 덮친) 콜로세움에서 벌어지는 혈투보다는 훨씬 흥미가 덜하겠지만 오늘날까지 이어지고 있습니다. 그것만으로도 우리가 앞으로 배울 충분한 이유가 되지요.

이제 세네카, 무소니우스 루푸스, 에픽테토스, 마르쿠스 아우렐리우스 등 고대 로마의 스토아 철학자들을 살펴볼까요? 그들의 저서와 가르침은 거의 2천 년 동안 이어져왔고 스토아 철학의 토대를 이룹니다. 스토아 철학에 관한 저작물은 천여 권이 넘는 것으로 알려져 있지만, 지금까지 전해진 것은 소수에 불과합니다. 주로 이름난 철학자들의 저작물뿐이지요.

다행히 이런 뛰어난(결점도 있는) 사람들은 산속 동굴에 숨어들지 않았습니다. 오히려 그들은 모두 사회에 완전히 참여했고 세상을 더 나은 곳으로 만들려고 노력했습니다. 그들 가운데는 부유한 극작가이면서 현대의 기업가나 다름 없었던 철학자가 있습니다. 초창기 페미니스트도 있고, 로마 황제에게 중요한 영향력을 미쳐 세상에서 가장 강력한 사람이 된 노예도 있었지요. 여기서는 가장 유명한 스토아 철학자 네 명만 간단히 다루어보려고 해요.

세네카

(기원전 4년경~65년)

"어느 항구로 항해하는지 모르는 사람에게는
어떤 바람도 도움이 되지 못한다."

세네카

주로 소少 세네카, 또는 간단히 세네카로 알려진 루키우스 안나이우스 세네카Lucius Annaeus Seneca는 가장 논란이 많은 스토아 철학자입니다. 세네카는 예수가 태어났을 무렵 스페인 코르도바에서 태어났고 이탈리아 로마에서 교육을 받았지요. 고대 로마제국 시대의 가장 훌륭한 저술가에 속하는 세네카의 여러 수필과 개인 서간집은 대부분 지금까지 남아 있으며 스토아 철학의 중요한 문헌이지요. 세네카는 스토아 철학의 실용적인 측면에 중점을 두었기 때문에 이러한 저작물들은 오늘날의 우리에게도 유용합니다. 여행하는 법, 역경에 대응하고 슬픔이나 분노 등의 감정을 다루는 법, 자살(네로 황제로부터 세네카는 자살할 것을 명받았지요)에 대처하는 법, 부(세네카가 너무도 잘 아는 영역이었습니다)와 빈곤에 대처하는 법 등이 그러합니다.

　세네카는 특이한 삶을 살았습니다. 그의 삶은 깊이 연구되면서 많은 의문을 불러일으켰지요. 그는 세상을 떠난 뒤 거의 2천 년 동안 계속 읽힌 서간집 외에도 역사서에 실릴 업적을 많이 남겼습니다. 세네카는 성공한 극작가이기도 했고 사업 운영을 잘한 덕분에 엄청난 부자가 되었습니다(말하자면 현대의 기업가나 투자가처럼요). 그러나 세네카는 황제의 조카와 간통을 했다는 혐의로 그 자신이 "척박하고 가시가 많은 바위투성이"라고 했던 코르시카(지금은 다채롭고 아름다운 풍경으로 인기 있는 휴양지입니다)로 추방되었습니다. 추방되고 8년이 지나, 세네카는 새 황후로부터 아들 네로의 가정교사가 되어달라는 요청을 받았습니다.

네로가 즉위하자 세네카는 네로의 고문관이 되었고 로마제국에서 가장 부유한 사람들 가운데 한 명이 되었습니다. 《안티프래질》(*Antifragile*, 중앙북스, 2016)에서 한 장章 전체를 세네카에 관해 서술한 나심 탈레브에 따르면, "세네카의 재산은 3억 데나리온"이었다고 합니다. (같은 시기에 유다가 예수를 배반한 대가로 한 달 급여에 해당하는 30데나리온을 받았다고 하지요.) 외적인 소유물에 집착하지 말라고 했던 철학자가 이런 엄청난 재산을 소유했다는 점 때문에 세네카는 위선자로 불리기도 했습니다. 문제시되는 또 다른 사실은 세네카가 네로 황제의 스승이자 고문관이었다는 점입니다. 네로 황제는 제멋대로인 잔혹한 통치자로, 자신의 어머니를 비롯해 많은 사람을 죽인 인물이지요. 서기 65년에 네로는 황제에 맞서려는 음모에 가담했다고 여겨 세네카에게 자살을 명했습니다.

위선자였든 아니든 세네카는 부와 권력뿐만 아니라 철학과 자기성찰로 가득한 파란만장한 삶을 살았습니다(그는 자신이 불완전한 존재라는 사실을 잘 알았습니다). 스토아 철학은 세네카의 삶에서 확고했고 유용하고 영감을 주는 그의 많은 서간문에 깊이 새겨져 있습니다. 세네카의 서간문들은 이 책 곳곳에 풍부하게 인용되어 있고요.

무소니우스 루푸스

(30~100년경)

"사람은 누구나 죽으므로
오래 사는 것보다
명예롭게 죽는 것이 낫다."

무소니우스 루푸스

네 명의 위대한 스토아 철학자들 가운데 가이우스 무소니우스 루푸스 Gaius Musonius Rufus는 가장 잘 알려지지 않은 축입니다. 자신의 학교에서 스토아 철학을 가르쳤고 거의 아무것도 글로 남기지 않았기 때문에 그의 삶과 가르침에 관해서는 거의 알 수가 없습니다. 다행히 무소니우스의 제자들 가운데 루키우스가 스승의 강연을 기록했지요. 무소니우스는 계속 활용할 수 있는 유용한 철학을 옹호했습니다. "인체의 건강으로 이어지지 못하면 의술이 소용이 없듯이, 정신의 미덕으로 이어지지 못하면 철학의 원리도 소용이 없다."

그리하여 무소니우스는 식습관, 성생활, 옷을 제대로 입는 법, 부모에 대한 예의범절 등에 관해 상세하게 조언했지요. 그는 철학이 실용적이어야 할 뿐만 아니라 보편적이어야 한다고 보았고, 남자든 여자든 모두가 철학을 익히고 배워 이익을 얻을 수 있다고 주장했습니다.

무소니우스 루푸스는 당시에 가장 저명한 스토아 철학 교사였고 로마에서 그의 영향력은 상당히 컸습니다. 고대 로마에서, 더군다나 포악한 네로 황제에게 추방당하는 일은 허다했으므로 무소니우스도 서기 65년에 그리스의 섬 기아로스로 추방당했습니다. 세네카의 "척박하고 가시가 많은 바위투성이"라는 묘사는 코르시카보다 이 섬에 훨씬 더 적합했을 것입니다. 기아로스는 정말로 사막 같은 섬이었습니다. 지금도 그렇고요. 서기 68년 네로 사망 뒤 무소니우스는 로마로 돌아와 다시 추방되기 전까지 7년 동안 머물렀습니다. 무소니우스는 서기 100년경에 세상을 떠났으나 그의 흔적은 루키우스의 강의 노트뿐 아니라 가장 유명한 제자인 에픽테토스의 강의 노트에도 남았지요.

에픽테토스

(55~135년경)

"철학을 말로만 설명하지 말고
직접 행동으로 보여라."

에픽테토스

에픽테토스는 히에라폴리스(오늘날 터키의 파묵칼레Pamukkale)에서 노예로 태어났습니다. 에픽테토스라는 이름은 간단히 '소유물' 또는 '사들인 것'이라는 의미입니다. 진짜 이름이 있었을 테지만 알려지지는 않았습니다. 그는 노예였다가 자유민이 된 부유한 에파프로디토스의 노예였습니다. 에파프로디토스는 로마에서 네로 황제의 비서로 일한 인물이었지요. 에픽테토스는 로마에서 젊은 시절을 보냈습니다. 그는 선천적으로 그랬는지 아니면 이전 주인으로부터 입은 상해 때문인지 한쪽 다리를 절었습니다. 에픽테토스를 잘 대해준 새 주인 에파프로디토스는 그가 로마의 가장 유명한 교사인 무소니우스 루푸스로부터 스토아 철학을 배우도록 해주었지요.

서기 68년 네로가 사망하고 얼마 뒤, 에픽테토스는 주인에 의해 자유의 몸이 되었습니다. 똑똑하고 교육받은 노예들이 자유인이 되는 것은 당시에 로마에서 흔했지요. 에픽테토스는 직접 학교를 열어 도미티아누스 황제가 로마에서 철학자들을 모두 추방하기 전까지 거의 25년 동안 스토아 철학을 가르쳤습니다. 에픽테토스는 그리스 니코폴리스로 도망쳐 학교를 옮겼고 그곳에서 적은 재산으로 검소한 생활을 했습니다. 도미티아누스 황제가 암살당한 뒤 스토아 철학은 명망을 되찾아 로마인들 사이에서 인기를 얻었지요. 당시에 주요한 스토아 철학 교사였던 에픽테토스는 로마로 돌아갈 수 있었지만 니코폴리스에 머물기로 했습니다. 그리고 그곳에서 서기 135년경 세상을 떠났습니다. 로마보다 위치는 좋지 않았지만 로마제국 곳곳에서 에픽테토스의 학교로 학생들이 몰려왔으며, 학생들에게 삶의 시련 앞에서도 존엄성과 평정심을 간직하는 법을 가르쳤습니다.

스승 무소니우스 루푸스처럼 에픽테토스도 글로 아무것도 남기지 않았으나 다행히 제자들 가운데 괴짜가 있었습니다. 스승의 강연을 철저히 받아 적은 제자 아리안Arrian은 에픽테토스의 강연을 발췌하여 그 유명한 《어록》 시리즈를 만들었습니다. 아리안은 또한 《어록》의 가장 중요한 원칙들을 요약한 짧은 책, 《엥케이리디온》*Enchiridion*을 엮었습니다. '엥케이리디온'은 흔히 《편람》*Handbook*으로 번역되기도 하나, 말 그대로 '손에 쥐고 다니는'이라는 의미입니다. 이 말은 오래전에는 편람보다는 '손에 쥐는 칼'에 더 가까운 의미였기 때문에 **늘 삶의 도전에 대처하도록 준비하라**는 의미를 함축하고 있습니다.

마르쿠스 아우렐리우스

(121~180년)

"나를 끊임없이 놀라게 하는 일이 있다.
우리는 모두 자신을 타인보다 사랑하면서도 자신의 의견보다는
타인의 의견에 더욱 주의를 기울인다."

마르쿠스 아우렐리우스

"선한 사람이 어떤 사람이어야 하는가에 대해 논쟁하느라 시간을 낭비하지 마라. 그냥 선한 사람이 되어라."

어떤 구부정한 연로한 철학자가 아니라, 철학자 왕이 쓴 글입니다. 보기 드문 사례이지요. 그는 바로 당시 세상에서 가장 영향력 있던 사람, 그 유명한 로마제국의 황제 마르쿠스 아우렐리우스입니다. 마르쿠스는 모든 스토아 철학자 가운데 가장 잘 알려져 있고, 그의 《명상록》은 역사상 가장 훌륭한 철학서 가운데 하나입니다. 《명상록》은 마르쿠스 자신의 지침과 자기계발을 위해 일기처럼 자신을 향해 발화한 12권의 짧은 책들로 이루어져 있습니다.

마르쿠스는 10대였을 때 레슬링 · 복싱 · 사냥 등의 활동을 즐겼고, 철학도 즐겼다고 합니다. 그는 여러 철학자와 공부했는데, 그들 중 한 명으로부터 에픽테토스의 《어록》을 빌렸지요. 그 일은 마르쿠스에게 중대한 영향을 미쳤습니다. 마르쿠스가 열여섯 살이었을 때 하드리아

누스 황제가 마르쿠스의 외숙부 안토니누스를 입양했고, 그런 뒤 안토니누스가 마르쿠스를 입양했습니다(친아버지는 마르쿠스가 어렸을 때 세상을 떠났습니다). 마르쿠스는 궁중 생활을 시작하면서 정치 권력으로 으스대지 않았습니다(그런 일을 허용하지도 않았고요). 양부와 공동 황제가 되려 하지도, 안토니누스가 사망한 뒤 스스로 황제로 즉위하려고도 하지 않았습니다.

첫째로 마르쿠스는 권력과 재물을 이용할 때 탁월한 자제력을 발휘했습니다. 스토아 철학에 관심을 두었음에도 불구하고 그는 자신의 권한으로 스토아 철학에 대해 설파하거나 그 실천의 이점에 대해 동료 로마인들에게 강연하려 들지 않았지요. 마르쿠스는 서기 161년부터 180년 사망하기까지 나라를 다스렸으며, 이른바 '5인의 훌륭한 황제들' 가운데 마지막 황제로 꼽힙니다.

"타오르는 불길은 우리가 던져 넣은 모든 것을
화염과 불빛으로 바꿔버린다."

마르쿠스 아우렐리우스

스토아 철학의 행복 삼각형

03

역사를 충분히 알아보았으니, 이제 스토아 철학의 핵심을 알아볼 차례입니다. 스토아 철학의 훌륭한 철학자들은 정확히 무엇을 믿고 또 무엇을 가르쳤을까요? 그들은 어떻게 최고의 행복과 원만하게 흘러가는 삶의 가르침을 지켜내려고 했을까요? 그들의 원칙은 어떻게 우리가 삶의 모든 문제에 맞서도록 준비시킬까요? 우리는 어떻게 감정을 길들이고 흔들리지 않는 든든한 버팀목이 될 수 있을까요? 그 해답은 간단합니다. 우리는 현실 사회로 나가 전사와 같은 철학자가 되도록 단련해야 합니다. 다만 우선은 따라야 할 규칙을 알아야 하고, 무엇을 위해 싸워야 하는지, 또 어떤 방향을 취해야 하는지도 알아야 하지요. 이런 문제들은 여기서 배울 스토아 철학의 핵심 원칙들과 관련이 있습니다.

스토아 철학의 핵심이 꽤나 쉽겠지 오해하며 "그 핵심 원칙이 무엇인지 속 시원히 얘기해보라"는 사람도 있을 것입니다. 저도 처음에는 꽤 쉽다고 생각했지요. 곧 스토아 철학에 빠져들어 관련 책들을 많이 읽었고 이 멋진 철학을 친구들한테도 알렸습니다. 그러나 친구들이 스토아 철학이 정확히 무엇이냐고 물었을 때, 설명하지 못했습니다. 스토아 철학의 원전을 그토록 많이 읽었음에도 스토아 철학에 관해 거의 아무것도 몰랐고 친구들에게 제대로 설명할 수도 없었던 것입니다.

스토아 철학을 간단히 개관하기란 쉬운 일이 아니었습니다. 강의록, 개인 서간집, 일기 형식 등으로 되어 있는 스토아 철학의 원전은 교과서처럼 명확한 해답을 제시하지 않습니다. 현대에도 스토아 철학을 간단하게 설명한 책이 없다는 걸 알게 됐지요. 훌륭한 스토아 사상들을 섞어놓은 책들은 흔합니다. 그런 책들은 분명 공부할 가치가 있지만 개요를 담고 있지는 않지요.

제가 만든 '스토아 철학의 행복 삼각형'은 이런 배경에서 탄생했습니다. 행복 삼각형은 스토아 철학의 개요를 보여줍니다. 스토아 철학의 행복 삼각형을 이해한다면 스토아 철학의 가장 중요한 부분을 알게 되고 다섯 살 아이에게도 이 철학이 무엇인지 설명할 수 있습니다. 스토아 철학의 행복 삼각형은 고대와 현대의 문헌을 결합하여 간단하고 시각적인 방법으로 스토아 철학을 나타낸 모형입니다. 그리고 바라건대, 스토아 철학의 행복 삼각형은 누구에게나 도움이 될 것입니다. 다만 스토아 철학의 행복 삼각형은 스토아학파가 그대로 전한 가르침이 아니라 그들의 핵심 가르침을 제가 시각화한 모형임을 유의해야 합니다.

스토아 철학의 행복 삼각형

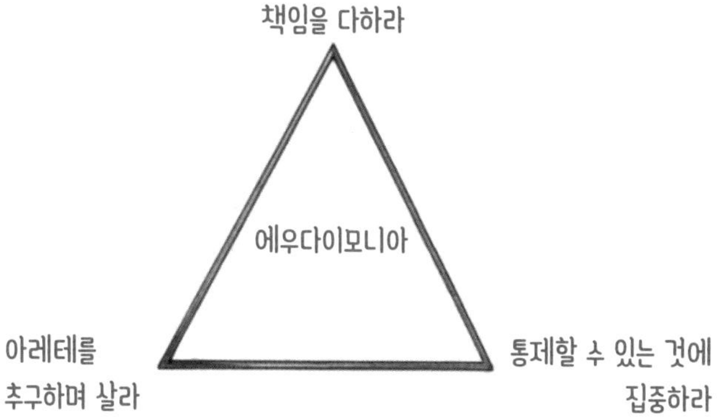

♣ **에우다이모니아** 스토아 철학의 행복 삼각형에서 핵심은, 모든 고대 철학이 동의한 삶의 궁극적인 목표인 에우다이모니아입니다. 1장에서 다루었듯이 스토아 철학의 주된 가르침인 에우다이모니아는 더할 나위 없이 행복하고 원만하게 흘러가며 번영하는 삶을 말합니다. 번영하며 행복한 삶이야말로 우리 모두가 원하는 삶이 아닐까요? 그래서 에우다이모니아는 스토아 철학의 행복 삼각형에서 핵심이 됩니다. 에우다이모니아의 그리스어 어원을 떠올려보세요. 내면의 다이몬이라는 최고의 자아를 잘 발휘하는 삶. 이런 삶은 어떻게 성취될 수 있을까요? 바로, 아레테를 추구하며 살아야 성취될 수 있습니다.

★ **아레테를 추구하며 살라** 매순간 최고의 자아를 표현하는 일을 뜻합니다. 우리가 최고의 자아를 잘 발휘하고 싶다면 이상적인 자아의 행동과 지금 이 순간을 살아가는 우리의 행동의 차이를 좁혀야 하지요. 이것이 지금 당장 최고의 자아를 발휘하고 있는 삶이고, 행동할 때 이성을 사용하고 깊은 가치관과 조화를 이루며 사는 삶입니다. 이런 삶은 분명 말하기는 쉬우나 행하기는 어렵습니다. 이런 야심 찬 목표에는 좋은 행동과 나쁜 행동을 구분하고 우리가 통제할 수 있는 일에 집중하는 실천이 뒷받침되어야 하기 때문입니다.

♣ **통제할 수 있는 것에 집중하라** 이 말은 스토아 철학에서 가장 중요한 원칙에 해당합니다. 늘 우리는 자신이 통제할 수 있는 일에 집중하고 나머지 일은 일어나는 그대로 받아들여야 합니다. 이미 일어난 일은 다시 되돌릴 수 없으므로 인정해야 하죠. 우리의 능력 밖의 일은 궁극적으로 삶의 번영에도 중요하지 않습니다. 삶의 번영에 중요한 것은 주어진 외부 환경을 이용하기로 선택하는 일입니다. 어떠한 상황에서도 우리의 능력 안에서 최선을 다하고자 하고, 이상적인 자아와 조화를 이루며 살아야 합니다.

★ **책임을 다하라** 좋은 행동과 나쁜 행동은 오로지 자신에게서 비롯됩니다. 이 원칙은 '외부 환경은 훌륭한 삶에 아무런 영향을 주지 않으며, 통제 가능한 것에 집중하고 아레테를 추구하는 삶이 우리를 번영으로 이끈다'라는 앞의 두 원칙 다음으로 따라야 합니다. 우리가 통제할 수 없는 외적인 일은 우리가 통제할 수 있는 범위, 즉

외적인 일에 어떻게 반응하기로 선택하는가를 결정하도록 해줍니다. 이에 따라 우리는 삶에 책임을 다해야 하는 것이지요. 이 원칙은 스토아 철학에서 매우 중요합니다. 우리를 행복하거나 불행하게 하는 것은 외적인 일이 아니라 그 일에 대한 우리의 '해석'입니다. 외적인 일에 통제권을 내주지 않기로 결정을 내리는 순간, 우리는 든든한 버팀목이 될 수 있습니다.

이제까지 다룬 것은 행복 삼각형의 틀에 불과하며 극히 일부일 뿐입니다. 앞으로 우리는 명확한 개념과 비유를 들며 상세하게 각각의 원칙을 살펴볼 것입니다. 매순간 최고의 자아를 발휘하지 못하게 방해하는 요소들도 알게 될 것이고요. 그전에 우선 앞서 언급했던 파도타기 비유를 떠올려봅시다.

다음에 나오는 내용은 매우 중요하지만 처음 파도타기 훈련을 시작할 때 배우는 것처럼 별로 재미없는 이론 부분이라고 할 수 있습니다. "아, 우린 됐어요……"라며 잘난 체하는 어떤 사람들은 경고에도 불구하고 곧장 바다로 달려갑니다. 그런 일은 늘 일어나지요. 여기서 신기한 것은, 우리가 이론을 끝내고 바다로 들어가면 기본이 부족한 사람들보다 바로 더 잘할 수 있다는 점입니다. 그때 그 잘난 체하던 사람들의 얼굴을 본다면, 정말 재밌을 것입니다! 뭔가 부족하다고 깨닫거나 부상을 당해서 좀 더 일찍 되돌아오는 사람도 있을 것입니다. 어찌 됐건, 도망가지 말고 시작하도록 합시다.

자, 그럼 준비되었으면 출발해볼까요?

아레테를 추구하며 살라

매순간 최고의 자아 발휘하기

"좋은 인성만이 근심 없는
영원한 행복을 보장한다."

세네카

스토아 철학의 행복 삼각형 가운데 첫 번째 원칙은 **아레테를 추구하며 살라**는 것입니다. 그리스어 아레테는 흔히 '미덕'이나 '탁월성'을 의미하지만, 저는 철학자 브라이언 존슨의 해석을 더 선호합니다. 그는 아레테를 **매순간 최고의 자아를 표현하는 일**이라고 했습니다. 아레테에 이런 깊은 의미가 있으며 그리스 문화의 지고한 이상에 속하기 때문에 이 행복 삼각형의 첫 번째 원칙에서 원어 그대로 사용하기로 했습니다. 보다 일반적으로 번역한 **미덕**도 사용할 때가 있으니 기억해두길 바랍니다.

스토아 철학의 궁극적인 목표는 스토아 철학의 행복 삼각형에서 중심에 있습니다. 바로 행복하고 원만하게 흘러가는 삶을 살아간다는 **에우다이모니아**이지요. 이 목표를 달성하기 위해 우리는 내면의 다이몬이라는 최고의 자아, 즉 천부적인 탁월한 잠재력을 잘 발휘해야 합니다. 다음에 나오는 그림처럼 '이상적인 자신을 나타내는 높은 선'과 '지금 이 순간을 살아가는 자신을 나타내는 낮은 선'이라는 두 가지 선을 상상해보세요. 아레테를 추구하는 삶은 그 높은 선에 도달하기 위해, 바로 이 순간에 최고의 자신을 표현하려고 노력하는 일입니다. 그것은 최고의 자아를 실현하고, 내면의 다이몬을 잘 발휘하는 일이며, 또한 에우다이모니아라는 행복하고 원만하게 흘러가는 삶을 성취하는 것을 말합니다.

이제 최고의 자아를 완벽하게 실현하는 일을 실제로든 머릿속으로

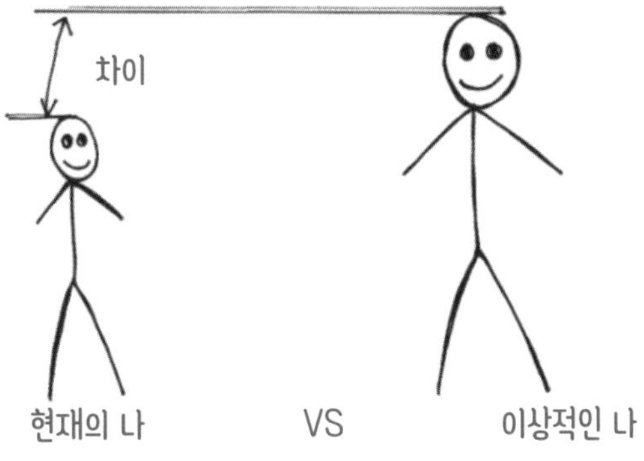

든 한 번에 그려내기 그리 어렵지 않을 것입니다. 그러나 그 일을 현실 사회에 적용하자고 하면 우리는 비참하게 실패하고 말지요. 걱정할 필요는 없습니다. 우리는 자신을 파악하고 매순간 최고의 자아를 발휘하는 방법을 알아내려고 이곳에 왔으니까요. 우리는 더 나아지려고 노력하고 우리의 미덕을 함양하려고 합니다. 아레테 또는 미덕을 늘 타당한 일을 하도록 도와주는 일종의 지혜나 힘으로 생각해보세요. 그러면 용

기, 절제력, 친절 같은 우리의 행동이 최고의 자아와 조화를 이룰 수 있습니다. 미덕은 현재의 자아와 이상적 자아 사이의 차이를 좁힐 수 있게 해주는 힘입니다. 그 차이가 클수록 우리는 에우다이모니아로부터 멀어지고 결국 더욱 불행해집니다. 그 차이의 어둠 속 어딘가에 숨은 악덕이 후회와 근심과 환멸을 쥐고 이끌기 때문이지요.

그렇습니다, 미덕은 매순간 최고의 자아가 되려고 노력하는 일입니다. 그렇게 할 수 있다면 우리는 최고의 자아를 잘 발휘하여 행복하고 원만하게 흘러가는 삶을 살 수 있습니다. 그러나 최고의 자아를 발휘할 수 없다면 후회와 근심이 어둠에서 기어나와 불행을 퍼뜨릴 공간을 만들어낼 것입니다.

스토아학파는 **최고의 자아를 발휘한다**는 똑같은 목표를 위해 '아레테를 추구하며 살아가기' 외에도 **자연과 조화롭게 살아가기**라는 다소 상투적인 표현도 사용했습니다. 앞으로 이런 사실을 파헤치며 더 깊은 지식을 습득해볼까요?

타고난 잠재력의 완전함

스토아학파는 인간의 번영하는 삶이 자연의 이치라고 확신했습니다. 최고의 자아가 되기 위해 타고난 잠재력 안에 간직되도록 내면의 다이몬이 신성한 씨앗처럼 인간의 내면에 자리를 잡고 있다고 보았지요. 무소니우스 루푸스는 우리는 모두 "미덕을 추구하는 성향으로 태어난다"고 말했습니다. 다시 말해, 그 신성한 씨앗을 완전히 자라게 하여 잠재력에 활기를 불어넣는 것이 우리의 본성이라는 것이지요. 한 인간의 미덕은 인간으로서의 탁월성, 즉 타고난 잠재력을 얼마나 잘 발휘하느냐에 달려 있습니다. 그렇다면 미덕을 갖추는 일은 우리가 살아가도록 자연이 설계한 대로 살아가는 일입니다. **자연과 조화롭게 살아가기**라는 스토아 철학의 경구는 여기서 비롯됩니다.

간단히 말하면 미덕은 모든 생명체에게 똑같은 것으로, 타고난 본성의 완전함을 말합니다. 따라서 아레테를 추구하는 삶은 근본적으로 **본성을 완성하는 일**입니다. 본성을 완성하지 못하면 우리는 무언가 부족하고 우리의 삶은 채워지지 않은 채로 남게 됩니다. 타고난 잠재력에 부응하지 못하면, 우리는 결코 성취감을 느끼지 못할 것입니다.

자연에서 사례를 들어볼까요? 포도 씨앗의 타고난 잠재력은 포도 덩굴로 자라서 포도 열매를 맺는 것입니다. 포도 씨앗은 포도 덩굴로 자라 포도를 열리게 함으로써 타고난 잠재력을 달성할 때 아레테를 추구하며 살거나 자연과 조화롭게 살아갑니다.

포도 덩굴이 포도를 맺는 것만으로 훌륭한 삶이 되듯이, 우리가 매 순간 최고의 자아를 발휘하는 일 그 자체도 훌륭한 삶이라 할 수 있습니다. 그 하나만으로도 충분합니다. 좋은 삶을 위해서는 외적인 요소가 전혀 필요하지 않습니다. 바닷가 별장도, 다이아몬드 반지도, 값비싼 도자기 접시도 모두 필요 없습니다. 대체로 타고난 잠재력이 되는 것은 모두 내면에 자리 잡고 있습니다. 그런 사실이 스토아 철학을 지극히 흥미롭게 만듭니다. 우리가 부유하든 가난하든, 건강하든 아프든, 모델처럼 아름답든 다른 아름다움을 갖추었든, 훌륭한 삶을 살아가기 위한 잠재력은 우리의 내면에 있습니다. 우리는 모두 훌륭한 삶에 도달할 수 있습니다. 앞서 언급하기는 했지만 우리는 이 행복 삼각형의 두 번째 원칙으로부터 **외적인 일들이 중요하지 않다**는 사실을 더 많이 배울 것입니다.

우리의 타고난 잠재력은 최고의 자아에 들어 있습니다. 하지만 우리에겐 또 다른 능력도 있지요. 스토아학파는 인간이 다른 동물과 다른 가장 중요한 차이는 이성을 사용하는 능력이라고 주장했습니다. 스토아 철학 교사 에픽테토스는 우리가 사나운 짐승이나 순한 양과 다른 점은 털로 덮이지 않은 피부나 더 약한 뼈나 퇴화한 꼬리가 아닌 우리의 이성적 요소라고 설명했지요. 우리가 사려 깊지 못하고 충동적인 행동을 한다면 인간성은 사라지고 동물 상태로 전락합니다. 에픽테토스는 "우리의 행동이 싸우기 좋아하고 남에게 해를 입히고 화로 가득하고 무례하다면, 우리는 사라지고 사나운 짐승이 되지 않겠는가?"라고 물었습니다.

에픽테토스는 이성을 사용하는 능력이 우리가 성취해야 하는 타고난 잠재력의 핵심이라고 강조합니다. 그리고 그 능력은 매순간 타고난 잠재력을 발휘함으로써 우리의 행동에 가장 잘 드러납니다. 이성을 사용하는 능력은 한편으로는 우리의 가장 귀중한 선물이고, 이성에 따라 산다면 포도를 맺는 포도 덩굴처럼 우리는 행복하고 원만하게 흘러가는 삶을 살 것입니다. 하지만 다른 한편으로 이 능력은 우리의 가장 무거운 짐이기도 합니다. 이성에 따라 살지 못하면 우리는 짐승의 수준으로 떨어지고 인간성이 없어져 행복한 삶을 살 수 없기 때문이지요. 마치 먹을 수 있는 포도를 맺지 못하는 포도 덩굴과 같습니다.

스토아학파에게 있어서 **늘 최고의 자아가 되려고 노력하는 일**은 합리적입니다. 우리 모두의 내면에는 이성의 씨앗과 최고의 자아가 되기 위한 씨앗이 자리잡고 있습니다. 우리에게는 도덕적인 삶을 위한 잠재력, 즉 이성이 주도하는 삶과 이상적인 자아를 발휘하는 삶을 위한 잠재력이 있지요. 이런 잠재력은 우리 자신과 타인에게 이익이 되는, 일반적으로 명예롭고 칭찬할 만한 행동으로 나타납니다. 앞서 배웠듯이, **미덕이란 모든 생명체가 타고난 본성의 완전함**을 말합니다. 인간의 경우에 미덕은 **이성의 완전함**입니다. 달리 말하면, 아레테를 추구하는 삶은 매순간 최고의 자아를 발휘하는 것을 완성하는 일입니다. 명심하세요. '아레테나 미덕, 또는 이성으로 사는 삶'과 '자연과 조화롭게 사는 삶'은 같은 목표를 가리키는 다른 표현일 뿐입니다.

스토아 철학에서는 이성의 완전함에 합리성뿐만 아니라 동족에 대한 사회적 의무까지 포함했습니다. 예컨대 부모를 존경하고, 친구를 친절하게 대하고, 인류의 행복에 관심을 기울이는 일 같은 것들 말입니다. 우리는 이성적·사회적 동물이므로 다음의 세 가지 의무에 이성을 사용하고 최고의 자아를 발휘해야 합니다.

♣ **자신에 대한 의무** 이성적인 사고 능력을 지닌 인간으로서 우리는 합리적이고 현명하게 행동해야 하고, 최고의 자아가 되도록 늘 노력해야 합니다.

★ **타인에 대한 의무** 마땅히 서로를 돌보는 사회적 존재로서 우리는 다른 사람들과 조화를 이루며 살고 인류의 행복에 공헌하도록 노력해야 합니다.

♣ **세계에 대한 의무** 크고 넓은 세계의 시민으로서 우리는 자연과 조

화를 이루며 살고 우리에게 일어나는 일들을 침착하게 받아들이며, 또한 현명하게 대응하도록 노력해야 합니다.

분명 **아레테, 미덕, 이성, 타고난 잠재력**을 모두 실현하는 일은 매우 추상적입니다. 이 일이 실제로 어떠할지 명확히 이해하기는 어렵지요. 다행히도 스토아학파는 미덕을 좀 더 이해하기 쉽게 분류하여 네 가지 바람직한 성격의 특성으로 나누었습니다. **네 가지 기본 덕목**으로 알려진 내용입니다. 이 특성을 살펴보기 전에 우선 스토아학파의 현자에 대해 잠시 알아볼까요. 스토아학파가 현명하고 선한 완벽한 사람을 나타낼 때 표현한 가상의 이상형은 **아도니스Adonis 인성을 지닌 현자**입니다.

누군가 이런 의문을 품을 수도 있습니다. '매순간 우리가 최고의 자아가 되는 일이 가능하긴 할까?' 사실 가능하지 않지요. 완벽한 인간은 없기 때문에, 스토아학파는 현자를 이상형으로 활용했습니다. 우리는 완벽해질 필요는 없지만 적어도 좋은 사람이 되도록 노력할 수는 있습니다. 도널드 로버트슨은 이렇게 설명했습니다. "현자는 자신과 다른 사람들과 자연 전체와 완전히 조화를 이루며 산다. 그는 이성을 따르고, 자신이 통제할 수 없는 한에서는 운명을 우아하게 받아들이기 때문이다. 그는 마음의 평화를 얻기 위해 비이성적인 욕구와 감정을 초월했다. 그의 인성은 완전히 칭찬할 만하고 훌륭하며 아름답다."

당연히 스토아학파의 현자는 가상의 이상형이지만 스토아학파는 비교하고 존경할 존재가 있다는 것이 유익하다고 보았습니다. 현자는 우리의 이상적 자아를 상상하기 쉽게 만들고, 이상적 자아를 향한 이정

표 역할을 하지요. 자, 그럼 현자와 가까워지도록 해주는 네 가지 미덕을 살펴봅시다.

미덕의 네 가지 기본 덕목

우리는 아레테를 추구하는 삶을 향해 나아감으로써 행복한 삶이라는 공동 목표에 더 가까워집니다. 이제, 우리는 스토아학파가 소크라테스 철학에서 채택한 네 가지 특성으로 이러한 진보를 평가할 수 있습니다. 스토아학파는 미덕을 지혜, 정의, 용기, 절제라는 네 가지 기본 덕목으로 나누었습니다. 이런 덕목에 따라 살면 우리는 의지가 강해지고 현자처럼 훌륭하고 칭찬할 만한 행동을 하게 됩니다. 이와 반대로 비도덕적이고 악한 성격의 특성은 네 가지 기본 악덕으로 알려져 있습니다. 아레테에 반대되는 의미의 그리스어 카키아(Kakia, 악덕)는 수치스럽고 무지한 행동을 드러내는 의지박약한 인성을 만듭니다. 이제 미덕의 네 가지 덕목을 하나씩 살펴보겠습니다.

지혜는 타당하게 생각하며 행동하는 법을 깨닫는 일입니다. 지혜에는 탁월한 신중함, 건전한 판단, 통찰력, 분별력이 포함됩니다. 지혜와 반대되는 악덕은 어리석음, 경솔함 등입니다.

정의는 다른 사람들과 관계 맺는 속에서 온당하게 생각하며 행동하는 법을 아는 일입니다. 정의에는 친절, 진실성, 사회봉사, 공정성이 포함됩니다. 정의에 반대되는 악덕은 부정행위, 부당성 등입니다.

용기는 두려운 상황과 마주할 때 바르게 생각하며 행동하는 법을 아는 일입니다. 용기에는 용감성, 인내심, 정직, 자신감이 포함됩니다. 용기와 반대되는 악덕은 비겁함입니다.

절제(또는 자제)는 강한 욕구, 내적 저항, 또는 색욕 등에도 불구하고 적절하게 생각하며 행동하는 법을 아는 일입니다. 절제에는 질서 정연, 자제력, 용서, 겸손이 포함됩니다. 절제에 반대되는 악덕은 무절제입니다.

이런 덕목은 분명히 추구할 가치가 있는 특성들입니다. 여러분이 저와 같다면, 이런 덕목들이 직관적으로 이해가 될 거예요. 종교와 문화가 다르다 해도, 사람들이 이런 특성을 갖추는 것은 똑같이 가치 있게 여겨집니다. 어떤 사람은 이런 덕목을 보고 '나는 타인을 매우 공정하게 대하니까 정의를 잘 지켜'라고 생각할 수도 있지만, 종종 좋은 와인 한 잔을 마시려고 집착하느라 절제의 미덕은 매우 부족할 수 있지요. 스토아학파는 항상 이 네 가지 덕목을 모두 지켜야 한다고 말합니다. 미덕은 전부가 아니면 소용이 없는 패키지 상품이나 다름 없지요. 곰곰이 생각해보면 이것이 이치에 맞습니다. 매우 절제 있고 용기 있는 은행 강도를 도덕적인 사람이라고 부르고 싶지는 않으니까요.

완벽한 미덕은 현자만이 도달할 수 있는 이상이지만 개인을 하나의 온전한 존재로 중시하도록 해줍니다. 우리는 온전한 사람으로 자라고 성숙할 수 있습니다. 타인이 우리의 덕행을 지켜보느냐 아니냐는 중요하지 않고 우리가 최고의 자아가 되려고 노력하고 발전하는 것만으로 충분하지요. 그러므로 미덕은 근본적으로 실천할 수 있는 지혜의 한 유형으로, 어떤 올바른 일을 해야 하는지를 알고 실천에 옮기는 일입니다. 포도 덩굴이 첫해에 완벽한 포도를 맺지 못하고 또 절정기라도 신 포도를 맺을 수도 있는 것처럼, 우리도 최고의 자아가 되려고 노력할 때 점점 나아지더라도 몇 가지 결함도 계속 나타날 수 있다는 걸 명심하세요. 이런 결함은 자연스러운 일이고 스토아학파도 겪었던 일입니다.

세네카의 일화를 볼까요? "불이 꺼지고 내 습관을 아는 아내가 조용히 해주면, 나는 하루 종일 내가 어떤 행동을 했고 어떤 말을 했는지 되짚으며 검토한다." 세네카는 밤마다 자신만의 법정에서 자기의 말과 행동을 검토했고, 몇 가지 이야기를 서간집 《화에 대하여》에 적었습니다. 저는 세네카가 상석에 못 앉아 화가 났을 때의 일화를 좋아합니다. 자리를 정해준 주인과 상석에 앉은 손님들에게 화를 내며 저녁을 보냈던 세네카는 일기에 이렇게 기록했습니다. "너는 정신이 나갔구나, 너의 무게를 지탱하는 의자가 어떤 종류였든 뭐가 달라진다는 말인가?"

요컨대 그 누구도 완벽하게 행동할 수 없으므로, 우리가 최선을 다하려고 한다면 그런 완벽함은 중요하지 않습니다. 세상은 흑백논리로 이루어져 있지 않으므로, 우리가 해야 할 옳은 일이 무엇인지를 항상 구분할 수는 없지요. 그렇다 해도 선의로 행동하려고 늘 노력할 수는 있습니다. 그런 노력이 아레테를 추구하는 삶을 이해하는 가장 쉬운 방법이고요. 늘 최고의 자아가 되려고 노력하고, 적절한 행동(또는 반응)을 하려고 노력하고, 전체적으로 타인과 자연에 관심을 기울이는 좋은 사람이 되려고 노력해야 합니다. 다시 말해, 자신의 인성을 함양해야 하지요. 이에 관한 내용을 살펴보기 전에 중요한 단어 하나를 살펴볼까요?

주의 집중 어떤 상황에서도 최고의 자아로 살고 싶거나 아레테를 추구하며 살고 싶다면, 우리는 매순간 주의를 기울여야 합니다. 오늘날 우리는 이런 태도를 '마음챙김'mindfulness이라고 부르고, 스토아학파는 '주의 집중'prosochê이라고 했습니다. 마르쿠스 아우렐리우스에 따르면, 우리는 "정확한 분석, 자연스러운 위엄, 인간적인 연민, 감정 등에 좌우되지 않는 공정성 등의 도움으로 과업을 수행하기 위해 (…) 열렬하게 주의를 집중해야" 합니다. 우리는 "매 행동을 삶의 마지막인 것처럼" 행하여, 다른 생각들이 끼어들지 않는 마음을 성취할 수 있습니다.

바닷가를 따라 맨발로 걷다가 갑자기 깨진 유리 파편으로 가득한 구역에 다다랐다고 상상해보세요. 이제 다치지 않도록 매우 조심스럽게 걷고 걸음을 옮길 때마다 자세히 살펴보겠지요. 이런 태도가 스토아학파가 바라는 주의 집중입니다. 적극적으로 미덕에 따라 행동을 조정하고 싶다면, 이런 주의 집중과 지속적인 자기 관찰이 필요하지요. 자신의 행동을 의식하지 못하면 도덕적으로 행동할 수 없으니까요. 자각이 없다면 우리는 부주의해지고 어리석은 짓을 하게 됩니다. 그리고 지금 이 순간 최고의 자아가 되려는 노력에서 벗어나므로 에우다이모니아를 성취할 최고의 기회를 저버리게 되지요. 이런 일은 수없이 일어날 테지만 그때마다 마음챙김이 필요합니다. 세네카는 "잘못의 자각은 구원의 첫 단계이다. 잘못을 스스로 깨달아야 바로잡을 수 있다"라고 했습니다. 세네카가 정해진 자리를 두고 타인에게 화를 내곤 자신이 어처구니 없는 짓을 했음을 깨달았을 때처럼요. 그런 자각이 없다면 우리는 충동적이고 무의식적이며 닥치는 대로 행동하게 됩니다. 정확히 우리가 원하는 행동과 반대이지요.

저술가 피에르 아도는 다음과 같이 설명했습니다. "주의 집중은 스토아학파의 정신적 태도의 핵심이다. 주의 집중은 끊임없는 각성이며 침착성이고, 결코 잠이 들지 않는 자의식이며, 정신의 끊임없는 긴장이다. 이런 태도 덕분에 철학자는 매순간 자신이 행하는 일을 충분히 인식하고 자신의 행동을 완전히 의도한다." 에픽테토스는 결점이 없기란 불가능하나 우리는 노력할 수 있고, "이런 주의 집중을 소홀히 하지 않음으로써 적어도 몇 가지 실수를 면할 수 있다면 만족해야 한다"고 말했습니다.

좋은 인성은 아름다움을 뛰어넘는다

"원로원 의원의 옷은 벗어두고, 누더기를 입고 인성으로 나타나라." 사회에서 어떤 역할을 하든, 또 양복을 입든 넥타이를 매든 양말에 샌들을 신든 상관없이, 에픽테토스는 그 사람의 핵심인 인성이 중요하다고 지적합니다. 인성만이 진정한 스토아학파인지 아닌지를 판단할 수 있는 근거입니다.

강건한 인성을 지닌 지인을 떠올려보세요. 저는 브루노가 생각나는군요. 브루노는 어렸을 적 제 축구 감독 중 한 사람이었습니다. 그는 의지할 수 있고 신뢰할 수 있으며, 무엇보다 한결같이 행동했습니다. 브루노는 상황이 편할 때든 아니든 늘 공정하고 정직했습니다. 가끔 유머도 즐길 줄 알았고, 바위처럼 강직했지요. 저는 누구든 삶에서 브루노 같은 이를 떠올릴 수 있으리라 확신합니다.

저는 예전에 〈좋은 인성은 아름다움을 뛰어넘는다〉라는 사설을 쓴 적이 있습니다. 이 말은 역사책에서 '아름다움에 열광한 시대'라고 불리게 될 우리 시대에는 해당하지 않을지 몰라도, 스토아 철학에서는 명백한 사실로 통합니다. 스토아학파는 한 걸음 더 나아가 이렇게 역설했습니다. "좋은 인성은 아름다움뿐만 아니라, 부와 권력과 악덕까지도 뛰어넘는다." 덕을 갖춘 사람은 인성이 뛰어납니다. 그런 사람은 늘 최선을 다하고 대체로 훌륭하고 칭찬할 만한 일을 하려고 노력하지요. 미덕은 스토아 철학에서 최고의 선이고, 미덕을 추구하며 살면 궁극적으로 진정한 좋은 사람이 될 것입니다. 더욱이 그런 삶에는 특별한 선물도 뒤따르게 됩니다. 그 이유를 살펴보겠습니다.

앞서 예를 들었던 브루노로 다시 돌아가볼까요? 그의 한결같이 공정하고 정직한 행동은 주목받지 못했을까요? 물론, 그렇지 않습니다! 브루노는 여러 번 코치로 발탁되었고 축구단의 핵심이었습니다. 제가 아는 한 모든 사람이 그를 좋아하고 인정했고요. 브루노의 신뢰성 있고 강건한 인성은 그에게 예기치 않은 많은 선물을 안겼습니다. 브루노는 선수들로부터 사랑과 존경을 받았고, 축구단으로부터는 존중과 권한을 얻었지요. 이런 뜻밖의 선물로 인해 브루노는 확실히 기쁨과 보람을 느꼈습니다.

이런 일은 우리 삶에서도 일어날 수 있습니다. 우리가 용감하고 정직하고 공정하게 행동하면 그 보상으로 긍정적인 감정을 얻을 수 있지요. 불량배 지미에 맞서 항의를 했다고 해볼까요? 피해자는 고마워하고 우리는 결과적으로 자랑스러울 것입니다. 부모님께 대마초를 피운다는 사실을 털어놓는다면 마음이 가벼워질 것입니다. 또 인내하며 계속 일자리를 찾다가 직장을 얻으면 매우 기쁠 것입니다.

하지만 스토아학파는 이런 긍정적 감정이 덕행의 주된 동기가 되어서는 안 된다고 주장합니다. 긍정적 감정은 뜻밖의 선물이어야 하는 것이죠. 다음과 같은 두 가지 이유로 미덕은 반드시 그 자체로 보상이어야 합니다.

1. 긍정적 감정이라는 뜻밖의 선물(기쁨 등)은 우리가 통제할 수 없다.
2. 긍정적 감정이라는 뜻밖의 선물은 도덕적이지 않은 행동으로도 생겨날 수 있다.

우리는 어떻게든 이익을 얻을 수 있기 때문이 아니라 그것이 옳기 때문에 도덕적으로 행동해야 합니다. 불량배에게 괴롭힘을 당하는 사람을 도와주어야 하는 이유는 해야 할 타당한 일이기 때문입니다. 나중에 좋은 기분을 느끼고 데이트할 기회를 얻으려는 목적 때문이 아니고요. 미덕으로 인한 뜻밖의 선물은 불확실하며 우리가 통제할 수 없습니다. 우리는 자신의 행동만 통제할 수 있고 나중에 일어나는 일은 통제할 수 없습니다. 어쩌면 우리는 그 사람을 도와주어 기분이 좋을 수도 있고, 또 연락처까지 받을지도 모릅니다. 그러나 또한 불량배에게 얼굴을 맞을 수도, 피해자에게 무시를 당할 수도 있습니다. 스토아주의자라면 미래의 이익 때문이 아니라 뒤로 물러서고 싶은 감정에도 불구하고 기꺼이 용기를 갖고 행동해야 합니다.

이런 인성에 관해 마르쿠스 아우렐리우스는 《명상록》에서 명쾌하게 설명합니다. 그는 사람들을 세 가지 유형으로 구분합니다. 첫 번째 유형은 타인에게 친절을 베푼 뒤 그 호의에 재빨리 보답해달라 요구합니다. 두 번째 유형은 자신의 친절에 대한 보답을 그리 서둘러 요구하지는 않으나 내심으로는 상대가 자신에게 빚을 졌다고 여깁니다. 세 번째 유형은 마치 "포도송이를 열리게 하고 그 열매를 제대로 익힌 다음에는 아무것도 기대하지 않는 포도나무"와 같습니다. 꿀을 생산한 뒤의 벌이나 경주를 끝낸 뒤의 말처럼 세 번째 유형은 "포도나무가 철이 되면 다시 포도송이를 맺는 것처럼" 다음 행동으로 옮겨가는 일 외에는 아무것도 요구하지 않습니다. 타인에게 선행하는 일은 우리의 본성이므로 우리는 그 자체를 위해 선행을 해야 합니다.

공공선을 위해 행동하라

우리는 타인에게 자연스럽게 호의를 갖는 사회적 동물입니다. 세네카에 따르면, 스토아 철학은 선량함과 관대함과 인류애로 가득하며 공공선에 관심을 기울입니다.

스토아학파는 **'다른 사람들에게 관심을 기울이고, 그들이 번영하기를 바라고, 인류와 함께 연대감을 발전시켜라'**라고 설파했습니다. 이를테면 이방인과 반대자들도 형제자매나 친척처럼 대우해야 합니다. 우리는 모두 같은 세상의 시민일 뿐입니다. 이런 공유된 친밀감은 상호 간의 사랑과 우정의 토대를 이룹니다.

에픽테토스는 "공동체에 공헌하지 않는다면" 인간은 홀로 선을 성취할 수 없다고 했습니다. 그것이 인간이라는 사회적이고 이성적인 동물의 본성이지요. 벌들처럼 우리도 인류 속에서 함께 공존하며 살아갈 운명이라고 하면서 무소니우스 루푸스는 이렇게 빗대어 말했습니다. "벌은 홀로 살 수 없어서 고립되면 소멸하고 만다." 마르쿠스는 "벌 떼에게 이익이 되지 않는 것은 한 마리의 벌에게도 이익이 되지 않는다"라고 적절하게 덧붙였지요. **우리의 행동은 공공의 복지에 이익이 되어야 하고, 그렇지 않으면 우리 자신에게도 이익이 되지 않을 것입니다.** 우리는 모두 서로 의존하고 있는 거대한 유기체와 같습니다.

모든 인류에게 관심을 기울이고 협력하며 서로를 돕는 일은 우리의 사회적 의무입니다. 마르쿠스는 "내가 행하는 모든 일은 공공의 이익과 화합이라는 목표를 향해야 한다"고 했습니다. **공공선에 공헌하지 않고는 최고의 자아를 발휘할 수 없습니다.** 최고의 자아가 되려고 노력하다 보면 다른 사람들의 행복을 소중히 여기게 되겠지요. 그리고 타인에게 최선인 것이 자신에게도 가장 좋은 일이 될 것입니다.

우리가 사회적 존재인 것은 타인과 어울리는 것을 좋아해서라기보다 타인의 도움 없이는 존재할 수 없기 때문입니다. 그러므로 타인에게 선을 행하면 실제로 우리 자신도 유익하게 되지요. 타인에게 도움이 된다는 건 일종의 미덕이고, 미덕은 그 자체로 보상이므로 궁극적으로 보면 우리 자신에게도 이로운 일이 되는 것입니다.

마르쿠스가 묘사한 세 유형을 떠올려보세요. 첫 번째 유형은 늘 보상을 기대하고, 두 번째 유형은 타인을 빚진 사람으로 생각하고, 세 번째 유형은 포도송이를 열리게 하는 포도나무처럼 아무 보답도 바라지 않는 사람입니다. 이 세 번째 유형은 타인에게 선행을 베푸는 일을 사회적 의무로 여기고 그 보답으로 아무것도 기대하지 않을 것입니다.

마르쿠스는 사회적 의무의 이행은 훌륭한 삶을 살아갈 최고의 기회를 제공할 것이라고 말했습니다. 그 기회는 공공의 복지를 위한 행동에 대한 보상입니다. 그 보상은 뜻밖의 선물이지만 행동의 이유가 되어서는 안 됩니다. 마르쿠스 아우렐리우스도 이기적인 이유로, 즉 훌륭한 삶을 위한 최고의 기회가 되리라 생각했기에 공공선을 위해 행동했습니다.

아레테를 추구하며 살고 공공선을 지향하는 일은 그 자체로 보상입니다. 이런 일이 우리의 본성이며 궁극적으로 행복하고 원만하게 흘러가는 삶을 사는 최고의 기회이지요. 우리는 타인으로부터 받는 존경 같은 뜻밖의 선물을 기대하거나 바라지 말아야 합니다. 그런 선물은 우리가 통제할 수 없고 재빨리 사라질 수 있기 때문이지요. "현명한 사람은 아무것도 잃지 않을 것이고 그의 선행은 미덕으로 연결되어 확고하게 남는다. 미덕은 기회로부터 아무것도 요구하지 않으므로 늘거나 줄어들 수도 없다." 세네카의 말입니다.

행동에서 비롯되는 인성은 늘 신뢰할 수 있습니다. 스토아 철학에서는 늘 최고의 자아를 발휘하려고 노력하고 공공선을 위한 행동을 지향하는 일만으로 충분합니다. 그것이 우리가 할 수 있는 최선이지요. "등은 꺼질 때까지 빛을 잃지 않는다. 그렇다면 당신 마음속의 진리와 정의와 절제도 당신이 죽을 때까지 빛나서는 안 될 이유가 없지 않은가?"라고 마르쿠스 아우렐리우스는 일깨웁니다. 그런 의미에서 미덕이라는 등에 불을 밝히고 우리가 존재하는 동안은 최고의 자아를 발휘하여 빛을 발하도록 합시다.

통제할 수 있는 일에 집중하라
외적인 일을 받아들이며 최대한 활용하기

"그렇다면 적절한 교육을 받는다는 것은 무엇인가?
우리의 타고난 관점을 올바른 일에 적용하는 법을 배우고,
그밖에도 우리의 뜻대로 할 수 있는 것과 그럴 수 없는 것을
구분하는 법을 배우는 일이다."

에픽테토스

"어떤 것은 우리의 뜻대로 할 수 있고 또 어떤 것은 우리 뜻대로 할 수 없다." 이 말은 에픽테토스의 《엥케이리디온》에서 맨 처음에 등장하는 문장입니다. 앞서 배웠듯이, 엥케이리디온*Enchiridion*은 '손에 쥐고 다니는'이라는 의미입니다. 《엥케이리디온》에 따르면 우리의 뜻대로 할 수 있는 것과 없는 것은 우리가 늘 바로 이용할 수 있는가 여부, 다시 말해 삶이 우리에게 무엇을 던져주든 거기에 도움이 되는가 여부로 구분됩니다. 에픽테토스는 우리 손에 달린 것과 아닌 것을 구분해야 한다는 가장 중요한 가르침을 전했습니다. 이 가르침은 **"우리가 할 수 있는 일은 최선을 다하고 나머지는 일어나는 그대로 받아들여야 한다"**는 의미입니다. 스토아 철학의 초석이 되는 이 가르침에서 행복 삼각형 모형의 두 번째 원칙이 생겨났습니다.

그런데 삶에서는 감정적으로 심한 기복을 일으키는 일들이 갑자기

일어납니다. 그런 일들에 우리는 아무 권리도 행사할 수가 없죠. 퍼그에게 영역 표시를 당하고, 양복이 몸에 맞지 않아 불편하고, 프리우스 차에 받혀 쓰러지는 등…… 어휴, 정말 뭐 같은 인생입니다!

사람들은 대부분 자신이 통제할 수 없는 일을 걱정하여 무슨 일이든 하려고 합니다. 외부의 일에 대해 걱정하는 일, 그것이 감정적 고통의 근원입니다. '스티븐이 나를 좋아할까?' '내가 그 직장을 구할 수 있을까?' '왜 나는 키가 더 커 보이지 않는 걸까?' 등등. 우리가 직접 통제할 수 없는 일에 휘말리면 감정적 고통이 초래됩니다.

그렇다면 우리가 통제할 수 있는 것은 무엇일까요? 우리의 자발적인 판단과 행동뿐입니다. 우리는 외적인 일이 우리에게 무엇을 의미하는지, 또 그 일에 어떻게 반응할지를 결정할 수 있습니다(행복 삼각형의 세 번째 원칙에서 이러한 판단에 대해 더 자세히 살펴볼 것입니다). 그리고 이전에 살펴보았듯이, 우리는 미덕에 따라 행동을 조정하기로 선택할 수 있습니다. 그 외 다른 모든 것은 우리가 통제할 수 없습니다. 예컨대 날씨, 다른 사람들과 그들의 행동, 우리의 건강과 신체 외에 말 그대로 우리 주변에서 일어나는 모든 일!

물론 나의 신체에 관해서도 완전히 통제할 수 있는 것은 아닙니다. 역기를 들거나, 전력 질주를 하거나, 하루에 브로콜리를 하나씩 섭취하는 등의 행동으로 분명히 신체에 영향을 줄 수는 있지요. 하지만 그런다고 엉덩이가 더 작아지고 어깨가 더 넓어지거나, 콧날이 더 세워지고 눈동자가 더 파랗게 변하지는 않겠지요. 유전이나 어릴 때의 환경이나 부상 등 우리가 통제하지 못하지만 신체에 분명히 영향을 주는 요소도 있습니다. 어떤 상황은 우리에게 달려 있고, 또 어떤 상황은 아니라는,

이른바 스토아 철학의 통제 이분법dichotomy of control은 사실 우리가 세상에 미치는 세 가지 차원의 영향력으로 나눌 수 있습니다.

- ♣ **영향력을 크게 행사할 수 있는 것** 판단과 행동에 대한 우리의 선택.
- ★ **영향력을 부분적으로만 행사할 수 있는 것** 건강, 부, 인간관계, 행동의 결과.
- ♣ **전혀 영향을 미치지 못하는 것** 날씨, 민족성, 대부분의 외적 환경.

"자신이 선하고 진실한 사람이 되는 일을 누가 막을 수 있는가? 이는 완전히 자신에게 달린 일이다." 마르쿠스 아우렐리우스는 선천적으로 주어진 힘, 즉 자신의 행동을 선택하고 자신의 인성을 기르는 힘을 되새기곤 했습니다. 타고난 자질 때문에 사람들에게 존경을 받을 수는 없지만 많은 다른 자질들을 기를 수 있다고 그는 말했습니다. "완전히 자신의 능력 내에 있는 미덕, 즉 진실성, 위엄, 근면, 자제심, 만족감, 검소, 친절, 독립심, 소박함, 신중함, 관대함 등을 보여주어야 한다."

이런 자질을 키우지 못하게 하는 유일한 존재는 바로 우리 자신입니다. 우리는 사악함을 방지하고, 오만함을 억제하고, 명예욕을 멈추고, 화를 참을 수 있는 능력이 있습니다. 마르쿠스는 말합니다. "당신은 재능이나 소질이 부족하다는 변명 없이 발휘할 수 있는 미덕이 얼마나 많은지 모르는가? 아니면, 당신은 타고난 자질이 없다는 사실 때문에 투덜거리거나 아첨하거나 남 탓을 해야 할까?" 아뇨, 그럴 필요 없습니다. 다른 모든 일은 우리가 통제할 수 없거나 부분적으로만 통제할 수 있지만, 내가 어떻게 행동할지 선택하는 것은 우리의 능력 안에 있습니다.

우리가 통제할 수 있는 일을 더 상세히 살펴보기 전에 실제 사례를 확인해볼까요? 익명으로 참석하는 알코올 중독자 모임Alcoholics Anonymous을 비롯한 여러 갱생 공동체에서 채택한 〈평온을 비는 기도〉는 기본적으로 실천에 적용 가능한 개념입니다.

"바꿀 수 없는 것을 받아들일 수 있는 평온함을, 바꿀 수 있는 것은 바꿀 수 있는 용기를, 둘의 차이를 깨달을 수 있는 지혜를 주옵소서."

중독자가 회복된다고 해서 어린 시절이나 어쩌면 태어나기도 전에 겪었을 약물 남용 사실이 변하는 것은 아닙니다. 중독자들은 과거에 했던 선택을 되돌릴 수도 없지요. 그들은 코카인을 흡입한 일, 술을 마신 일, 약물을 복용한 일을 없던 것으로 할 수 없습니다. 자신과 타인에게 초래한 고통도 되돌릴 수 없습니다. 그러나 과거를 받아들이고 지금 당장 하려는 선택에 집중하여 현재와 미래를 바꾸려고 노력할 수는 있습니다. 마찬가지로 우리도 통제할 수 있는 것에 집중하여 그렇게 할 수 있습니다. 즉 날마다 하는 선택에 집중하고 나머지 일은 일어나는 그대로 받아들이는 것이지요. 에픽테토스에 따르면, 우리 손에 달려 있지 않은 일을 걱정하는 것은 헛되고 어리석기 때문입니다.

과정에 집중하라

저는 스위스 출신이니, 유명한 스위스 전설 하나를 들려드릴게요. 14세기 초, 스위스 일부 지역은 오스트리아의 합스부르크가 황제들의 압제에 시달리고 있었습니다. 그런 가운데 한 마을에서는 포악한 총독이 시내 한복판에 세운 기둥 꼭대기에 깃털이 달린 모자를 걸어놓고 사람들에게 그 앞에서 경례를 하도록 강요했습니다. 윌리엄 텔과 그의 아들은 모자에 경례하지 않고 그냥 지나갔지요. 체포된 텔은 석궁으로 아들의 머리 위에 올려놓은 사과를 맞추라는 명령을 받았습니다. 다행히도 명사수였던 텔은 사과를 정확히 명중시켰습니다.

그런데 텔은 사과를 명중시키지 못하고 아들을 쏘았다면 두 번째 화살로 총독을 죽일 각오를 했다는 사실을 자백하고 체포되었습니다. 총독의 성에 감금당할 위기에 처한 윌리엄 텔은 폭풍우 덕분에 이송되던 배에서 가까스로 탈출했습니다. 다시 잡히면 사형 선고를 받게 될 터였죠. 텔은 서둘러 성으로 이어진 길목에서 매복했습니다. 포악한 총독과 부하들이 그 길목을 지나갈 때 윌리엄 텔은 총독의 심장을 향해 두 번째 화살을 쏘고 숲속으로 사라졌습니다. 내 동포의 용감한 행동이 반란으로 이어져, 마침내 스위스가 독립해 연방 국가가 되었으니 얼마나 기쁜 일인가요!

윌리엄 텔이 아들의 머리 위에 올려놓은 사과를 화살로 맞히기 200년 전에 스토아학파는 이미 그런 궁사에 관한 비유를 들어 통제할 수 있는 일에 집중하라는 핵심 개념을 설명했습니다. 텔은 활시위를 잡아당기고, 눈을 감아 집중하고, 목표를 겨냥하며 숨을 참은 뒤 마침내 화살을 쏘았습니다. 이제 느린 장면으로 화살이 공기를 가르고 날아가는 모습을 상상해보세요. 화살은 저 멀리 사과를 향해 날아가고 있습니다. 그 화살은 이제 텔의 통제를 벗어났지요. 텔은 더 이상 화살에 영향을 미칠 수 없고, 그저 기다리고 지켜볼 수 있을 뿐입니다. 예기치 않은 돌풍이 불어 화살의 방향을 어긋나게 할 수도 있고, 화살 바로 앞으로 새가 지나갈 수 있습니다. 아니면 아들이 몸을 굽히거나 어머니가 용감하게 뛰어들어 아들 대신 맞을 수도 있습니다.

요컨대 윌리엄 텔이 화살을 쏘는 순간에는 최선을 다할 수 있으나 사과에 맞히거나 못 맞힐 수 있다는 것입니다. 우리도 마찬가지예요. 우리는 의도와 행동을 선택할 수 있으나 그 궁극적인 결과는 우리가 통제할 수 없는 외적인 변수에 달려 있습니다. 그래서 스토아학파는 우리가 통제할 수 있는 일에 집중하고 나머지 일은 일어나는 대로 두라고 조언합니다.

그런 조언을 현대에서는 **과정 집중**이라고 하는데, 우리가 통제할 수 없는 원하는 결과 대신 우리가 통제할 수 있는 과정에 집중한다는 의미입니다. 활쏘기에서 원하는 결과는 표적을 맞히는 것이지만 그 결과는 우리의 통제를 벗어나기에 거기에 집중할 필요는 없습니다. 원하는 결과에 최적으로 도달할 '과정'에 집중하는 것이 현명하지요. 스토아학파는 그 과정이 결과에 영향을 주리라는 사실을 깨달았습니다. 그 과정은 행동, 신중한 연습, 활을 잘 쏘도록 준비하는 등의 모든 일을 말합니다.

그렇다면 성공은 우리가 통제할 수 있는 모든 일을 하려는 노력으로 정의됩니다. 표적을 맞히느냐 못 맞히느냐, 이기느냐 지느냐, 체중을 줄이느냐 줄이지 못하느냐 등은 궁극적으로 중요하지 않습니다. 우리는 그 과정에서 이미 성공하거나 실패합니다. 따라서 극기심이 강한 궁사는 화살을 잘 준비하여 쏘는 과정에 집중합니다. 그러면 긍정적 결과(표적 맞히기)는 승리감을, 부정적 결과(표적 놓치기)는 절망감을 일으키지 않겠지요. 극기심이 강한 궁사는 활쏘기 과정에서 성공하고, 또한 최선을 다해 노력했음을 느끼며 평정심과 차분한 자신감으로 어떤 결과든 받아들일 준비가 되어 있습니다.

자신이 통제할 수 있는 것에 집중한다는 이런 '과정 집중' 개념은 엄청난 자신감을 불러일으킵니다. 분명 우리가 최선을 다한다면 무슨 일이든 성공할 것입니다. 그것이 우리가 할 수 있는 전부이지요. 직장과 인간관계에서, 그리고 건강을 위해 정말로 최선을 다한다면 우리는 늘 자신감과 평온을 느낄 것입니다. 나쁜 결과를 정당화할 필요는 없습니다. 결과에 영향을 미치는 통제할 수 없는 요소들이 너무 많으니까요.

다만 자신의 능력 안에 있는 일을 모두 해내지 못했다고 생각하면 불안감이 생기므로 스스로 정당화해야 합니다. 이것이 우리가 '실제로 하고 있는 것'과 '할 능력이 있는 것'의 차이입니다. 스토아학파는 마음의 동요와 불안은 우리가 통제할 수 없는 일을 원할 때 생겨난다고 강조했습니다. 에픽테토스는 우리에게 달린 일이 아니므로 친구와 친척들이 영원히 살기를 바라는 일은 어리석다고 말했습니다. 우리가 통제할 수 없는 일을 걱정하다 보면 감정적 고통이 발생하지요. 우리가 스스로 완전히 통제할 수 있는 과정에 집중해야 하는 이유입니다. 이 과정에서 최선을 다하는 일을 **성공**이라고 정의한다면 우리는 절대로 실패를 할 수 없고, 차분한 자신감을 느낄 것이며, 또 평정심으로 어떤 결과든 받아들일 수 있을 것입니다.

즐길 것인가, 끌려갈 것인가?

댄 밀먼은 《평화로운 전사》*The Way of the Peaceful Warrior*에서 말했습니다. "고통은 일어나는 일에 대한 심리적 저항이다." 신체적 고통은 외적인 일 때문에 생겨날 수 있으나 내면의 고통과 혼란은 일어난 일을 거부하고 현실과 싸우려는 마음에서 비롯됩니다. 우리는 끼어드는 운전자에게 화가 나고, 시험 성적이 좋지 않아 불만을 느끼고, 기차가 지연될 때 절망감을 느낍니다. 그런 상황을 객관적으로 살펴보면 우리는 그런 상황과 씨름하는 것이 소용없음을 알게 되지요. 이미 일어난 일은 바꿀 수도 되돌릴 수도 없으니까요. 그런데도 우리는 늘 현실과 싸우고 그 현실이 달라지기를 바랍니다. 그 운전자는 그렇게 운전하지 말아야 하고 내 성적은 더 나아져야 하고 기차는 제때에 도착해야 한다고 생각합니다.

외적인 일은 그렇게 될 운명이기 때문에 있는 그대로 받아들여야 하는데, 이를 거부하는 것은 신과 싸우는 일이라고 에픽테토스는 말했습니다. 우리의 감정적 고통은 우리 손에 달린 것과 그렇지 않은 것을 구분하지 못해서 생깁니다. 현실과 싸우고 바꿀 수 없는 상황과 싸우면 우리는 마음이 혼란스럽고, 세상에 화가 나고, 다른 이들을 비난하고, 삶에 분노하며, 신을 미워하게 됩니다.

능력 밖의 일을 원할 때마다 우리의 평정심과 자신감은 흔들릴 것입니다. 원하는 것을 얻지 못하면 화가 나고, 원하는 것을 얻으면 우리가 얻지 말아야 할 것을 차지하는 과정에서 근심과 불안감을 겪게 됩니다. 그러므로 우리 손에 달린 것에 늘 집중해야 하지요. 그러면 남을 비난하지도, 삶에 분노하지도, 또한 신과 싸우지도 않을 것입니다. 스토아 철학의 힘은 대부분 그런 태도에서 비롯됩니다. 결과가 아닌 행동을 통제할 수 있다는 기본 진리를 마음속에 깊이 새기면, 할 수 있는 최선을 다하게 되므로 자신감이 생깁니다. 그리고 이런 자신감으로 우리는 무슨 일이든 차분하게 받아들이게 됩니다.

통제할 수 있는 일에 집중하고 나머지 일은 일어나는 그대로 받아들이세요. 나머지 일은 우리가 통제할 수 없으므로 즐겁지 않더라도 그대로 받아들이라고 스토아학파는 조언합니다. 통제할 수 없는 일을 우선 받아들이고 난 다음에는 최대한 이용하려고 노력해야 합니다. 사소한 일들을 거부하지 말고 모두 받아들이세요. 운전자가 우리 앞에 끼어들면 그렇게 하도록 내버려두세요. 성적이 나쁘면 더 잘 준비할 기회가 생겼다고 여기고 받아들이세요. 기차가 지연되면 지연된다고 받아들이시고요! 어쩌면 기차가 지연되어 좋을 수도 있을지, 누가 알겠어요? 우리는 기차가 아직 도착하지 않았다는 사실만 알 수 있을 뿐인데요. 그리고 다행이지 않습니까? 기차를 운전하는 사람이 내가 아닌 다른 사람이니까요.

스토아학파는 통제할 수 없는 일이 생기면 그 일을 그대로 받아들여 즐기려고 하거나, 아니면 거부하여 그 일에 끌려다닐 수 있다고 일러줍니다. 스토아학파가 제시한 멋진 비유가 있어요. 이동하고 있는 마차에 개 한 마리가 줄로 매여 있다고 상상해보세요. 그 줄은 매우 길고, 개에게는 두 가지 선택지가 있습니다. 하나는 통제할 수 없는 마차의 방향을 순순히 따라가며 주변 환경을 즐기면서 탐색하는 것입니다. 다른 하나는 있는 힘껏 마차에 끈질기게 저항하여 결국 마차가 이동하는 내내 끌려다니는 것입니다.

마찬가지로 우리는 외적인 상황을 받아들여 최대한 이용하거나, 아니면 저항하다 결국 눈물을 흘리며 비참함을 느낄 수도 있습니다. 어느 쪽을 선택할지는 우리의 몫이고요. 라이언 홀리데이는 이렇게 말했습니다. "어떤 일에 화가 나는 것은 그 일이 계속되리라고 잘못된 추측을 하기 때문이고, 변화에 분노하는 것은 그 문제에 선택권이 있다고 오해하기 때문이다." 그러므로 우리는 에픽테토스의 다음과 같은 조언을 새겨야 합니다. "당신이 원하는 대로 일이 일어나기를 청하지 말고, 일이 있는 그대로 일어나며 당신의 삶이 원만하게 흘러가기를 기대하라." 매우 간단하지요? 아직은 쉽지 않겠지만, 2부에서 여러 실천 과제들을 자세히 살펴볼 것입니다.

매우 불운하게 보이는 일들이 생겨도 문제 없습니다. 사랑하는 사람이 세상을 떠나거나, 홍수로 집이 무너지거나, 직장을 잃거나, 시험에 떨어지는 일이 생길 수도 있지요. 우리는 그런 상황을 되돌릴 수 없습니다. 드높은 정신으로 그 일들을 견디려고 노력하고 주어진 상황에 최선을 다하려고 노력할 수밖에요. 스토아 철학은 우리가 통제할 수 있는 일에 집중하고 통제할 수 없는 일은 그대로 받아들이며 최대한 이용하라고 가르칩니다. 주어진 상황에서 무엇을 하느냐, 또 어떻게 하느냐가 중요합니다. 결과는 우리가 통제할 수 없으며 그리 중요하지 않지요.

에픽테토스가 바라는 유형의 사람은 이와 같습니다. "무엇을 어떻게 하느냐에 마음을 쓰는 사람, 또 내가 무엇을 얻을 수 있는가가 아니라 내가 행동하는 방식에 관심을 기울이는 사람을 원한다."

유의할 점이 있다면, **통제할 수 없는 일을 그대로 받아들이는 것은 체념과 전혀 관련이 없다**는 사실입니다. 우리가 통제할 수 없는 일들은 많고, 또 어떤 결과든 평정심으로 받아들인다는 것은 포부 없고 무기력하고 체념한다는 의미가 아닙니다. 오히려 체념은 스토아학파가 전하고 실천하는 원칙과 정확히 반대의 개념이지요. 일어나는 일들은 우리의 행동과 상관없이 일어나는 일이 아니라 우리의 행동에 좌우됩니다. 자발적인 행동으로 우리는 결과를 어느 정도 이끌어갈 수 있습니다. 우리가 얼마나 열심히 훈련하고 표적을 맞히려고 노력하느냐가 매우 중요한 것은 그 때문이지요. 그러나 우리가 표적을 맞히느냐 놓치느냐는 완전히 우리에게 달린 것이 아닙니다.

'어떤 일이 일어나도 기뻐해야 한다니, 그냥 단념하라는 소리냐?'라는 주장은 무지하고 게으르기만 합니다. 일어나는 모든 일에 저항하는 것보다 받아들이는 게 더 어렵습니다. 진정한 인간만이 불가피한 상황과 마주할 수 있고, 불운을 받아들이고 대처하려면 강인하면서도 겸손한 마음이 필요합니다. 다시 말해, 전사 같은 철학자가 필요하지요. 전사는 모든 일을 최고가 되기 위한 도전으로 받아들이지만, 보통 사람은 모든 일을 축복 아니면 저주로 받아들입니다.

무슨 일이 일어나든 받아들이려 노력해야 한다고 해서 그 일에 찬성한다는 의미는 아닙니다. 우리가 그 일을 바꿀 수 없음을 인식한다는 의미입니다. 그러므로 바꿀 수 없는 일을 받아들이고 최대한 이용하려고 노력하는 것이 가장 훌륭한 선택이지요. 바이런 케이티Byron Katie

는 저서 《네 가지 질문》(*Loving What Is*, 침묵의 향기, 2013)에서 "아무도 자녀들이 아프기를 바라지 않고, 아무도 교통사고가 나기를 바라지 않는다. 그러나 이런 일들이 일어나면 정신적으로 그런 일들과 씨름해봐야 무슨 소용이 있겠는가?"라고 주장합니다. 물론 때로는 상황이 형편없기도 하지만 그 상황들에 저항하고 포기하고 무력감을 느끼는 것은 전혀 도움이 안 됩니다. 스토아학파는 그 상황들을 도전으로 여기며, 우리가 최고의 자아를 발휘하도록 훈련하여 궁극적으로 더 강해질 수 있는 원천으로 보아야 한다고 조언합니다.

스토아학파는 세상 속에서 체념하지 않고 올바른 행동을 실천하는 데 전념했습니다. 마르쿠스 아우렐리우스는 평생 가장 강력한 군사적·정치적 지도자였고 로마제국을 지켜내기 위해 군대를 이끌고 수없이 참전했습니다. 마르쿠스는 현명하게도 자신의 손에 달린 일과 그렇지 않은 일의 차이점을 알았습니다. 또한 자신의 능력에 집중하고 행동할 정도로 용감했고, 손쓸 수 없는 일을 평정심으로 받아들일 정도로 침착하여 행복을 추구할 수 있었습니다(앞의 〈평온을 비는 기도〉를 참고하시기 바랍니다).

좋은 일, 나쁜 일, 덤덤한 일

"세상에는 좋은 일도 있고 나쁜 일도 있고 또 덤덤한 일도 있다." 에픽테토스와 스토아학파는 우리 손에 달린 일과 그렇지 않은 일을 구분했을 뿐만 아니라 좋고 나쁘고 덤덤한 일들도 모두 구분했습니다. 중요하게도 우리 손에 달린 일들만 좋거나 나쁠 수 있고, 우리 손에 달려 있지 않은 일들은 모두 '덤덤한 일'로 구분됩니다. 그래서 극기심이 강한 궁사는 어떤 결과든 평정심으로 받아들이지요. 결과는 자신의 손에 달려 있지 않으니까요. 그러나 스토아학파는 더욱 세분하여 표적(또는 사과) 맞히는 것을 '바람직한 덤덤함'으로 정리했습니다. 그 결과가 완전히 덤덤한 일이라면 왜 처음부터 표적을 맞히려고 노력해야 할까요? 그런 구분을 자세히 살펴보기 전에 먼저 좋은 일, 나쁜 일, 덤덤한 일에 각각 무엇이 포함되는지 살펴보겠습니다.

♣ **좋은 일** 지혜, 정의, 용기, 절제 등 모든 미덕.

★ **나쁜 일** 어리석음, 부당성, 비겁, 무절제 등 모든 악덕.

♣ **덤덤한 일** 삶과 죽음, 건강과 질병, 부와 가난, 즐거움과 고통, 명성과 나쁜 평판 등 미덕과 악덕 외의 모든 일.

좋은 일과 나쁜 일은 우리의 행동으로만 나타납니다. 앞서 살펴보았듯이, 최고의 자아를 발휘하면 충분히 행복하고 원만하게 흘러가는 삶을 살 수 있습니다. 그 일이 우리가 할 수 있는 전부이니까요. 좋은 삶을 위해서는 우리의 행동뿐 아니라 인성의 함양도 매우 중요합니다. 외부 환경은 훌륭한 삶을 사는 데서 전혀 중요하지 않지요. 마찬가지로 불행한 삶도 어떤 외적인 상황과 상관없이 악덕의 행동에서 비롯됩니다. 그렇다면 유일한 좋은 삶은 자연에 순응하며 살고 타고난 잠재력을 실현하여 지혜, 정의, 용기, 절제의 미덕으로 살아가는 일입니다. 덕행의 결과는 운명에 달려 있습니다. 그 결과는 우리의 직접적인 통제를 벗어나므로 좋은 일도 나쁜 일도 아닌 덤덤한 일이 됩니다. 통제할 수 없는 일들이 좋거나 나쁠 수 있다면 우리는 그런 일을 할 능력이 없으므로 고통을 겪게 될 수 있지요. 그러므로 모든 미덕은 반드시 우리 자신으로부터 비롯되어야 합니다.

덤덤한 일은 흔히 건강과 부와 명성으로 요약됩니다. 기본적으로 우리 손에 달려 있지 않은 외적인 일은 모두 덤덤한 일로 분류됩니다. 스토아학파는 그런 덤덤한 일들이란 중립적이고 인간의 번영에 도움을 줄 수도 해로움을 줄 수도 없으며, 또한 행복하고 원만하게 흘러가는 삶에 중요하지 않은 것이라고 말합니다. 훌륭한 삶을 살기 위해 그런 외적인 일들이 필요하다면 부족할 때에는 사기가 떨어지겠지요. 그러므로 우리는 덤덤한 일에 태연해지는 법을 배워야 하고, 이전에 거론했듯이 외적인 일에 맞서는 대신 일어나는 그대로 받아들여야 합니다. 명심하세요, 극기심이 강한 궁사는 자신이 통제할 수 없는 어떤 결과든 평정심으로 받아들일 준비가 되어 있습니다.

'덤덤함'이라는 말 때문에 외적인 일들에 전혀 가치가 없다는 건가 오해를 할 수도 있지만, 사실은 그렇지가 않습니다. 이런 외적인 일들이 훌륭한 삶에 상관없을지라도 그런 일들 가운데에는 선호되는 일도 있습니다. 우리에게는 아프기보다 건강하기를 선택하고 가난함보다 부유함을 선택하고 추함보다 아름다움을 선택하는 직관력이 있지요. 윌리엄 텔도 아들보다는 사과를 화살로 맞히기를 선호했습니다. 이를 **바람직한 덤덤함**이라고 합니다. 우리는 선택할 수 있다면 늘 더 나은 선택을 받아들일 것입니다. 이런 선택은 스토아학파도 마찬가지입니다. 그들도 더 나은 선택을 추구하지만 이때의 태도는 초연합니다. 더 나은 선택을 추구하면 좋긴 하지만 하지 않아도 괜찮다는 의미이지요. 가장 중요한 것은 아레테를 추구하는 삶이므로, 스토아학파는 최고의 자아를 발휘하는 데 방해되지만 않는다면 그런 '바람직한 덤덤함'을 추구합니다.

우정은 스토아학파에게 가장 중요한 '바람직한 덤덤함'입니다. 인간은 본래 이성적이면서도 사회적 존재이므로 우리는 자연스럽게 다른 사람들과 관계를 돈독하게 맺습니다. 선한 사람은 늘 사랑, 친절, 정의, 동족(형제, 이웃, 이방인 모두)에 대한 관심 등을 보여주지요. 현명하고 좋은 친구를 얻는 것은 세상에서 가장 소중한 외적인 일입니다. 현자는 "자신에게 아무리 만족하더라도 친구와 이웃과 동료를 바란다"고 세네카는 말했습니다. 우리는 친구 없이도 행복한 삶을 살 수 있으나 그런 삶을 선호하지는 않지요.

그러나 할리우드 영화와 달리 스토아학파는 도덕적 청렴성보다 사랑에 더 높은 가치를 두지 않았습니다. 미덕이 관련될 때마다 다른 모든 것은 미덕에 자리를 내주어야 합니다. "사랑이 모든 것을 이긴다"는 주제는 낭만적이며 좋은 영화가 될 수 있으나 스토아학파의 우선순위와는 반대입니다. 예컨대 그들은 인품을 사랑과 바꾸지 않습니다. 미덕을 단념시키지 않는 우정이라면 계속 추구해도 좋습니다. 수치스러운 태도로 우정·건강·부를 추구하는 것보다 고결한 태도로 외로움·질병·가난을 견디는 것이 낫습니다. 선한 사람은 언제라도 미덕을 추구하고 반드시 악덕을 피할 것입니다.

세네카는 미덕에 관해 아주 멋지게 이렇게 설명했습니다. "선한 사람들은 힘들더라도 영예로운 일을 찾아서 행할 것이다. 그들은 상처를 입더라도 그렇게 할 것이고, 위험이 닥치더라도 그렇게 할 것이다. 그들은 부나 즐거움이나 권력을 준다고 해도 비열한 일을 찾아 행하지는 않을 것이다. 어느 것도 그들에게 영예로운 일을 단념시키지 못하고 또 비열한 일을 행하도록 유혹하지도 못할 것이다."

삶의 카드 게임에서
어떤 패를 쥐었든 이길 수 있다

카드 게임은 좋은 일, 나쁜 일, 덤덤한 일이라는 개념을 설명할 수 있는 멋진 사례입니다. 삶에서 우리에게 주어진 카드의 패는 여러 외적인 환경과 현실 상황들이라 할 수 있지요. 가령 평면 TV, 비열한 사장, 아내의 질병, 아들의 나쁜 성적, 격려를 해주는 소중한 친구 등을 카드라고 칩시다. 우리는 주어진 카드의 여러 패로 이제 카드 게임을 해야 합니다. 카드의 패는 우연히 주어지므로 중립적이고 덤덤한 일에 속합니다. 중요한 것은 우리가 **카드의 패를 얼마나 잘 이용하느냐**입니다.

카드 게임처럼 우리는 삶에서도 어떤 패를 쥐었든 이길 수 있습니다. 물론 카드 게임에서 에이스 두 장을 선호하듯 삶에서는 건강한 아내를 바라지만 그런 상황이 우리 손에 달려 있지는 않습니다. 우리는 주어진 상황에 어떻게 대처할지를 선택할 수 있을 뿐이지요. 카드의 패는 일단 주어지면 바꿀 수 없으므로 우리는 그저 받아들일 수밖에 없습니다. 더 이상 좋아하는 패를 바라지 말고 주어진 카드의 패를 최선을 다해 사용할 수 있기를 바라야 합니다.

훌륭한 참가자는 어떤 패를 받았든 최선을 다해 카드 게임을 하고 어떤 결과든 차분하게 수용합니다. 어떤 패가 손에 들어왔든 카드 게임에 최선을 다하는 일, 그것이 참가자가 할 수 있는 전부입니다. 결국에는 최고의 패를 쥔 참가자가 아니라 최선을 다해 패를 잘 활용하는 참가자가 최종 우승을 할 것입니다. 그와 마찬가지로 삶에서도 주어진 상황을 잘 활용하는 사람이 훌륭한 삶을 실현할 것이고요.

건강, 부, 명성 같은 최고의 패가 어리석고 부당한 사람이 훌륭한 삶을 이루도록 해주지는 못합니다. 병, 가난, 나쁜 명성 같은 나쁜 패가 미덕을 행하는 사람의 행복에 해를 끼치지도 못하고요. 더 높은 차원에서 보면 미덕과 훌륭한 성품은 언제나 건강, 부, 명성보다 중요합니다. 풍부한 재물은 좋은 인성을 따라가지 못합니다. 어떤 재물은 다른 것보다 더 좋을 수 있으나 궁극적으로는 중요하지 않은 것입니다. 훌륭한 삶을 위해 중요한 것은 그런 외적인 일에 어떻게 대처하느냐입니다.

전 재산을 잃으면서 좋은 사람이 되는 것은 한 푼을 잃는 일과 같고, 병을 앓는 게 죄를 짓는 일보다 더 나쁘지 않다고 초기의 스토아 철학자 크리시포스가 말했습니다. 세네카도 이와 유사한 말을 했습니다. "삶은 좋거나 나쁘지 않고, 또한 좋은 것과 나쁜 것을 위한 공간이기도 하다." 삶을 비롯한 모든 갖가지 상황은 현명하게도 어리석게도 이용될 수 있습니다. 그런 상황들을 좋거나 나쁘게 만드는 것은 우리의 행동입니다. 그 사실이 중요하지요. 외적인 일은 중요하지 않지만 우리가 그 일에 어떻게 대처하느냐는 중요합니다. 행복한 삶을 꾸리거나 지긋지긋한 삶을 만드는 것은 바로 거기에 달려 있습니다.

책임을 다하라

자신의 내면으로부터 행복을 추구하기

"좋은 것을 얻고 싶다면,
자신으로부터 얻어야 한다."

에픽테토스

스토아 철학의 행복 삼각형에서 '책임을 다하라'라는 마지막 원칙은 다른 두 가지 원칙을 기반으로 합니다. 즉 첫 번째와 두 번째 원칙이 세 번째 원칙을 가능하게 하는 것이지요. 첫 번째 원칙은 아레테를 추구하며 살거나 최고의 자아와 최고의 선을 발휘하는 것이었지요. 두 번째 원칙은 우리가 통제할 수 없는 외부 환경은 훌륭한 삶을 일구는 데 중요하지 않다는 것이었고요. 즉 훌륭한 삶을 위해서는 아레테를 추구하는 것만으로 충분하며, 우리는 아레테를 추구하는 삶을 통제할 수 있으므로 자신의 번영에 책임을 다할 수 있지요.

도널드 로버트슨은 세 번째 원칙이 "스토아 철학의 가장 힘들고 가장 흥미로운 측면이다"라고 주장했습니다. 책임감은 '모두가 열망하는 행복하고 원만하게 흘러가는 삶을 달성할 수 없다'는 변명을 우리에게 허용하지 않기 때문입니다. 미덕을 함양하지 못하게 하고 훌륭한 삶을 살지 못하게 막는 유일한 존재는 바로 우리 자신입니다.

이 공식을 조금 더 풀어볼까요? 삶의 궁극적인 목표는 에우다이모

아레테를 추구하며 살아가기는
우리가 통제할 수 있다

+

우리가 통제할 수 없는 일들은 행복한 삶과 관련이 없다

=

아레테를 추구하며 살아가기는 우리가 통제할 수 있으며
행복한 삶을 살아가는 데 충분하다.

그리하여 우리는 자신의 행복한 삶에 책임을 다하게 된다.

니아, 즉 행복하고 원만하게 흘러가는 삶입니다. 이 목표에 도달하기 위해 스토아학파가 정한 또 다른 목표는 **아레테를 추구하며 살거나 자연과 조화롭게 살기**입니다. 의도와 행동에 이성을 적용하는 것은 인간의 본성입니다. 그러므로 아레테를 추구하며 산다는 목표는 우리의 행동에 이성을 적용하여 늘 최고의 자아를 발휘하려고 노력하는 일입니다.

현대의 용어로 보면, 이 공식은 **과정 집중**을 위한 목표입니다. 스토아학파는 미래의 결과(행복한 삶)에 중점을 두지 않고 지금 이 순간의 과정(아레테를 추구하며 살기)에 중점을 두어 궁극적으로 원하는 결과에 이르도록 했습니다. 과정에 집중하기는 스토아주의 학도로서 우리가 지

금 이 순간의 과정을 통제할 수 있으므로 궁극적으로 우리의 번영에 책임을 다하게 하는 일입니다. 결과는 외부 일에 의해 방해받을 수 있으나 우리의 의도와 과정에 집중하기는 현재의 순간에 완성되며 우리가 통제할 수 없는 일에 의해 방해받지 않습니다.

세네카는 말했지요. “현명한 사람은 모든 행동의 결과가 아닌 목적을 고려한다. 시작은 우리가 통제할 수 있으나 그 결과는 행운이 결정한다. 나는 행운의 평결을 인정하지 않는다.”

주어진 환경이 내 행복을 결정하도록 놔두지 마세요. 스토아학파는 외적인 일이나 타인은 우리가 어떻게 살지, 더 나아가 살지 말지에 영향을 미칠지언정 우리 삶을 망칠 힘은 없다고 했습니다. 내 삶은 오직 나만이 망칠 수 있지요. 통제할 수 없는 일로 괴로워하거나 할 수 있는 행동을 못하는 것으로 말이에요.

우리의 행복은 외부 환경의 영향을 최대한 적게 받아야 합니다. 외적인 일과 행복은 서로 연관성이 적어야 합니다. 통제할 수 있는 일에 집중하고 주어진 환경에서 최선을 다하려고 노력해보세요. 앞서 살펴보았듯이, 우리가 통제할 수 없는 일을 바라는 것은 감정적 고통의 근원이 됩니다.

“존재하지 않는 것을 좇는 열망과 행복을 일치시키기란 불가능하다. 진정한 행복이란 바라는 모든 것을 지금 소유하고 있음을 의미한다. 마치 음식을 먹고 포만감이 드는 것과 같다. 목마르거나 굶주려서는 안 된다.” 여기서 에픽테토스가 의미하는 열망이란 정확히 오늘날 우리가 **조건부 행복**이라 부르는 것입니다. 즉 미래의 일과 연결해서 생각하는 행복을 말하지요. ‘시험을 끝내면 행복할 것이다’ ‘새로 나온

포르쉐911을 사면 행복할 것이다' '억대 연봉을 받으면 행복할 것이다' 등등. 이런 행복은 수평선과 같아서 우리가 아무리 걸어도 결코 가까워지지 않을 것입니다. 우리는 소유하지 못하는 것을 계속 열망할지, 아니면 지금 행복의 기회를 잡을지를 선택해야 합니다. 그 둘을 모두 가질 수는 없습니다. 바라는 모든 것을 소유하고 있는 지금이 바로 진정한 행복의 순간입니다.

"외적인 일은 내 능력 밖에 있다. 그러나 의지는 내 능력 안에 있다. 나는 선행과 악행을 어디에서 찾아야 할까? 바로 내면에서, 내 마음속에 있는 일들 안에서 찾을 수 있다. 그러나 당신에게 속하지 않는 것이라면 좋은 것이나 나쁜 것이라 할 수 없다." 여기서 에픽테토스는 내면에서 선행을 찾으라고 일깨웁니다. 그는 "좋은 것을 얻고 싶다면 자신으로부터 얻어야 한다"는 기본적인 교훈을 전하곤 했지요. 우리는 외부가 아니라 내면으로부터 행복을 추구해야 합니다. 외적인 일은 우리가 통제할 수 없고, 좋거나 나쁘지도 않은 무덤덤한 일일 뿐이지요.

자연은 삶에 아무리 힘든 시련이 닥치더라도 만족스럽고 행복한 삶을 창조하는 데 필요한 수단을 우리에게 주었습니다. 만족을 얻고 싶다면 우리는 자신과 욕구를 바꾸어야 합니다. 우리는 주변 세상에서 일어나는 일을 변화시킬 수는 없으나 그런 일들을 바라보는 방식, 또 이를 이용하는 방식을 바꿀 수는 있습니다.

외적인 일들을 변화시키는 것은 불가능하다.
그런 일들에 대한 자신의 관점을 바꾸는 것은 가능하다.
그렇다면 왜 바꿀 수 있는 것을 바꾸려고 하지 않는가?

선택의 자유

마르쿠스 아우렐리우스는 이렇게 되새겼습니다. "나는 육체, 숨, 이성 등 세 가지로 구성되어 있다. 육체와 숨은 내가 돌보아야 하는 동안에만 내 것이고 이성만이 내 본질적인 소유물이다." 이성만이 자신의 진정한 소유물입니다. 극기심이 강한 사람이 완전히 통제할 수 있는 것은 오직 이성뿐이지요. 그 외의 모든 것은 통제할 수 없거나 부분적으로만 통제할 수 있습니다.

내 행동은 내가 통제할 수 있으나 그 결과는 통제 불가능하지요. 다행히도 에픽테토스에 따르면, 이성을 사용하는 능력이라는 "가장 뛰어나고 우수한 능력이" 또한 우리의 능력 안에 자리잡고 있지요. 그래서 우리는 "사물의 외적 인상을 올바르게 사용"할 수 있습니다. 우리가 '유일하게' 이성만 통제할 수 있다 하더라도 이 능력은 큰 것입니다. 이성을 사용하는 능력으로 우리는 외적인 일들이 우리에게 어떤 의미가 될지 결정할 수 있으니 말입니다. 그때 분별력이 우리 같은 이성적인 존재의 핵심이 되고 자유의 원천이 됩니다.

우리는 주변 세상에서 일어나는 일을 통제할 수 없지만 이런 일들에 대한 우리의 견해는 통제할 수 있습니다. "우리는 외부 환경을 선택할 수 없으나 거기에 어떻게 반응할지는 늘 선택할 수 있다"라고 에픽테토스가 알려주지 않았나요? 외부의 일들은 중립적이며, 거기에 우리가 어떻게 반응하느냐에 따라 그 일들이 좋아지거나 나빠진다는 사실을 인식해야 합니다.

우리는 환경에 희생돼 괴로움을 겪거나, 아니면 그 환경에 어떻게 대처할지 책임을 지기로 선택하여 그 괴로움으로부터 스스로 벗어날 수 있습니다. 무력한 희생자가 되는 일은 전혀 도움이 안 됩니다. 반면 책임을 지기로 선택하면 우리는 주어진 환경에 최선을 다할 능력이 생기지요.

모든 외부 일들에는 우리가 통제할 수 있는 한 가지 측면, 즉 '그 일을 어떻게 이용하느냐'라는 측면이 있습니다. 선택할 능력이 있다는 것은 우리에게 선택권이 있다는 의미이고, 또 선택권이 있다는 것은 자유를 의미합니다. 이런 능력을 '선택의 자유'라고 부르겠습니다. 빅터 프랭클은《죽음의 수용소》에서 이렇게 썼습니다. "그 무엇이든 인간으로부터 한 가지만은 빼앗아갈 수 없다. 인간의 최후의 자유, 그것은 바로 주어진 환경에서 자신의 태도를 선택할 수 있는 자유이다."

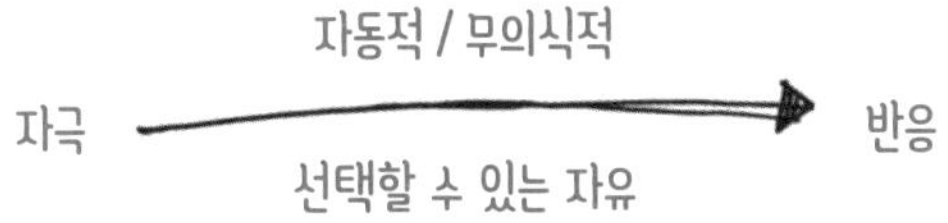

어떤 일이 일어나면(자극) 우리는 그 일에 응합니다(반응). 흔히 이런 반응은 자동적이고 무의식적으로, 우리가 무슨 생각을 하기도 전에 일어나지요. 어떤 일이 일어나면 충동적으로 반응하는 사람들을 쉽게 볼 수 있지요. 특히 이런 경향은 아이들에게서 더욱 뚜렷이 나타납니다. 브론티라는 이름의 공룡 장난감을 갖고 노는 어린아이가 있다고 가정해볼까요? 그 아이한테서 브론티를 빼앗아버리면 어떤 일이 일어날까요? 아이는 높은 확률로 곧장 울음을 터뜨리겠지요. 아이는 생각하지 않고 무의식적으로 그런 반응을 보일 것입니다. 어쩌면 아이는 웃음을 되찾기 전까지 그 장난감을 빼앗은 사람을 불신의 눈초리로 쳐다볼지도 모릅니다. 이 아이처럼 어린아이들은 대부분 어떻게 반응할지 선택할 능력이 없습니다. 그러나 우리는 다르지요. 자극과 반응 사이에는 잠재적으로 약간의 틈이 있습니다. 반응을 선택할 능력, 선택의 자유는 그 틈새에 있습니다.

즉 우리가 자극과 반응 사이에 개입하여 자발적인 반응(또는 무반응)을 선택할 수도 있다는 의미입니다. 다만 그 틈새는 잠재적으로만 존재합니다. 우리가 충분히 의식하지 않는다면 틈새는 생기지 않고 우리는 의식 없이 태만한 반응, 즉 자동 반응에 젖어들게 되지요. 의식, 마음챙김, 주의 집중 등은 자극과 반응 사이에 끼어드는 능력에 꼭 필요합니다. 자극과 반응 사이의 틈새는 우리의 의식에 따라 크기도 하고 작기도 하며, 혹은 존재하지 않게 되기도 합니다.

유리를 깨뜨리거나 개똥을 밟거나, 혹은 낯선 사람에게 욕을 먹는 일이 생기면 우리는 무의식적으로 반응하기 전에 자극과 반응 사이에 개입할 수 있습니다. 우리가 자극과 반응 사이에 개입하면 어떤 선택을 할지 생각할 수 있고, 그런 다음 최고의 반응을 선택할 수 있습니다. 사람들은 대부분 태만한 반응을 재빨리 내보이곤 나중에서야 그 반응이 적절하지 않았다는 사실을 깨닫지요. 아니면 전혀 깨닫지 못하거나요.

개똥을 밟으면 저절로 어떤 반응이 일어나게 됩니다. 마음속에서 상황이 정말 나쁘다는 판단을 내리지요. 그리하여 욕설, 몹시 흥분한 행동, 분노와 짜증과 당혹감 같은 감정 등의 반응이 뒤따를 수 있습니다.

태만한 반응을 받아들이면 우리는 늘 주변에서 일어나는 일에 좌우될 것입니다. 예컨대 개똥을 밟으면 비참해지고 돈을 밟으면 행복해집니다. 상황에 대한 태만한 반응이 긍정적이면 '야호'를 외치고 그렇지 않으면 '으악!' 하고 소리 지르는 것처럼 우리는 상황에 휘둘리게 됩니다.

스토아학파는 우리가 일어난 일(개똥 밟기)과 그 일에 대한 반응(분노와 욕설) 사이에 개입할 수 있다고 주장합니다. 이 개념은 여러분이 태만한 반응을 받아들이지 않고 가장 도덕적인 반응을 선택해야 한다는 뜻입니다. 자극과 반응의 차이에 개입하여 반응을 선택하고 싶으면 생각과 감정의 형태로 생기는 첫 외적 인상을 알아채야 합니다. 이런 첫 외적 인상이 파악되면 한 걸음 물러나 그 외적 인상을 받아들여도 좋은지 아닌지 의문을 품을 수 있지요.

무엇보다 우리는 그 외적 인상을 인정하는 것을 보류하여 경솔하고 충동적이며 무의식적인 행동을 피해야 합니다. 이런 방법은 매우 영향력이 강해서 우리가 반응하기 전에 생각할 수 있게 합니다. 그러면 우리가 가능한 최고의 반응을 선택할 능력이 생겨 주변에서 일어나는 일

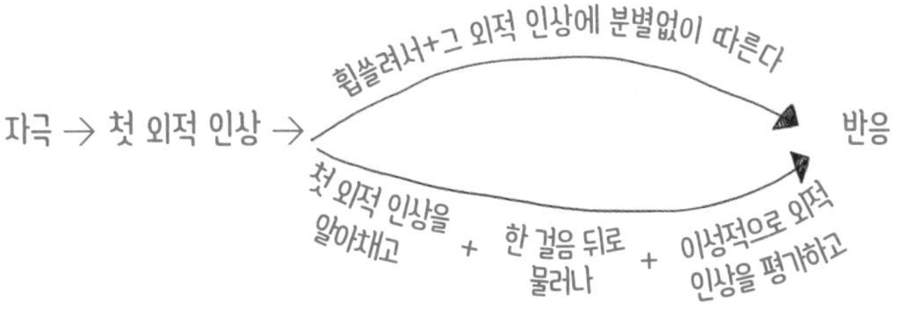

은 더 이상 중요하지 않게 되고, 이상적인 행동으로 향하는 비결을 얻게 됩니다. 즉 현명하고 차분하고 용서하는 방식으로 행동하기로 선택하여 웃으며 당당하게 앞으로 나아가는 삶을 살아가는 것이죠.

스토아학파가 '이성적 선택'이라 부르는 선택의 자유는 우리의 반응을 적극적으로 선택하는 일입니다. 그렇게 하기 위해서는 첫 외적 인상을 알아채고, 거기에 휩쓸리지 않고, 대응적 반응을 피할 수 있도록 상황을 의식해야 합니다. 대응적 반응은 비도덕적 행동이 될 수 있어서 분노·두려움·욕구 등 더욱 건강하지 못한 감정을 유발할 수 있습니다. 대신에 첫 외적 인상에서 한 걸음 물러날 수 있다면 우리는 이성적으로 그 외적 인상을 평가하고 다른 가능한 반응을 살펴본 다음, 최고의 반응이나 무반응을 선택할 수 있습니다(때로는 전혀 반응하지 않는 것이 최선입니다). 그런 식으로 우리는 바라건대 미덕에 따라서, 우리가 선택한 방법으로 반응할 수 있습니다.

추방을 당해도 빼앗기지 않는 것

스토아학파는 역경에 어떻게 반응했을까요? 이 책에서 소개한 스토아학파의 주창자 네 사람 가운데 셋이 추방을 당했었지요. 그들은 본보기가 될 만한 스토아주의적 태도로 그런 상황을 받아들였습니다. "우리를 풍요롭게 하는 것은 이성이다. 추방을 당한 우리에게는 이성이 있다"라고 세네카는 말했습니다. 모든 장소 가운데 가장 안 좋은 기아로스로 추방된 무소니우스 루푸스는 추방으로 나라를 잃었으나 추방을 견디는 능력은 잃지 않았다고 했습니다. 그는 추방을 당했다고 가치 있는 것까지 빼앗기지는 않는다고 했습니다. 이를테면 미덕은 빼앗길 수 없습니다. 용감하고 정의롭게 사는 것도 막지 못합니다. 행복은 일어나는 일보다 '일어나는 일을 어떻게 이용하느냐'에 달려 있음을 명심하세요. 무슨 일이 일어나더라도, 우리의 이성은 미덕으로 반응하여 외적인 일을 언제나 행운으로 바꿀 수 있습니다.

이성은 통제할 수 있는 일에 집중하고 통제할 수 없는 일은 그대로 받아들이며 미덕으로 반응할 수 있게 합니다. 모든 장애물은 지혜, 용기, 정의, 절제를 실천할 기회가 됩니다. 이상적인 스토아학파는 무슨 일이 일어나든 이성과 최고의 자아와 조화를 이루며 반응하고자 하고, 그 무엇도 그러한 바람을 막을 수 없습니다. 그는 통제할 수 있는 것만 바라므로 추방을 당하거나 투옥되더라도 '자유'를 계속 간직하게 됩니다.

스토아 철학은 외적인 일을 바꿀 수 없을 때마다 자기 자신을 바꾸라 말합니다. 우리는 외적인 상황은 바꾸지 못해도 그 상황에 대한 태도를 바꾸고 미덕으로 반응할 능력이 있지요. 어디에 있든(감옥이든 궁전이든), 부딪히는 도전이 무엇이든(개똥이든, 지폐든) 우리는 늘 선택의 자유를 이용할 수 있습니다. 우리는 첫 외적 인상을 알아채, 개똥을 밟더라도 한 걸음 뒤로 물러나 상황을 평가하여 가장 현명한 반응을 선택해야 합니다. 중요한 것은 외적인 일들이 아니라 우리가 어떻게 해야 할지를 선택하는 것입니다.

외적인 상황에 어떻게 반응할지를 선택하기 위해서는 우리가 반응할 수 있다는 사실을 인식해야 합니다. 빅터 프랭클은 우리가 상상조차 하기 힘든 매우 잔혹한 일을 겪었습니다. 그는 가족을 모두 잃었고 2차 세계대전 때 나치 강제수용소의 공포로부터 겨우 살아남았지요. 그런 공포에도 불구하고 프랭클은 그 끔찍한 상황에 굴복하지 않기로 선택했습니다. 물론 모두 살면서 안 좋은 일들을 많이 겪지요. 하지만 대부분은 가족을 모두 잃고 강제수용소에서 고통을 겪는 정도의 잔혹한 일은 아닐 것입니다. 요컨대 빅터 프랭클이 형언조차 할 수 없는 공포 속에서 자신의 반응을 선택할 수 있었다면, 우리도 그럴 수 있어야 합니다. (프랭클의 저서 《죽음의 수용소》를 아직 읽지 않았다면 꼭 읽어보기를 권합니다.)

유념할 점이 한 가지 있습니다. 스토아 철학자들도 인정하듯이 자극과 반응 사이에 개입할 수 있더라도 우리가 통제하지 못하는 무의식적 반응도 있다는 사실입니다. 얼굴이 붉어지고, 식은땀이 나고, 긴장하고, 눈물이 나거나, 깜짝 놀라는 등 어떤 외적 인상에 대한 반사작용 같은 감정 반응들이 있지요. 우리는 이런 순식간에 일어나는 신체 반응을 받아들일 수밖에 없습니다. 갑자기 들리는 소리에 속수무책으로 충격을 받을 수도 있습니다. 이런 즉각적인 반사 반응은 통제하지 못하더라도 우리에게는 다음과 같이 통제할 수 있는 능력이 있습니다. 즉 첫 외적 인상에 휩쓸리지 않고 한 걸음 물러나 그 상황을 평가하고 자신의 가치관과 일치하는 반응을 선택할 수 있습니다.

마음의 동요냐, 불굴의 의지냐
선택은 내 것

"인간은 일어나는 일이 아닌, 그 일에 대한 생각에 동요된다." 에픽테토스의 이 말은 우리가 조금 전에 배운 내용 가운데 중요한 핵심입니다. 외적인 일들은 우리가 통제할 수 없으나 통제할 수 있는 영역도 있습니다. 즉 우리는 외적인 일이 무엇을 의미하는지를 선택할 수 있으므로 중요한 것은 외적인 일이 아닌 우리의 선택이 되지요. 외적인 일이 근본적으로 전혀 의미가 없다는 사실을 인식하고, 외적인 일에 의미를 부여하여 좋거나 나쁘게 보이게 하는 것은 바로 우리의 판단이라는 의미입니다. 그런데 이런 핵심은 사람들이 충동적으로 반응하여 그에 따라 분별없이 외적인 일에 반응한다면 깨닫기가 어렵습니다. 분명 외적인 일이 불행을 초래하는 것처럼 보이기 때문이지요. 그러나 사람들이 첫 외적 인상으로부터 한 걸음 물러나 휩쓸리지 않는다면 분노가 바로 그 상황에 대한 자신의 판단임을 알게 될 거예요.

그렇다면 우선 명심해야 할 교훈은 어떤 부정적 감정이 생기더라도 타인이나 외적인 일에 책임을 돌려서는 안 된다는 점입니다. 스스로 책임을 져야 하지요. 스토아학파에 따르면, 분명 **외적인 사건이 아닌 그 사건에 대한 생각이 괴로운 마음의 원인**입니다. 외적 인상이 머릿속에 생각처럼 다가오면, 우리는 그 생각을 진실로 받아들입니다. 예컨대 "나는 추방을 당했고, 이런 상황이 끔찍하다"라고 했을 때, 그 상황 자체(추방)는 우리를 불행하게 하지 않습니다. 어떤 상황에서는 신체적 고통이 생길 수 있으나 괴로운 마음을 유발하는 요인은 (끔찍한) 그 상황에 관한 이야기이지요. 사고, 견해, 해석으로 이루어진 내 판단이 나를 불행하게 하는 것입니다. 좋다거나 나쁘다거나 하는 감정은 외적인 일이 아닌 우리의 판단과 행동으로부터만 나올 수 있습니다.

괴로운 마음은 우리가 어떤 외적인 일을 두고 흔히 불만을 드러내며 바람직하지 않거나 나쁜 상황으로 판단하여 생겨납니다. 우리는 그 일 자체는 좋지도 않고 나쁘지도 않다는 사실을 망각합니다. 외적인 일 자체는 무의미합니다. 그러나 우리는 판단하고 분노하고 달라지기를 바람으로써 그 일 자체에 의미를 부여하지요. 그렇게 해서 감정적 고통이 생겨납니다. 외적인 일 자체를 있는 그대로 볼 수 있다면, 즉 좋거나 나쁘게 판단하지 않고 일어난 그대로(중립적이고 덤덤한 일로) 받아들인다면 괴로운 마음이 생기지 않을 것입니다. 에픽테토스가 말했듯이, **통제할 수 없는 일에 마음을 두지 않는다면 고통으로부터도 자유로워집니다.**

"이런, 난 너무 칠칠치 못해!" → "유리가 깨졌어!"

"오늘은 내 삶의 최악의 날이야!" → "한쪽 신발에 개똥이 묻었어. 냄새가 나네!"

"앗, 뭐 저런 미친놈이 다 있냐, 정말 싫어!" → "그가 내 쪽으로 가운뎃손가락을 세워 보여줬어."

외적인 일 자체는 아무런 의미를 담고 있지 않습니다. 그 일을 좋거나 나쁘게 의미를 부여하는 것은 우리의 판단입니다. 나는 엘리 굴딩 Ellie Goulding이 〈처음으로〉First Time라는 노래에서 "가운뎃손가락은 우리의 평화를 나타내는 표시였네"라고 표현한 구절이 마음에 듭니다. 이런 식으로 생각해보면 "앗, 뭐 저런 미친놈이 다 있냐!"라는 말은 미소와 함께 "와, 정말 재미있는 사람이야!"라는 표현으로 쉽게 바꿀 수 있습니다. 정확히 똑같은 일이 전혀 다른 여러 뜻으로 해석되어 완전히 긍정적인 감정을 유발할 수 있지요.

물론 우리는 둔하지 않고 상대방이 무슨 말을 하려는지 매우 잘 압니다. 상대방이 나에게 무슨 말을 하려는지는 중요하지 않고 그 말을 우리가 어떻게 이용하느냐가 중요한 것이지요. 따라서 누군가가 나를 모욕하려는 것처럼 보이더라도(또는 분명히 모욕하는 일이더라도) 나를 화나게 하는 것은 바로 내 판단입니다. 상대방은 내 마음에 접근하지 못하므로 내 마음이 거부하는 한 나에게 해를 입히지 못할 것입니다. 마르쿠스 아우렐리우스는 말했습니다. "그렇지 않다면, 이웃의 사악함은 내게 해가 될 것이다. 그리고 그런 해는 신의 뜻이 아니라 내 불운이 다른 이에게 좌우되도록 내버려두어 생긴다." 나만이 내 마음에 접근할 수 있고 내 삶을 망칠 수 있습니다. 그러므로 스스로 책임을 져야 합니다.

아무도 우리를 좌절시킬 수 없고 밟은 개똥도 우리를 비참하게 할 수 없습니다. 이런 일들은 우리의 마음에 접근하지 못하는 외적인 사건입니다. 우리가 느끼는 이런 감정은 사실 외부에서 오지 않고 내부에서 비롯됩니다. 우리가 그런 감정을 만들어내고 고통을 만들어내는 것입니다. 깨진 유리는 그냥 깨진 유리일 뿐입니다. 실패자처럼 느끼게 하는 것은 우리의 판단("이런, 난 너무 칠칠치 못해!")입니다. 외적인 일을 탓하지 말고 자신의 반응하는 자아가 느끼는 감정을 탓해야 합니다. 고통의 원인은 우리의 판단에 달려 있으니까요. 마르쿠스가 말했듯이, "판단을 없애면 상처 자체도 없어진다." 외적인 일을 판단하지 않으면 상처도 입지 않을 것입니다. 우리의 반응이 기본적으로 상처를 받았는지 아닌지를 입증합니다. 유리를 깨트리면 우리가 상처를 받을지 안 받을지 두 가지 선택지가 생깁니다.

"이런, 난 너무 칠칠치 못해!"	"이크!"
+	+
울기 시작하고 비참함을 느낀다	청소하고 삶을 계속 살아간다
=	=
상처를 받는 강한 반응	상처를 받지 않는 무반응

자신의 판단만이 스스로에게 상처를 줄 수 있습니다. 삶에서 통제할 수 없는 어떤 도전에 부딪히더라도 우리는 이런 외적인 일들이 무엇을 의미할지 결정할 능력이 있습니다. 우리 자신만이 최고의 반응을 선택할 자유가 있습니다. 우리의 반응이야말로 자신에게 기쁨을 주거나 상처를 줄 수 있습니다.

그런 이유로 에픽테토스는 마음속으로 각오해야 할 두 가지 규칙이 있다고 조언합니다. 첫째, 우리가 그렇게 선택하지 않는 한 좋거나 나쁜 것은 없습니다. 둘째, 우리는 외적인 사건을 이끌려고 하지 말고 따라가야 합니다. 저항은 소용이 없으므로 외부 상황은 오는 대로 받아들이고 통제할 수 있는 것을 최대한 이용해야 합니다.

"분노에 휩쓸리기 시작하면 건전한 상태로
다시 돌아가기가 어렵다. 정념이 마음에 자리 잡도록
허용된다면 이성은 쓸모가 없어지기 때문이다. (…)
분노라는 적을 가장 외곽의 경계선에서 만나 격퇴해야 한다.
적이 도시로 쳐들어와 승리를 거두면
그 승리에 포로들이 도전하도록 용납하지 않을 테니까."

세네카

부정적 감정이라는 원흉

04

행복이란 꽤 성취 가능한 일 같지 않은가요? 스토아학파에게, 행복은 우리가 외적인 일들을 어떻게 반응하여 이용하는가로 이루어질 뿐입니다. 미덕에 따라 행동하면 충분히 그리고 반드시 행복하고 원만하게 흘러가는 삶을 살 수 있습니다. 그런데 어떻게 된 일일까요? 왜 우리는 모두 단숨에 행복을 달성하지 못할까요?

삶이 방해가 되기 때문이지요. 현실이라는 벽이 우리 앞에 우뚝 서 있습니다. 현실은 우리를 놀라게 하고, 압도하는 것처럼 보이고, 두려움·불안·분노·슬픔 등을 유발하고, 도망쳐 숨고 싶게 합니다. 외적인 일들은 우리가 생각하는 것보다 더 힘들고 우리가 예상하고 바라는 정도와는 다르게 흘러갑니다. 그래서 우리는 그 일들을 효과적으로 처리하려고 애쓰거나 처음부터 받아들이려고 합니다. 그런데 다시 떠올려보세요! 스토아 철학은 외적인 일 같은 건 중요하지 않고 우리 자신으로부터 좋은 일을 구해야 한다고 가르칩니다. 삶은 방해되는 것처럼 보일 뿐, 실제로 방해되는 요인은 우리의 부정적 감정입니다. 이런 강렬한 감정은 우리의 마음을, 사실 우리 존재 자체를 정복하여 우리가 명확하게 생각하지 못하게 하고 올바른 생각과 정반대로 행동하게 합니다.

우리의 마음이 부정적 감정이나 비이성적인 두려움, 슬픔, 분노, 욕심 등 스토아학파가 지칭하는 **정념**에 사로잡혀 넘어가면 깊이 생각하지도 못한 채 그 문제에 충동적으로 반응하게 됩니다. 세네카가 이 장의 첫 문장에서 말했듯이, 분노라는 적이 마음에 들어가면 이성은 쓸모없어지지요. 마음에는 이성과 정념 가운데 하나만 자리를 잡습니다. 정념이 운전대를 잡고 있다면 이성은 입이 틀어막히고 묶인 채 트렁크 안에 갇히고 마는 것이지요.

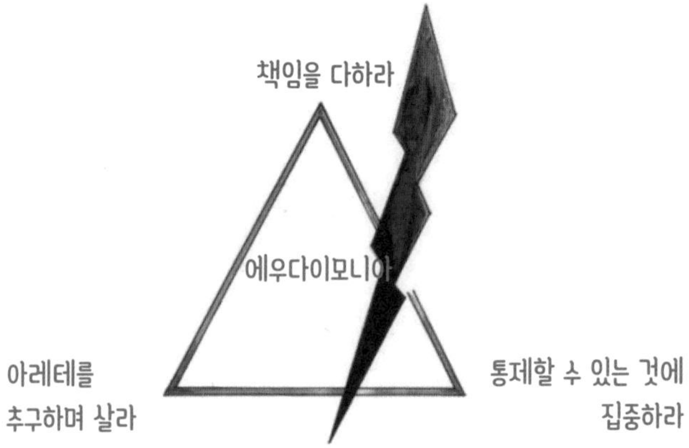

부정적 감정이 생기면 당연히 안 좋은 기분이 들지요. 슬픔, 두려움, 질투, 강한 욕구 등이 떠오릅니다. 그래서 운전대를 잡은 정념과 마음 속의 나쁜 감정 때문에, 무의식적으로 우리는 기분을 낫게 만들고 싶어 고통을 완화하려고 합니다. 부정적 감정은 우리의 가치관이나 장기적인 목표와는 상관없이 우리에게 기분이 좋아지는 행동을 하여 지금 이 순간의 고통을 줄일 것을 요구합니다. 우리는 결국 깊은 가치관에 대해 생각하지 않으려고 합니다. 대신 비겁자처럼 외면하고, 피자와 티라미수를 주문하고, 마블 영화를 몰아서 보고, 문과 유리를 부수고, 친구와 아이들에게 소리치고, 필요하지 않은 물건을 삽니다.

부정적 감정은 무수한 형태로 나타날 수 있습니다. 말하자면, 그냥 '팡!' 하고 행동하도록 갑작스럽고 좁은 시야를 만들어내는 격렬한 분노처럼 우리를 완전히 삼킬 수 있습니다. 아니면 자기연민, 우울한 생각, 완전한 활동 부족 등으로 이끄는 지나친 슬픔처럼 훨씬 더 차분할 수도 있습니다. 또는 '별로 부정적 감정이 아닌' 듯 매우 미묘할 수도 있는데, 이런 경우는 다른 여러 감정에서 생겨날 수 있으며 우리가 해야 할 일을 하지 못하게 합니다(미루는 습관이 여기에 해당합니다).

예컨대 제가 10대였을 때 학교에서 친구가 다른 아이에게 두들겨 맞은 일이 있었습니다. 다른 아이들과 그 모습을 지켜보고 있던 저는 마땅히 도와주어야 한다고 생각했지만 내면의 뭔가가 망설이게 하고 있었습니다. 도와주고 싶지 않았고 두려웠습니다. 결국에는 그 감정에 굴복하고 말았지요. 또 저는 늘 들르던 술집에서 멋진 여자를 본 일이 있었습니다. 그 사람에게 인사를 건네고 싶었으나 동시에 그러고 싶지 않은 마음이 들었지요. 또 두려웠기 때문입니다. 그런 감정이 대부분 저를 이겼지요.

제 경우는 분명히 두려움이 방해가 되었고, 다른 사람들의 경우에는 분노·욕심·원망·자만 등이 방해가 될 수도 있습니다. 사실 어떤 감정이 방해가 되는지는 중요하지 않습니다. 이런 감정에 대한 문제는 그 감정들이 존재한다는 것이 아니라 우리가 결국 해야 할 일과 정반대로 하도록 압도한다는 데 있습니다. 앞서 배웠듯이, 우리의 이성적 행동이 행복의 근원이므로 강렬한 감정적 장애가 행동을 좌우하도록 두면 행복한 삶을 살 수 없습니다. 스토아학파는 그런 정념이 좋은 삶에 독이 되고 많은 이들에게 불행을 초래한다고 확신했습니다. 우리는 대부분 이런 감정에 사로잡히고 흔히 가치관 대신 감정에 따라 행동하곤 합니다.

스토아학파는 비이성적인 두려움과 욕구를 극복하여 우리가 미덕에 따라 행동하고 진정한 행복을 달성할 수 있기를 바랍니다. 이런 부정적 감정은 진정한 좋은 일을 무시하기 때문에 이성에 맞서는 일입니다. 위험하지 않은 일을 두려워하는 것은 어리석고 비이성적이지요. 스토아 철학을 실천하고 싶다면 이런 부정적 감정을 반드시 극복해야 합니다. 그래서 스토아 철학의 핵심은 부정적 감정이 시작되는 것을 방지하고 그 감정을 효과적으로 처리할 준비를 하는 일이며, 그래도 부정적 감정이 생기면(생길 것입니다!) 압도되지 않도록 준비하는 일입니다.

그렇다면 비결은 무엇일까요? 미안하게도 비결은 없습니다. 그러나, 힘든 상황에 대처할 준비를 하는 데 유용한 구체적인 원칙들은 있습니다(이런 스토아 철학의 원칙들은 이 책의 2부에서 다룰 것입니다). 우선 유의할 점을 신속히 확인한 뒤 부정적 감정이 처음부터 우리를 굴복시키는 두 가지 주요 이유를 살펴볼 것입니다. 이 두 가지 이유를 최소화할 수 있다면 결과적으로 부정적 감정을 줄이고 처리하는 데 능숙해질 것입니다.

유의할 점은, 인간의 두뇌가 번영이 아니라 생존을 위해 만들어져 있다는 사실입니다. 우리 조상들의 주요 목표는 생존과 자손을 늘리는 일이었습니다. 음식과 물이 부족하고 위험 요소들이 많았으므로 위험한 동물과 상대 부족들을 늘 감시해야 했습니다. 그런 이유로 인간의 뇌는 부정성 편향(negativity bias, 부정적인 사건이나 정서가 긍정적인 것보다 우리에게 더 강력한 영향을 미치는 보편적 경향성.—옮긴이)을 발전시켰습니다.

그리고 오늘날에도 우리는 여전히 그런 조상들과 같은 두뇌를 물려받아 살고 있습니다. 우리는 주변에 일어난 일이 위험한지를 계속 확인합니다. 진화로 인해 우리는 삶의 기회보다 장애물을 훨씬 잘 봅니다. 건강, 부, 사회적 지위 등에 관해 걱정하는 일은 우리의 본성입니다. 생존을 위해 그런 요소가 필요하겠지요. 우리는 무의식적으로 자신을 타인과 비교하고, 최대한 위험 요소에 집중하며, 또한 더욱 많은 일을 추구합니다.

우리가 늘 부정적이라는 생각이 들더라도, 뇌의 타고난 부정성 편향 때문이니 걱정할 필요 없습니다. 그러나 이런 편향이 현대에서는 역효과를 낳습니다. 오래전 조상들이 살았던 환경과는 달리, 이제는 매우 안전하고 음식도 충분하니까요. 위험한 동물이 밤에 공격할 일도 없고, 상대 부족이 우리의 오두막을 태울 일도 없지요. 생존은 거의 문제가 될 수 없습니다. 요컨대 이런 부정적 감정은 방해가 되므로 우리는 그런 감정들뿐 아니라 감정이 우리 삶에 미치는 영향까지 최소화하려고 노력해야 합니다. 이제 우리가 부정적 감정에 압도당하는 두 가지 주요 이유를 살펴보겠습니다.

통제할 수 없는 것을 원할 때

"정념은 다름 아닌 욕구의 좌절로 생겨난다." 에픽테토스는 우리가 원하는 것을 얻지 못할 때 부정적 감정이 생겨난다고 강조했습니다. 이런 욕구의 좌절은 "슬픔, 한탄, 질투 등의 원천이다. 이로 인해 우리는 시기하고 경쟁하며 사리를 분별하지 못하는 상태가 된다"고 했지요.

근본적으로 부정적 감정은 통제할 수 없는 일을 바라고 두려워하는 마음에서 비롯됩니다. 우리가 이미 배웠듯이, 고통의 근원은 통제할 수 없는 일을 걱정하기 때문에 생겨납니다. 이런 걱정은 잘못된 가치 판단이지요. 우리는 덤덤한 외적인 일을 좋거나 나쁘게 평가합니다. 예컨대 물질적인 것을 좋다거나 바람직하다고 잘못 판단하는 건 부와 즐거움을 갈망하기 때문입니다. 그런 강렬한 욕구는 우리가 가치관과 상관없이 잠시 욕구를 충족시키는 것이라면 무엇이든 하도록 만드는 부정적 감정입니다. 우리는 사리를 분별하지 못하므로, 이성은 입이 틀어막히게 됩니다.

잘못된 가치 판단은 또한 부정적 감정을 유발합니다. 우리는 비, 성가신 사람들, 가난 등의 덤덤한 외적인 일을 나쁘다거나 끔찍하다고 잘못 판단합니다. 외적인 일에 대한 이런 잘못된 판단은 분노나 두려움을 불러오지요. 부정적 감정을 유발하는 것은 외부의 일에 대한 잘못된 판단이고, 그런 부정적 감정이 또다시 행복한 삶에 방해가 됩니다. 그런 감정으로 인해 우리는 이성적인 행동이 아니라 충동적인 행동을 하기 때문입니다.

도널드 로버트슨은 저서 《스토아 철학과 행복의 기술》*Stoicism and*

*the Art of Happiness*에서 이런 문제에 대해 잘 설명하고 있습니다. "보통 사람들은 대부분 혼란스럽고 내적 갈등이 심한 가치관 때문에 성취감과 마음의 평화가 부족하다. 우리는 쾌락주의, 물질주의, 자기중심주의가 뒤섞인 가치관에 기반을 둔 채 행복의 환상을 뒤쫓는 데 삶을 낭비한다. 이런 가치관은 나를 둘러싼 어리석은 세상으로부터 받아들인 무모하고 자멸적인 태도이다."

우리는 직접 통제할 수 없는 외적인 일을 바라고 두려워합니다. 우리는 건강, 부, 명성 등의 덤덤한 일을 좋다고 여기며 행복한 삶에도 필요하다고 순진하게 판단합니다. 질병, 가난, 조롱을 나쁘다고 여기며 행복한 삶의 장애물로 판단합니다. 외적인 일에 대해 이런 욕구와 두려움이 생긴다면 다음의 강력한 경고를 되새기세요.

"당신은 근본을 잊어버렸다! 다시 돌아가 핵심 신념을 깊이 새겨라."

우리는 미덕이 유일한 진정한 선이고, 통제할 수 없는 것은 궁극적으로 덤덤한 일이고, 나의 번영에 책임을 지는 건 나뿐이라는 스토아 철학의 기본 원칙들을 아직 습관으로 들이지 못했습니다. 외적인 일들이 나에게 유리하거나 불리하게 일어난다고 생각하는 한, 예컨대 내가 개똥을 밟아 비참한 하루를 보냈다거나 뜻밖의 선물로 행복한 하루를 보냈다고 느끼는 한, 내가 원하는 것을 얻지 못한다고 두려워하고 기분 나빠하는 한, 우리는 진정으로 좋고 나쁜 것에 대한 잘못된 판단으로 초래된 감정의 꼭두각시일 뿐입니다.

에픽테토스가 말했지요. "만일 능력 밖의 일을 능력 안에서 하려고 한다면, 타인에게 속하는 일을 가지려 한다면 당신은 어리석은 사람이다." 내 손에 달린 것과 그렇지 않은 것을 신중하게 구분하고, 또 내 손에 달린 일에 집중하고 나머지 일은 일어나는 대로 내버려둔다면 우리는 잘못된 판단으로 생겨난 부정적 감정에 거의 시달리지 않게 됩니다.

그러나 우리가 정확히 그런 원칙을 따르더라도 종종 방해되는 다른 요소가 있습니다. 바로 무의식입니다. 우리는 상황을 충분히 의식하지 않고 통제할 수 있는 일에 집중하는 것을 잊곤 하지요. 그러는 대신 첫 외적 인상에 사로잡히고 나중에서야 그 일을 잘못 판단했음을 깨닫게 됩니다. 인식의 부족은 부정적 감정을 발생시키고 그것이 우리를 지배하게 하는 두 번째 이유입니다.

인식이 부족하여 외적 인상에 휩쓸릴 때

스토아학파는 사람들이 모든 행동에 엄청난 주의를 기울이기를 바랍니다. 깨진 유리를 밟지 않도록 주의하듯이 말이에요. 힘든 상황이 닥쳤을 때 그렇게 주의하지 않으면 무슨 일이 일어날까요? 첫 외적 인상을 확인할 수 없다면 우리는 거기에 휩쓸리게 됩니다. 첫 외적 인상들은 특정한 방식으로 행동하는 성향과 같지만, 우리가 충분히 인식하기만 하면 개입하여 첫 외적 인상과 확실히 다른 가장 좋은 반응을 선택할 수 있습니다.

제가 화장실에 갔을 때 일어난 일을 예로 들어볼까요? 글을 쓰다가 잠깐 화장실을 갔던 저는 새 화장지에 시선이 갔습니다. 그건 제가 어제 식료품 쇼핑을 하다가 필요해서 구매한 화장지였습니다. 화장지를 본 뒤, 머릿속에는 즉시 이런 생각이 떠올랐습니다. "그래, 화장지를 구매하길 매우 잘했어, 닐스(함께 사는 형제)도 몰랐으니까. 그런데 고맙다는 기색도 없네……" 약간의 화와 불편한 감정이 마음속에서 올라왔고, 그게 머릿속으로는 저절로 합리화되고 있었지요. "그래, 닐스는 내가 식료품을 사왔을 때 고맙다고 했어. 닐스는 다른 집안일도 많이 하고 있잖아." 다행히 저는 이런 형태의 사고를 인식할 정도로 충분히 의식하고 개입해서 '자아—바람—인식'이라는 마음의 갈등을 철회했습니다. 그러자 부정적 감정은 눈 깜짝할 사이에 사라졌지요.

정확히 무슨 일이 있었던 걸까요? 새 화장지가 무의식적인 첫 외적 인상을 유발한 상황은 화를 내려는 방향으로 나빠지고 있었습니다. 다행히 저는 그런 상황을 인식할 정도로 의식을 했고 즉시 철회할 수 있었지요. 제가 만일 비이성적인 외적 인상을 인식하지 못했더라면 화가 나서 불만을 품고 닐스의 방에 들어가 머리를 한 대 쥐어박았을 수도 있습니다. 아니면 부정적인 외적 인상에 휩쓸려 닐스에게 비이성적으로 화를 내며 한참을 생각에 빠져 있었거나요.

외적 인상을 인식하지 못하는 것은 매우 위험합니다. 우리는 자신도 모르는 사이에 첫 외적 인상을 관찰하지도 인식하지도 못하고 분별없이 따랐을 것입니다. 에픽테토스가 말했지요. "마음이 해이해지면 예의나 겸손이나 절제 등을 떠올릴 능력이 없어진다. 대신 본래 성향대로 마음에 떠오르는 건 무엇이든 행한다." 우리가 앞서 배웠듯이, 이 말은 '정념에 지배당하면 우리는 소시지 냄새를 맡는 개처럼 복종한다'는 의미입니다. 이성이 크게 소리치며 휘파람을 불어대도 정념의 소시지에 완전히 정신이 팔려 있으니 그 소리를 들을 수 없는 것이지요.

부정적 감정이 지배하는 이유는 처음부터 외적 인상을 인식하지 못해서가 아니라 잘못된 판단 때문이라고 할 수 있습니다. 제 경우에는 형제가 고마워하지 않는다는 비이성적인 판단 때문에 부정적 감정이 일어났지요. 또한 많은 잘못된 판단은 처음부터 충분히 외적 인상을 인식하지 못하기 때문에 일어난다고 할 수도 있습니다. 예컨대 우리는 걸을 때마다 인식하지 않아서 결국 개똥을 밟게 됩니다. 아니면 저의 어머니처럼, 본인이 이미 커피를 많이 마셔놓고는 충분히 인식하지 못해서 "누가 내 커피를 마셨지?"라고 의아해합니다. 물론 어머니는 커피를 매우 가치 있게 생각할 수도 있지만 잘못된 판단을 할 때의 이성은 어머니가 커피를 마시는 동안에 무의식 상태인 셈입니다.

요컨대 우리는 외적 인상을 인식해 부정적 감정에 지배당하는 순간을 줄일 수 있습니다. 스토아학파의 가르침에 따르면, 선한 일은 자발적인 행동으로만 이루어지고 우리가 매순간 인식할 때 행동은 자발적일 수밖에 없습니다. 그런 인식이 부족하면 스스로 자제력을 잃게 되고 수치스럽고 경솔한 행동을 하게 된다고 에픽테토스는 말했지요. 매순간 외적 인상을 인식한다면 우리는 외적인 일들의 도전에 평정심으로 적절히 대처할 수 있습니다. 그러면서 우리의 반응으로 지혜, 정의, 절제를 함양할 수 있습니다. 매순간 외적 인상을 인식하며, 우리는 다음과 같은 에픽테토스의 조언을 따르려 노력할 수 있습니다.

1. 우리는 비이성적인 두려움과 혐오를 용기와 인내로 견뎌야 한다.
2. 우리는 신중함과 자제력을 통해 비이성적인 갈망을 버리거나 삼가야 한다.

용기와 인내로 견디거나 신중함과 자제력으로 삼가기 전에, 비이성적인 두려움과 갈망을 감지할 인식이 분명히 필요합니다. 모두가 두려움을 똑바로 응시할 수 있는 것은 아니지만 그래도 도전해야 합니다. 저도 종종 실패합니다. 두려움이 비이성적이며 두려워도 행동하는 것이 현명하다는 사실을 잘 알면서도, 내 두려움을 알아챌 정도로 충분히 인식하고 있으면서도, 내 용기는 종종 두려움에 굴복하고 맙니다.

비이성적인 욕구와 자제력이 갈등을 빚기도 합니다. 긴 하루의 업무와 과업을 견뎌낸 뒤에는 새로운 뉴스가 없나 확인하고 싶은 마음이 듭니다. 쾌락적인 욕망과 위축된 자제력이 갈등하는 걸 저는 잘 알죠. 그래서 대부분은 자제력이 이기지만 때로는 욕구에 굴복하기도 합니다.

외적 인상을 인식하는 것만으로 우리가 늘 가치관에 따라 행동할 수는 없을 거예요. 그러나 그 인식으로 우리는 시간을 벌 수 있으므로, 상황을 명확히 파악하고 적어도 이성적인 결정을 하려고 노력할 수 있습니다. 그러면 우리는 스스로 터득하고, 이성적으로 행동하고, 행복하고 원만하게 흘러가는 삶을 향해 나아가기가 더욱 쉬울 것입니다. 비이성적인 감정에 휩쓸리지 않도록 몇 번이고 방지할 수 있고 어리석은 행동(그리고 개똥)으로 쉽게 뛰어들지 않을 수 있을 것입니다.

우리는 한 걸음씩 앞으로 나아가야 합니다.

"다른 사람의 결점을 꾸짖는 방편이 아닌
자신의 결점을 벗겨내기 위한 철학을 실천하라."

세네카

2부

스토아 철학의 557가지 원칙들

"우리가 교실에서는 그럴듯하고 능숙하므로
사소한 문제가 생기면 그 주제를 논리적으로
살펴볼 수 있다. 그러나 우리가 실전에 뛰어들면
비참한 난파선을 발견할 것이다."

에픽테토스

스토아 철학을 어떻게 실천해야 할까?

05

자랑스럽게도 마침내 이론을 다 배웠으니, 이제 실전으로 뛰어들 차례입니다!

다만 우리가 이론에 능숙하다고 현실 사회에 뛰어들 준비가 되어 있다는 의미는 아니니까, 일단 주의합시다. 이론을 아는 것과 실천하는 것은 전혀 달라요. 파도타기라면, 이제 바닷물로 뛰어들 때인 거죠.

에픽테토스가 주장했듯이, 우리는 비참하게 난파당할 수도 있습니다. 그래서 우리는 연습을 해야 합니다. 목수는 특정한 재주를 배워 목수가 된다고 에픽테토스는 말했습니다. 조타수는 특정한 재주를 배워 조타수가 되고요. 우리도 선한 사람이 되기를 바란다면 특정한 재주를 배워야 합니다.

에픽테토스는 또 이렇게 말했습니다. "앞으로 나아가 배운 것을 활용해야 한다. (…) 지금 우리에게 필요한 것은 배움을 활용하고 그 배움을 행동으로 증명해줄 사람들이다. 바라건대, 이런 인성으로 의무를 다하는 사람이 되어라. 과거의 사례만 들먹이며 가르치는 데 넌더리나고,

이 시대의 본보기를 제시할 수 있기를 바란다."

실전에서 본보기가 되어야 합니다. 그냥 배움으로 만족하지 말고 연습하고 또 연습하고, 계속 연습해야 합니다! 에픽테토스에 따르면, 시간이 흐르면 우리는 배운 것을 잊어버리고 결국 반대로 행동하고 우리가 해야 하는 의무와 정반대인 견해도 갖게 됩니다.

유감스럽게도 우리는 슈퍼맨이 아닙니다. 스토아주의 원칙들을 한 번만 듣고 삶에 적용하기를 기대할 수는 없지요. 우리는 프로선수처럼 연습해야 합니다. 매일 훈련장에 나와야 하고 다른 이들보다 일찍 나타나고 늦게 떠나야 합니다. 무無에서 유를 창조할 수는 없는 법이지요.

명심하세요, 철학은 삶을 어떻게 살아가느냐에 관한 일입니다. 에픽테토스는 철학을 장인에 비유했습니다. 목수가 나무를 사용하고 조각가가 청동을 사용하듯이 우리는 삶의 기술을 위한 재료로 삶을 이용합니다.

삶에서 일어나는 모든 일은 우리가 연마할 수 있는 재료가 됩니다. 그렇게 우리는 기술에 통달할 때까지 끌과 나무망치를 사용하는 법을 배웁니다. 스토아 철학은 스토아주의 원칙들을 현실 사회에 적용하는 일입니다. 우리는 전사 같은 철학자가 되기를 바라고 우리가 배운 철학의 원칙들을 실천으로 옮겨야 합니다.

2부에서는 바로 그런 실천에 관한 내용을 다룹니다. 여기서 우리는 스토아 철학의 55가지 원칙을 실제적인 조언과 함께 익혀볼 거예요. 각각의 원칙은 그 자체만으로 활용될 수 있습니다. 이 원칙들을 간단하게 세 가지 유형으로 구분해보겠습니다. 첫째는 우리가 혼자 힘으로 할 수 있는 **준비 단계의 원칙**입니다. 단련해야 할 삶의 상황이 필요하지 않고 그냥 집에서 실천할 수 있습니다. 두 번째는 **삶의 힘든 상황을 이겨내기 위한 원칙**입니다. 즉 스트레스를 받는 순간들 속에서 자신을 극복하는 방법이지요. 세 번째는 **힘든 인간관계를 위한 원칙**입니다. 즉 힘들게 하는 사람들을 다루는 방법이지요.

각 방법들은 어떤 사람들에게는 효과가 좋고 또 어떤 사람들에게는 효과가 안 좋다는 사실에 유의해야 합니다. 여기에 등장하는 스토아 철학의 원칙들은 엄격한 규칙이 아닌 제안일 뿐이에요. 그 원칙들을 시도하여 효과가 있다면 계속 활용하고 효과가 없다면 무시해야 합니다. 너무 부담 갖지 마세요.

이제 스토아 철학의 55가지 원칙을 알아보기에 앞서서, 이 원칙들을 최대한 이용하는 데 도움이 되는 중요한 세부사항 세 가지를 잠시 살펴보겠습니다.

마음의 준비

"만일 사자, 히드라, 수사슴, 멧돼지, 악랄하고 야만적인 인간들이 없었더라면 헤라클레스는 어떻게 되었을까? 이런 도전이 없었다면 그는 무엇을 했을까?"

에픽테토스

아무 싸움도 하지 않았다면 전설 속 헤라클레스는 어떻게 되었을까요?

에픽테토스는 이렇게 말했습니다. "헤라클레스는 그저 이불을 둘러 쓰고 잠을 청했을 것이다. 코나 골며 삶을 호화롭고 편안하게 살았다면, 그는 전능한 헤라클레스가 되지 못했을 것이다."

분투하지 않는 삶을 살았다면 우리가 존경하는 사람은 어떻게 되었을까요? 우리의 어머니는? 우리가 매우 높이 평가하는 동료는? 또는 테니스 선수인 로저 페더러 같은 슈퍼스타는?

한 가지 사실은 분명합니다. 삶에서 부딪히는 도전이 없었다면 그들이 그 위치에 있지 못했으리라는 사실 말이에요. 삶의 고난은 중요합니다. 삶의 고난에 마주하기 위해 우리는 이 자리에 서 있습니다. 세네카가 말했습니다. "신은 선한 사람을 버릇없는 애완동물처럼 만들지 않는다. 그 사람을 시험하고 단련시키고 자신만의 임무에 적합하게 만든다."

우리가 삶에서 부딪히는 모든 역경은 시험입니다. 그저 훈련일 뿐이지요. 삶은 쉽지만은 않고 우리가 성장할 수 있도록 도전적이어야 합니다. "모두가 떨며 몸서리치는 그런 역경은 누구에게 생기든 그 사람들 자신의 선을 위한 일이다"라고 세네카는 말했습니다.

우리 자신이 곤경에 빠질 때마다 삶에서 맞닥뜨린 도전 때문에 강해진 헤라클레스를 떠올려보세요.

삶은 때로는 힘듭니다. 그럴 때마다 고개를 들고 가슴을 펴세요. 우리는 잘 이겨낼 것입니다.

이제 스토아 철학의 원칙들을 최대한 활용할 수 있도록 세 가지 유용한 세부사항을 살펴봅시다.

매순간 의식하라

스토아 철학은 따라 하기 쉬운 길은 아닙니다. 명심하고 따라야 할 원칙이 많지요.

무엇보다 중요한 필수조건으로, 무슨 일이 일어나고 있는지를 인식해야 합니다. 스토아 철학은 우리 주변 세상에서 일어나는 일에 어떻게 반응해야 하는가를 많이 가르쳐줍니다. 일어나는 일은 우리가 통제할 수 없는 일이기 때문에 중요하지 않습니다. 중요한 것은 우리가 그 일을 어떻게 다루느냐지요.

외적인 일에 효과적으로 대응하고 그로 인한 반응에 주의를 기울이려면 **지금 무슨 일이 일어나는지를 인식해야 합니다**. 자극과 반응 사이에 개입할 수 있어야 하는 거지요. 즉 충동을 따르지 말고 뒤로 한걸음 물러나 상황을 객관적으로 살펴야 합니다.

스토아 철학은 우리에게 일어나는 일에 충동적으로 반응하지 말라고, 첫 외적 인상을 알아채라고 요구합니다. 첫 외적 인상을 알아챌 수 있다면 우리는 그 외적 인상을 평가한 뒤 따를지 말지를 적극적으로 선택할 수 있습니다.

그렇다면 외적 인상을 인식하는 것은 진지한 변화를 향한 첫 번째 단계입니다. 만일 삶에서 무엇이 잘못되고 있는지를 인식하지 못하면 어떻게 삶을 바로잡기를 바라겠어요? 또 분노가 일어나는 때를 깨닫지 못하면 어떻게 앞으로 그 분노를 방지할까요? **"잘못을 의식하는 것은 구원으로 가는 첫걸음이다. 잘못을 올바로 고치기 전에 자신이 그 잘못을 하고 있음을 알아채야 한다"**라고 세네카는 말했습니다.

스토아 철학은 매순간 우리가 무엇을 하는지를 인식하라고 말합니다. 매순간 최고의 자아를 발휘한다는 미덕의 전체 개념은 지금 이 순간 존재하고 무슨 일이 일어나는가를 인식하는 능력에 근거를 두고 있습니다. 그렇지 않으면 최선의 행동을 어떻게 선택할 수 있겠어요?

우리의 자발적인 사고와 행동은 우리가 통제할 수 있는 유일한 일이며, 또한 유일하게 **현재**에 존재합니다. 생각에 잠겨 과거에 대해 곰곰이 생각하거나 미래를 꿈꾸고 있다면 행동을 선택할 수 없지요. 과거나 미래에 마음을 빼앗기지 말고 현재의 순간에 집중해야 합니다. 그러면 우리는 현재 직면하고 있는 도전을 그대로 받아들이도록 노력하면서 적절히 맞서고 우리의 가치관과 일치하는 반응을 선택할 수 있습니다. 끊임없이 집중하는 자기 관찰은 스토아 철학을 효과적으로 실천하는 데 필요합니다.

'나는 주의 깊은 사람이 아닌데'라는 생각이 든다고요? 걱정할 필요 없습니다. 앞으로 나오는 스토아 철학의 원칙들을 계속 연습할 테니까요. 더욱이 그 원칙들은 실제로 우리의 마음가짐을 향상시킬 것입니다. 이러한 의식의 함양도 스토아 철학에 속합니다. 이렇듯 우리가 충동으로부터 뒤로 물러서는 데 능숙해지면 충동을 분석하고 그 정확성을 의심한 다음, 가장 현명한 반응을 결정할 수 있습니다.

자기 훈련을 반복하라

스토아 철학의 원칙들을 실천하는 일은 TV를 시청하는 것과 다릅니다. 우리는 그 원칙들을 실제 행동으로 옮겨야 합니다.

스토아 철학의 원칙들을 행동으로 옮기려면 자기 훈련이 필요합니다. 어떤 원칙은 매우 어렵고 특별히 재미있지도 않으며, 의지력도 많이 필요할 거예요. 당연한 일입니다. 삶의 다른 일들도 이와 마찬가지이고요. 목표에 잘 도달하고 싶다면 연습해야 합니다. 스토아 철학은 노력과 훈련을 요구하면서 동시에 인내와 절제를 키워줄 것입니다. 역기를 드는 훈련이 우리의 근육을 더 강하게 해주듯, 스토아 철학의 원칙을 실천하면 우리의 의지는 더 강해질 거예요.

물론 쉽지 않은 일입니다. 그러나 자신을 개선하고 싶다면 늘 대가를 치러야 하죠. 스토아 철학을 실천하면 우리는 더욱 회복력 있고, 평온하고, 용기 있고, 절제력 있는 사람이 될 것입니다. 더욱이 삶의 철학 없이 아무 실천을 하지 않는 데에도 대가가 있다는 걸 유념해야 합니다. 저술가 윌리엄 어빈William Irvine은 이렇게 직설적으로 말합니다.

"가치 없는 일에 매달리며 세월을 보내면 삶을 낭비하게 된다." 우리는 삶의 이로움에 투자하여 그 이익을 거둘 수도 있고 삶을 그냥 낭비할 수도 있습니다. 그 선택은 우리 자신에게 달려 있지요.

삶의 이로움에 투자하면 거기에 쏟아붓는 노력보다 보상이 훨씬 큽니다. 이런 투자는 식은죽 먹기예요. 이익이 많고 손해라곤 오로지 작은 노력뿐이죠. 어빈은 스토아 철학의 실천에 투자하면 무엇을 얻게 될지 이렇게 설명합니다. "스토아주의 실천가들은 용기와 자제력이 뛰어난 개개인으로 바뀔 수 있다. 다른 사람들이 두려워하는 일을 할 수 있고, 다른 사람들이 거부하지 않는 일을 자제할 수 있게 된다."

기꺼이 노력을 기울인다면 우리는 이런 뛰어난 개인이 될 수 있습니다. 스토아 철학의 원칙을 실천하고 싶지 않더라도 실천하세요. 그 실천이야말로 우리가 해야 할 일입니다. 스토아 철학을 읽으면서 고개만 끄덕이고 실천으로 옮기지 않는다면 전혀 나아지지 않을 것입니다.

명심하세요, 자기 훈련은 근육과 같아서 사용할수록 더 강해집니다. 오늘 스토아 철학의 원칙들을 실천한다면 내일도 실천할 가능성이 큽니다. 오늘 그 실천하지 않으면 내일도 실천할 가능성은 적지요.

철학자를 자칭하지 말기

에픽테토스는 말합니다. "스토아 철학을 실천하기를 바라면 처음부터 조롱받을 각오를 해야 한다. 많은 이들로부터 비웃음을 받을 테니까."

에픽테토스는 또 이렇게 말했습니다. "명심하라, 당신이 스토아 철학의 원칙을 계속 참고 실천한다면 처음에 조롱한 사람들도 나중에는 당신을 존경할 것이다."

우리가 자기계발에 전념한다고 다른 사람들이 조롱하고 힘들게 한들 우리가 굳건히 견뎌낸다면 분명 그 사람들도 우리를 칭찬하게 될 거예요.

에픽테토스는 또한 누구에게도 조롱받지 않을 가장 간단한 비결을 이렇게 말했습니다. "어떤 경우에도 스스로 철학자라고 칭하지 말고, 철학의 원칙에 관해 속인들에게 말하지 말고, 자신의 원칙을 행동으로 옮기는 데 전념하라."

우리는 스토아 철학을 추구하며 그에 따라 삶을 살아간다고 말할 필요가 없습니다. 우리가 긍정적으로 바뀌었다는 사실을 알아보고 그 과정을 알고 싶어 하는 사람들에게는 말해도 좋습니다. 윌리엄 어빈은 자신의 저서 《좋은 삶을 위한 안내서》(*A Guide to the Good Life*, 마음친구, 2022)에서 이 사실을 첫 번째로 조언하고 있습니다. "스토아 철학을 시도하려는 이들에게 제안할 첫 번째 조언은 '스토아 철학 몰래 따라 하기'를 실천하라는 것이다. 스토아주의 실천가로서 비밀을 잘 지킬 수 있으면 우리는 친구와 친척과 이웃과 동료들의 노골적인 조롱이라는 상당한 희생을 피하면서 이익을 얻을 수 있다."

우리는 배운 원칙을 알려주기보다 시범을 보여야 합니다.

이제 실천으로 뛰어들어봅시다.

준비 단계의 원칙들

06

스토아 철학은 우리에게 끊임없는 노력을 요구합니다. 우선 우리가 늘 최고의 자아를 발휘하기를 바라지요. 그리고 통제할 수 있는 일에 집중하고 통제할 수 없는 일을 평정심으로 받아들이기를, 적극적인 태도로 외적인 일들을 인식할 능력을 계발하기를 바라지요. 그리고 또 자신의 번영에 책임을 다하기를 바랍니다.

다음에 나오는 준비 단계의 원칙과 전략 21가지는 우리가 삶의 도전에 대처할 수 있게 만들어줄 것입니다.

이 모든 원칙들을 행하는 데 특정한 삶의 상황들이 필요한 것은 아닙니다. 언제, 어디서든 이 원칙들을 행할 수 있지요. 약간의 시간과 어느 정도의 자기 훈련만 갖추면 이 원칙들을 행하지 못할 이유가 없습니다. 우리는 다음과 같은 실천 방법들을 찾아낼 수 있습니다.

♣ 마음 자세 바로잡기

★ 시각화 훈련하기

♣ 글쓰기 훈련하기

★ 일기 쓰기 훈련하기

♣ 야외 훈련하기

★ 생활방식 조정하기

자, 준비되었으면 출발합시다!

원칙 1

무슨 일이든 받아들이고 사랑하라

"오, 세상이여! 그대와 조화를 이루는 모든 것은
나와도 조화를 이룬다. 그대에게 시의적절한 것은
내게도 너무 이르거나 늦지 않다.
오, 자연이여! 그대의 계절이 생산해낸
모든 것은 나를 위한 결실이다."

마르쿠스 아우렐리우스

우리는 일어나는 모든 사소한 일을 거부하지 말고 받아들여야 합니다. 스토아 철학의 수용하는 태도에 관해서는 3장에서 이미 살펴보았습니다. 우리가 현실을 거부하거나 상황이 우리에게 불리하게 이루어지고 있다고 생각하거나, 또는 있는 그대로의 대상과 싸운다면, 우리는 고통받을 것입니다. 그러므로 우리는 현실이 달라지기를 바라지 말고 현실 그대로 받아들여야 합니다.

"이것이 자연의 뜻이라면 그렇게 받아들이도록 하라." 스토아학파는 이 격언에 따라 삽니다. 오늘날 우리에게도 이와 유사한 "당신의 뜻이 이루어지게 하소서"라는 격언이 있지요. 여기서 '당신'이 신인지 자연인지, 행운인지 운명인지는 중요하지 않습니다. 어쨌든 우리보다 더 큰 존재가 있고 우리 주변에서 일어나는 모든 것을 통제하지 못한다는 사실을 인정해야 하지요.

묵묵히 따르는 마음이란 **외적인 일들을 기꺼이 받아들이는 태도**를 말합니다. 사람들이 대부분 '나쁘다'라고 판단하는 일도 받아들여야 합니다. 에픽테토스가 말했듯이, 철학자로서 우리는 어떤 일이 일어나든 적응해야 합니다. 우리의 의지에 반하는 어떤 일도 일어나지 않고, 우리가 바라는 어떤 일도 일어나지 않는 법이 없도록 말이에요. 또 우리는 의지를 현재에 일어나는 일과 조화를 이루도록 해야 합니다. "운명은 뜻이 있는 자를 인도하고 뜻이 없는 자는 억지로 끌고 간다"라고 세네카는 주장했습니다.

줄로 마차에 매인 개의 비유를 기억하세요? 그 개는 마차와 함께 부드럽게 달리며 즐길 것인가, 아니면 마차가 달리는 방향을 완강하게 거부하면서 마차 뒤에서 끌려다닐 것인가를 선택할 수 있습니다. 일어나는 일을 거부하면 우리는 그 개처럼 뒤에서 끌려다니게 됩니다. 그것이 바로 고통이지요.

현실을 받아들이고 통제할 수 있는 일에 집중하는 것이 더 현명합니다. 카드 게임의 명수는 쥐고 있는 카드의 패와 상관없이 최고의 기량을 발휘하는 법이지요. 결국 우승을 차지하는 것은 객관적으로 가장 좋은 카드를 들고 있는 사람이 아니라 쥐고 있는 카드로 최고의 기량을 펼치는 사람입니다.

우리는 카드의 패를 선택할 수는 없으나 주어진 카드의 패로 어떻게 게임을 풀어나갈지는 선택할 수 있습니다. 내게 주어진 카드의 패는 **덤덤한 일**이므로 판단하지 말고 그대로 받아들여야 합니다. 이와 마찬가지로 우리가 일어나는 일을 거부하지 않고 받아들일 수 있다면 특정한 방식으로 존재하는 일들에 더 이상 의존하지 않을 것입니다.

다음의 인상 깊은 사례 하나를 살펴볼까요?

토머스 에디슨이 67세였던 때의 일입니다. 실험실에서 하루를 보낸 뒤 집으로 돌아와 저녁을 먹었는데, 한 남자가 에디슨의 집에 와서 몇 마일 떨어진 연구소에서 불이 났다는 긴급한 소식을 전했습니다. 소방차들은 불을 끄지 못했어요. 화학약품 때문에 푸르고 노란빛을 띠는 불길이 하늘로 치솟았고 에디슨이 세우느라 평생을 바친 실험실 전체를 파괴하려고 했습니다. 화재 현장에 도착한 에디슨은 즉시 아들에게 이렇게 말했습니다. "어서 네 엄마와 엄마 친구들을 모두 불러오너라, 다시는 이런 불구경을 하지 못할 테니까."

정말 대단한 반응이 아닌가요? 에디슨은 평생 연구해온 결실을 대부분 잃었으나 슬퍼하고 화를 내는 대신 그 상황을 받아들이고 극복하려 노력했습니다. 그는 다음 날부터 화재로 파괴된 곳을 재건하기 시작했지요. 이런 태도는 주어진 카드의 패로 게임을 잘 펼친 사례와 같습니다.

이 사례는 스토아 철학의 수용하는 태도가 수동적인 체념이 아니라는 사실을 보여줍니다. 에디슨은 바로 다음 날 모든 것을 재건하기 시작했습니다. 그는 자신의 운명을 품위 있게 받아들이고 최선을 다하려고 노력했습니다. 이런 태도야말로 스토아학파가 우리에게 던지는 조언입니다.

현실과 싸우지 말고, 자신의 의지를 현실과 조화를 이루게 하고, 자신이 통제할 수 있는 일에 집중하라.

마르쿠스 아우렐리우스에게도 자신의 의지를 현실과 조화를 이루게 하는 비결이 있었습니다. 그는 외적인 일을 의사가 처방을 내리는 일에 비유했습니다. 의사에게 처방을 받은 대로 약을 먹듯이, 우리는 외적인 일을 그대로 받아들여야 합니다. 외적인 일은 우리에게 도움을 주는 약과 같기 때문이지요.

우리에게 일어나는 일은 우리를 더 나은 사람으로 만들기 위한 자연의 치료법입니다. 그런 일은 우리에게 일어나는 것이지, 우리에게 불리하게 일어나는 것이 아닙니다. 그렇게 보이지 않더라도 말이죠.

여기 도움되는 비결이 있습니다. 자연은 엄청나게 복잡해서 일어나는 일이 좋은지 나쁜지 구분하기가 불가능합니다. 불행이 어떤 결과를 가져올지 전혀 알 수 없고, 행운도 마찬가지입니다. 그러므로 저는 제가 선택한 것처럼 모든 것을 받아들이려고 합니다. 이런 식으로 저는 징징대는 피해자에서 책임감 있는 창조자로 바뀌고 있습니다.*

★ 〈중국의 농부 이야기〉The Story of the Chinese Farmer라는 2분짜리 유튜브 영상을 꼭 보기를 권합니다.

원칙 2

유보 조항을 적용하라

"나는 대양을 가로질러 항해할 것이다,
아무것도 나를 막지 않는다면."

세네카

유보 조항*reserve clause*이란 침착성과 평정심을 유지하기 위한 스토아 철학의 전형적인 비결입니다. **유보 조항은 행동의 결과를 받아들이는 데 도움이 됩니다.** 이를테면, 우리가 무언가를 하려고 계획할 때 '아무것도 나를 막지 않는다면'이라는 단서를 덧붙입니다.

세네카는 유보 조항을 이런 공식으로 정의합니다. "나는 이러이러한 일을 하고 싶다. 내 결정에 방해가 될 만한 일이 일어나지 않는 한." 다시 말하면, '나는 이 일을 하려고 한다, 운명이 허락한다면' '나는 최선을 다할 것이나 결과는 궁극적으로 내가 통제할 수 없는 일이다' '나는 결과가 계획한 대로 나올 것이라고 완전히 확신할 수 없다' 등의 의미입니다.

★ 나는 대양을 가로질러 항해할 것이다, 아무것도 나를 막지 않는다면.

♣ 나는 이번 주는 월요일과 목요일에 일할 것이다, 운명이 허락한

다면.

★ 나는 표적을 맞힐 것이다, 신의 뜻이라면.

이와 같이 결과는 내가 통제할 수 없다는 태도로 뭔가를 시작하고, 일이 계획한 대로 나오지 않을 수 있다는 사실을 기꺼이 차분하게 받아들이세요. 물론 일이 잘되겠지 여기는 사람들도 있습니다. 그런데 일이 잘되지 않는다면 그 사람들은 현실을 거부하여 계속 고통을 느낄 것입니다.

스토아학파처럼 유보 조항을 우리가 하는 모든 일에 적용하고 무언가가 개입하여 우리가 원하는 결과를 방해할 수도 있다고 예측해봅시다. 스스로 성공을 미리 약속하지 마세요. 그리하면 더 쉽게 실패를 받아들이고 더 빨리 다시 일어날 수 있게 됩니다. 게다가 결과에 집착하지 않은 덕분에 자신감도 얻을 것입니다.

결과에 무심해지면서 우리는 바라는 결과를 얻지 못하더라도 좌절감에 빠지는 대신에 평정심을 유지할 수 있게 됩니다.

유보 조항은 다음 두 가지 요점을 의미합니다.

1. 성공하기 위해 최선을 다하라.
2. 그와 동시에 결과는 자신이 통제할 수 없음을 알고 받아들여라.

다음은 자신감을 유지하기 위한 방법입니다.

1. 성공하기 위해 최선을 다하려고 노력한다.

2. 결과를 통제할 수 없다는 사실을 안다.

3. 성공과 실패를 똑같이 받아들일 준비를 한다.

4. 매순간 아레테를 추구하며 살아간다.

이 방법은 반복해서 말하면, 극기심이 강한 궁사의 태도와 같습니다. 즉 통제할 수 있는 일에 집중하고 통제할 수 없는 일은 그대로 받아들여야 합니다. 노력, 훈련, 준비 등의 과정에 집중하고 평정심으로 결과를 받아들일 준비를 하세요. 유보 조항은 정확히 다음과 같은 도움을 줍니다. 만일 화살을 쏠 때 단서를 덧붙이면, 우리는 결과가 우리 손에 달려 있지 않다고 인식하고 성공과 실패를 똑같이 받아들일 준비를 하게 됩니다. 우리는 최대한 잘 쏘려고 책임을 다할 뿐이며, 표적을 맞히는 일은 운명에 달려 있는 것이지요.

요컨대 최선을 다하더라도, 그리고 자격이 있든 없든 상관없이, 일이 우리 뜻대로 되지 않을 때도 있다는 걸 알아야 합니다. '내 열망'과 '세상이 어떻게 되어야 하는가'를 혼동하지 마세요.

원칙 3

장애물이 곧 길이 된다

"장애물이 행동을 앞으로 이끈다.
길을 가로막는 장애물이 곧 길이 된다."

마르쿠스 아우렐리우스

"의심할 여지 없이 모든 부정적 상황을 극복하기 위한 역사상 가장 효과적인 비법 중 하나이다." 라이언 홀리데이가 바로 앞에 나오는 마르쿠스 아우렐리우스의 명언을 두고 언급한 말입니다. 홀리데이는 또 이렇게 말했습니다. "무슨 일이 일어나더라도 번영할 수 있는 것이 아니라 **무슨 일이 일어나기 때문에** 번영할 수 있게 하는 비법이다."

라이언 홀리데이는 자신의 《돌파력》(*The Obstacle Is the Way*, 심플라이프, 2017)이라는 저서 전체를 마르쿠스 아우렐리우스의 이 명언에 기반을 두었습니다. 요컨대, 삶의 어려움과 도전을 장애물로 여긴다면 이는 오로지 장애물일 수밖에 없습니다. 그런 삶의 도전을 어떻게 보느냐가 중요합니다. 우리는 그 도전을 앞이 막힌 장애물로 볼 것인지, 아니면 기회로 여기고 전진할 것인지를 선택할 수 있습니다.

모든 도전에는 성장을 위한 기회가 있습니다. 이런 사실만 깨달으면 우리는 좌절과 투쟁 같은 방해 요소가 실제로는 우리에게 힘을 실어준다는 사실을 확신할 수 있게 되지요. 우리가 이미 예측한 장애물(원칙

2의 유보 조항을 떠올려보세요)이 우리의 기술을 연마할 재료를 제공해줄 것입니다.

스토아 철학에서는 삶의 장애물이란 언제나 용기, 겸손, 이성, 정의, 인내, 절제, 용서 등의 미덕을 실천하는 기회가 됩니다. 그 무엇도 우리가 이런 미덕을 실천하는 것을 막을 수 없지요. 미덕은 늘 우리가 통제할 수 있는 일이고, 어떤 상황에서도 미덕으로 반응하는 일은 가능합니다. 그러므로 길을 가로막는 장애물은 앞으로 나아갈 길이 됩니다. 그 장애물은 우리가 최고의 자아가 되려고 단련할 수 있는 또 다른 기회일 뿐이지요.

삶이 우리에게 던지는 시련이 무엇이건 우리는 선택할 수 있습니다. 도전에 가로막힐 것인가, 아니면 끝까지 싸울 것인가? 움츠러들 것인가, 성장할 것인가? 역경은 인간으로서 더 높은 차원에 도달하기 위한 발판입니다. 이런 기회가 없다면 우리는 성장할 수 없으며 지금의 모습 그대로 머무를 수도 없습니다.

불을 생각해보세요. 불은 모든 장애물을 연료로 사용합니다. 길을 가로막는 장애물이 없다면 불은 소멸합니다. **우리가 바로 불입니다.** 사실 장애물은 우리에게 에너지를 주고 더 강해지도록 할 뿐이므로 장애물이 존재한다고 볼 수도 없지요. 이를 두고 마르쿠스 아우렐리우스는 "장애물 자체를 전복시키는" 연료로 장애물을 사용하는 능력이라고 부릅니다.

어떤 시련이 길을 가로막을 때마다 그 장애물을 가장 중요한 목표(아레테를 추구하며 살고 최고의 자아를 발휘하는 일)를 실천하는 데 사용하세요. 우리가 그렇게 하는 것을 그 무엇도 방해할 수 없습니다. 우리는 계속 발전해나갈 것이고, 이른바 새로운 장애물이 제시하는 기회가 늘 생길 것입니다. 그 장애물을 에너지로 사용하여 능력을 단련하는 일은 우리가 통제할 수 있습니다.

이 모든 일은 인식에 달려 있습니다. 똑같은 상황이라도 발에 묶인 납덩어리로 인식되기도 하고, 어깨에서 자라는 날개로 인식되기도 합니다. 삶의 도전을 어떻게 해석하느냐는 도전을 극복하는 일에 중요하지요. 궁극적으로 중요한 것은 도전이 아니라 그 도전을 우리가 어떻게 인식하느냐입니다.

"어떤 외적인 일로 고통을 받는다면 우리를 방해하는 것은 그 외적인 일이 아니라 그 일에 대한 자신의 판단이다. 그런 판단을 없애는 것은 자신의 능력 안에 있다." 이렇듯 마르쿠스 아우렐리우스는 우리의 판단이 외적인 일을 장애물 아니면 기회로 만든다고 했습니다. 그 선택은 우리에게 달려 있습니다.

우리는 모든 일에서 성장을 위한 기회를 찾을 수 있습니다. 우리는 항상 장애물 자체를 전복시키려고 노력할 수 있고 미덕으로 반응할 방법을 찾을 수 있습니다. 그렇다고 세상을 장밋빛으로만, 낙관적으로만 보는 것은 아닙니다. 끔찍한 일은 분명히 일어나고 있습니다. 중요한 것은 우리가 늘 선택할 수 있다는 사실을 보여주는 일입니다. 상황이 불리하게 보일 때 우리는 머리를 모래 속에 처박고 현실을 외면할 수도 있고, 고개를 들고 성장할 기회를 찾을 수도 있습니다.

우리는 시간이 지나면 더 나아지고 그 무엇도 자신을 흔들 수 없는 대단한 내적 평정심의 수준에 도달할 것입니다. 다시 말해, 우리는 어떤 삶이 닥치더라도 효과적으로 대처할 준비가 되어 있을 것입니다.

원칙 4

사물의 덧없음을 상기하라

"자식이나 아내에게 키스할 때,
'나는 언젠가는 사라질 존재에게 키스하고 있다'고
스스로 되뇌어라."

에픽테토스

변화는 보편적인 자연의 법칙입니다. 세상은 끊임없이 변화하지요. 삶은 매우 빠르게 흘러 덧없이 지나가버립니다. 우리는 소중한 사람들을 경고도 없이 순식간에 잃을 수 있습니다. 그리하여 마르쿠스 아우렐리우스는 시간을 강에 비유하여 모든 것은 스쳐 지나간다는 사실을 스스로 상기하곤 했습니다. **"존재하고 있는 것과 지금 만들어지고 있는 것이 스쳐 지나가버리는 속도를 가끔 생각해보라. 모든 물질은 끊임없이 흐르는 강물과 같고, 사물의 활동은 항상 변화하고 있으며, 여러 가지 원인은 무한한 변화를 일으킨다. 정지하고 있는 것은 거의 없다."**

사물은 계속 변화하고 흘러가버립니다. 새로운 것들이 나타나고 스쳐 지나가지요. 그러므로 우리는 사랑하는 사람들이 얼마나 소중한가를 깨달아야 합니다. 그들은 또한 곧 스쳐 지나가버릴지도 모릅니다. 내일 사라져버릴 수도 있으므로 지금 옆에 있다는 사실에 감사해야 합니다. 인생은 덧없이 지나가버리니까요.

가진 것을 즐길 수 있는 것은 행운이고, 즐거움이 갑자기 끝날 수도 있으며, 다시는 그러한 것들을 즐길 수 없을지도 모른다는 사실을 기억하세요. 나에게 특권이 있다고 여기지도 말고, 집착하지도 말고 소중한 사람이나 물건에 만족하는 법을 배워야 합니다.

강물의 비유를 떠올리면, 좋아하는 것에 대한 집착이나 싫어하는 것에 대한 두려움을 줄일 수 있습니다. 그 모든 것이 끊임없이 변화하고 있음을 알기 때문이지요. 그러면 대체로 외적인 일을 중요하게 여기는 인식도 줄어들게 됩니다.

이 세상에 영원한 것은 없습니다. 이런 사실을 깨닫는다면 우리는 소유에 덜 집착하게 되고 상황이 변하거나 소중한 것을 잃었을 때 더 쉽게 받아들일 수 있습니다. 에픽테토스는 크리스털 잔 같은 물건에 집착할 때 그 물건이 깨지면 동요되지 않도록 그것이 정말 무엇인지를 명심해야 한다고 일깨웁니다. 그는 또 이렇게 말합니다. "소중한 사람들에게도 마찬가지여야 한다. 자식이나 형제나 친구의 뺨에 입을 맞출 때… 죽을 운명의 존재를 사랑하는 것이며, 또 내가 소중히 여기는 그 어떤 것도 내 소유가 아님을 상기해야 한다. 그 소유물은 영원한 것도 떼어놓을 수 없는 것도 아닌 나에게 잠시 주어진 것이며, 마치 제철에 나는 무화과나 포도송이와 같다. 이런 열매들을 겨울에 갈망한다면 어리석은 일이 된다. 내게 아들이나 친구가 생길 기회가 주어지지 않았는데도 그들을 갈망한다면, 한겨울에 무화과를 열망하는 일과 같음을 알아야 한다."

다음번에 사랑하는 사람에게 작별인사를 할 때 그 인사가 마지막이 될지도 모른다고 가만히 상기해보세요. 그러면 사랑하는 이들에게 덜 집착하게 되고 그들을 다시 만나면 훨씬 더 감사할 것입니다.

우리는 우리에게 일어나는 많은 일을 바꿀 수 없지만, 자연이 우리에게 보내는 모든 변화를 용감하게 견딜 고귀한 정신을 받아들일 수는 있습니다. 우리의 의지를 현실과 조화를 이루도록 할 수도 있고요.

무화과가 없으면, 없는 겁니다.

사물은 끊임없이 변화합니다. 이 글을 읽는 이 짧은 순간을 인식해보세요. 와, 순식간에 지나가버렸습니다. 이 순간을 하루 전체, 일주일, 더 나아가 우리의 일생과 비교해보세요. 사물은 변하고 우리도 변합니다. 우리보다 이전에 살았던 사람들을 모두 상상해보세요. 우리가 죽으면 뒤를 이을 세대들도 모두 상상해보세요. 우리의 시각을 인류의 전체 역사로 넓혀보세요.

보이세요? 만물은 생겼다가 사라집니다. 이 세상에 영원한 것은 없습니다.

원칙 5
죽음에 대해 깊이 생각해보라

"나는 영원한 존재가 아니고, 한 시간이 하루의 일부인 것처럼 전체의 일부분인 인간이다. 나는 하루의 한 시간쯤 나타났다가 한 시간이 지나면 사라진다."

에픽테토스

만물은 영원하지 않습니다. 소중히 여기는 것을 소유하고 있는 동안 즐겨야 합니다. 나의 죽음으로 모든 것이 끝날 테니까요. 죽음보다 더 두려운 일은 없습니다. 스토아학파는 이런 두려움이 살아 있는 자의 풍문일 뿐 비이성적이라고 했습니다.

그 두려움 때문에 우리는 **내 죽음**에 대해 생각하지 않습니다. 다른 사람들은 죽을지 몰라도 나는 죽지 않을 거라고 여기지요. 그러나 다른 사람들에게 일어나는 일은 나에게도 일어난다는 사실을 명심하세요.

앞으로 심장이 얼마나 더 뛰어줄지 우리는 모릅니다. 그리고 우리에게는 그 운명에 대한 결정권도 없지요. 우리는 지금 당장 어떻게 살고 싶은지만 결정할 수 있습니다. 스토아학파는 삶을 최대한 활용하려면 오늘이 우리의 마지막 날인 것처럼 살라고 조언합니다.

마르쿠스 아우렐리우스는 말합니다. "마치 인생을 다 산 것처럼, 죽는다고 생각해보라. 이제, 남은 인생을 제대로 살라." 마지막 날처럼 산다는 건 영원히 살지 못한다는 사실을 주기적으로 성찰하는 일입니다. 우리는 언젠가 죽을 존재이고 다음 날 아침이면 깨어나지 못할 수도 있습니다.

죽음에 관해 깊이 생각해보는 일은 우리를 우울하게 하지 않고 오히려 삶의 즐거움을 높여줄 것입니다. 그런 성찰은 우리에게 유리할 것입니다. 모든 것을 더 이상 당연하게 여기지 않고 모든 작은 일까지 더욱 감사히 여길 거예요. 우리는 삶의 매순간을 음미할 것입니다. 이런 모든 일이 영원하지 않다는 사실을 잘 아니까요.

죽음에 대해 깊이 생각해보는 일은 우리가 닥치는 대로 선택하지 않도록, 사소한 일에 시간을 낭비하지 않도록 해줍니다. 그리고 시간을 어떻게 쓰고 싶은지를 더욱 인식하게 해주지요. 죽음에 대한 고찰은 또한 **내가 이 세상에서 어떤 존재가 되고 싶은가**와 같은 진정으로 중요한 일에 집중할 수 있게 합니다. 지금까지 놓친 일이 무엇이었든 상관없이 아레테를 추구하며 살 수 있도록 도움을 주고요. 인생은 바로 지금 이 순간을 살아가는 일이므로 매순간 최고의 자아를 발휘하여 삶에 최선을 다하기를 바랍니다.

옛 로마인들은 '메멘토 모리'*Memento mori*(언젠가 죽는다는 사실을 기억하라)라는 말로 죽음에 대해 고찰했지요. 이런 말을 잊지 않는다면 우리는 삶과 사랑하는 사람들이 곁에 있다는 사실에 더욱 감사할 뿐만 아니라 하루하루로부터 많은 것을 얻을 것입니다. 마르쿠스 아우렐리우스는 조언합니다. "아침에 일어나면 살아 있음과 숨을 쉬는 것, 생각하는 것, 즐기는 것, 그리고 사랑하는 것이 얼마나 귀중한 특권인지 생각해 보라."

원칙 6

모든 것을 자연에서 빌렸다고 생각하라

"내가 가진 것에 둘러싸인 양 자화자찬하지 말라.
그저 빌린 것일 뿐이니. 우리는 소유물을 사용하고 즐길 수 있으나
그 기한은 빌려준 자가 결정한다. 우리에게는 무기한으로
빌린 소유물을 계속 간직하다가 요청받았을 때
불평 없이 되돌려주어야 할 의무가 있다."

세네카

우리에게는 진정으로 **내 것**이 있을까요?

자동차, 노트북 컴퓨터, 고양이일까요? 아니면 신체, 지위, 인간관계? 모두 아닙니다. 이 모든 것은 한순간에 없어질 수 있지요. 그런 소유물은 우리가 초과근무를 한 대가로 생길 수 있으나 또 언제든 없어질 수도 있습니다. 운명, 불행, 죽음 등이 사전 경고 없이 우리의 소유물을 빼앗을 수 있습니다. 자동차를 강탈당할 수도, 돈을 잃어버릴 수도, 고양이가 달아날 수도, 아내가 세상을 떠날 수도, 높은 지위가 사라질 수도 있습니다.

우리는 그런 상실에 대처할 준비가 되어 있지 않지요. 우리는 소중한 것들이 늘 곁에 있다고 여기다가 어느 순간 잃어버린 뒤에야 없다는 사실을 깨닫게 됩니다. 엄청난 충격을 받고 상실감에 빠지며 하염없이 눈물을 흘리기도 합니다.

세네카가 말했듯이, 우리는 처음부터 그런 소유물을 잃을 가능성을 인식하지 못하기 때문에 그런 상실에 대처하지 못합니다. 미리 생각하지 못한 탓에 나쁜 일들이 생기면 몹시 놀라 충격을 받지요. 어째서 이토록 인식하지 못하는 걸까요?

무지하기 때문입니다.

마르키아에게 보내는 위로의 서한에서 세네카는 묻습니다. 집 앞에서 그토록 많은 장례 행렬을 볼 수 있는데도 어떻게 죽음에 대해 생각해보지 않느냐고 말입니다. 우리는 수많은 장례식을 보고 슬퍼하면서도 여전히 자녀들이 우리보다 오래 살 것이라고 확신합니다. 부유한 많은 사람들이 소유물을 잃지만 우리는 그런 일이 자신에게 일어나리라 생각하지는 않습니다. 반려동물의 실종 전단지가 거리에 널려 있어도 우리는 자신의 반려동물이 길을 잃으리라 생각하지는 않습니다. 세상의 그토록 많은 불행을 보면서도 어떻게 그런 일이 내 삶에서는 일어나지 않으리라 생각할 수 있을까요?

우리는 세상의 불행을 못 본 척 무시하며 자신을 천하무적이라 여깁니다. 그리고 주변의 모든 일을 당연하게 여기지요. 이런 무지로 우리는 큰 대가를 치르게 되어, 결국 엄청난 충격을 받아 극복할 수 없는 지경에 이를 수 있습니다.

세네카는 모든 것을 자연으로부터 빌렸다고 여기라 조언합니다. 우리는 아무것도 소유하지 못합니다. 소유했다고 생각하는 모든 것은 일시적으로 빌린 것입니다. 그 소유물은 선물이 아니므로 빌려준 자가 돌려받고 싶어하면 언제든 돌려주어야 할 것입니다. 세네카는 또 말합니다. "소유물을 빌려준 자를 괴롭히는 존재는 바로 빚을 갚아야 하는 불쌍한 자이다."

우리가 빌린 모든 것을 생각해보세요. 가장 친한 친구, 배우자, 자녀들, 고양이, 건강, 지위, 자동차, 노트북 컴퓨터 등… 이 모두가 빌린 것입니다. 이런 사실을 인식하고 빌려준 자가 불시에 그 모든 것을 돌려받고 싶어하리라 예상해야 합니다. 그러면 우리는 불행이 닥쳐도 충격을 덜 받게 되고 그 불행에 효과적으로 대처할 수 있게 됩니다.

결국 우리는 빈손으로 태어났다가 빈손으로 죽습니다.

원칙 7

나쁜 일을 예측하라

"걱정이 덜한 시기에 스트레스가 심해질 때를 대비해 미리 강해져야 한다.
행운의 여신이 친절할 때 그녀의 분노에 맞설 준비를 해야 한다.
평화로울 때 병사는 책략을 수행하고, 적이 눈에 보이지 않아도 성벽을 쌓고,
불필요한 노역으로 단련시켜야 한다.
필요할 때 똑같이 할 수 있으려면,
실제 위기가 닥쳤을 때 움찔하지 않으려면,
미리 훈련해야 한다."

세네카

사람들은 나쁜 일이 일어나지 않도록 예방할까요?

대부분은 그렇게 할 것입니다. 저도 마찬가지고요. 그러나 우리가 아무리 노력해도 안 좋은 일들은 일어날 것입니다. 여기에 스토아 철학의 실천 방법이 도움이 됩니다. 그 가운데 **부정적 시각화***Negative visualization*는 **나쁜 일을 예측하는 상상력 훈련**입니다. 이런 훈련으로 우리는 침착성을 유지하고 삶에 어떤 일이 닥치더라도 효과적으로 대처할 준비를 할 수 있습니다.

스토아학파의 한 가지 중요한 목표는 역경에 직면하더라도 평정심을 유지하고 성찰할 수 있게 하는 것입니다. 당황하여 제정신을 잃지 않고 자신의 가치관으로 살며 최고의 자아를 발휘할 수 있도록 하기 위

해서이지요.

그 목표를 달성하기 위해서는 훈련이 필요합니다. 스토아학파는 평정심을 유지하고 어려운 상황에서도 잘 대처할 수 있도록 부정적 시각화를 이용해 스스로 훈련했습니다. 그런 식으로 그들은 현실의 충격을 덜어내고 더 큰 평온을 얻을 준비를 했을 뿐만 아니라 철학의 핵심 원칙을 연습할 준비도 했지요. 가치관을 더 깊이 있게 만들기 위해서였습니다.

이런 사고 훈련을 선견지명이라고 생각해보세요. 현실 사회로 나가 어떤 행동을 하기 전에 이렇게 자문해보세요.

- 무엇이 잘못될 수 있을까?
- 어떤 장애물이 나타날 수 있을까?
- 내가 어디에서 어려움에 부딪힐 수 있을까?

이런 것이 바로 감정의 회복력 훈련입니다. 상황이 나빠질 때를 대비하기 위해 상황이 좋을 때 미리 힘든 상황에 직면할 준비를 합시다. 그러면 엄청난 충격을 피할 수 있지요. 이에 관해 라이언 홀리데이는 멋진 표현을 했습니다. "어떤 사건에 완전히 짓눌리고 충격을 받았다는 느낌, 즉 참담함은 애초에 우리가 그 사건이 일어날 가능성이 얼마나 낮다고 생각했는지 보여주는 요인이다."

나쁜 시나리오를 미리 머릿속에 떠올려봅시다. 여행을 시작하기 전에, 상품을 출시하기 전에, 혹은 데이트하러 가기 전에 미리 무엇이 잘못될 수 있는지 생각해보세요. 갑자기 나타날 힘든 상황을 고려함으로써 일어나는 일에 충격받고 짓밟힌 기분이 들지 않도록 준비합시다. 그러면 최선을 다할 수 있을 거예요.

'부정적 시각화'라는 말이 오해를 부를 수도 있어요. 행복 삼각형의 두 번째 원칙에서 이미 배웠듯이, 외적인 일들은 좋지도 나쁘지도 않은, 덤덤한 일입니다. 이런 사실이 스토아주의 원칙의 기본이고요. 우리가 통제할 수 없으므로 어떤 외적인 불행도 실제로는 나쁠 수가 없습니다. 외적인 불행에 대한 우리의 반응만이 좋거나 나쁠 수 있지요. 그러니 우리는 미덕으로 잘 반응할 수 있도록 훈련해야 합니다.

한 가지 더. '부정적 시각화도 이전의 원칙들과 비슷한 거 아냐?' 하고 궁금해할 수도 있습니다. 물론 유사합니다. 사물의 덧없음과 언젠가 나 자신도 죽을 수밖에 없는 존재임을 상기하는 것과 자신의 모든 소유물은 자연에서 빌렸을 뿐이라는 생각은 모두 부정적 시각화의 형태들이지요.

이제 세네카의 이 말을 꼭 새겨두세요. "행운의 여신은 예상하지 못하는 사람들에게 크게 부담을 지운다. 항상 경계하며 세심하게 살피는 사람이 잘 견딘다."

원칙 8

자발적으로 불편해져라

"황소도, 숭고한 정신을 지닌 사람도
갑자기 그런 존재가 되지는 않는다.
혹독한 맹훈련을 수행하고 스스로 준비해야 하며,
또한 나와 맞지 않는 일에 경솔하게 나서지 말아야 한다."

에픽테토스

이제 혹독한 훈련에 들어가봅시다. 스토아학파는 부정적 시각화를 한 단계 더 발전시켜, 시각화한 바를 실제로 행동으로 옮겼습니다.

스토아학파는 앞으로 더 나아지기 위해 가끔 불편해지는 연습을 하라고 조언했습니다. 그 목적은 자신에게 벌을 주기 위해서가 아니라 인내와 자제력을 단련하기 위해서입니다. 이런 단련으로 우리는 물질적 소유에 대한 욕구를 내려놓고, 지금 소유하고 있는 것에 더 감사할 줄 알며, 또한 불편한 상황이 실제로 생길 때 효과적으로 대처할 준비를 할 수 있습니다.

기본은 현재 불편하다고 여기는 일에 익숙해지는 연습을 하는 것입니다. 다음에 나오는 자발적인 불편함의 세 가지 형태를 살펴봅시다.

★ **잠시 가난 실천하기** 세네카는 매달 며칠씩 가난을 실천할 것을 권

했습니다. "가장 값싼 음식을 최소한으로만 먹고 거칠고 투박한 옷에 만족하며 잠시 '이 가난은 내가 두려워한 상황일까?'라고 생각해보라."

이런 일들은 어떨까요. 하루 동안 물만 마시기, 일주일 동안 하루에 5천 원 미만으로 끼니 해결하기, 하루나 이틀 정도 단식해보기, 낡고 더러운 옷 입어보기, 빠듯한 예산으로 한 달 보내기, 강심장이라면 다리 밑에서 하룻밤 보내기 등.

♣ **스스로 불편한 상황 겪어보기** 마르쿠스 포르키우스 카토를 한 예로 들어볼까요? 그는 로마 공화정 말기의 원로원 의원이면서 스토아학파의 열렬한 철학자이기도 했습니다. 그는 아주 특별한 자발적 불편함을 실천했습니다. 그는 사람들이 비웃을 정도로 이상한 옷을 입고 로마를 돌아다녔지요. 그리고 날이 무덥거나 비가 와도 맨발과 맨머리로 걸어다녔습니다. 배급 식량도 먹었고요. 우리도 그런 경험을 할 수 있습니다. 불편할 정도의 추운 날씨에 옷을 극히 간소하게 입어보세요. 침대가 거미로 가득하다고 생각하고 하룻밤을 바닥에서 잠을 청해보세요. 온수가 안 나온다고 생각하고 찬물로 샤워를 해보세요. 자동차가 고장이 났다고 생각하고 대중교통을 이용해보세요.

이런 훈련법에 익숙한 군대에서는 "비가 오지 않으면 훈련도 아니다"라고 합니다. 군인들은 '비가 오기 때문에' 힘차게 훈련을 하러 달려나갑니다.

★ **의도적으로 쾌락 단념하기** 불편한 상황을 겪는 대신 그냥 쾌락을 단념하세요. 예컨대, 쿠키를 먹을 기회를 포기하세요. 건강에 좋지 않기 때문이 아니라 자제력을 높이고 불편을 경험하기를 바라기 때문이어야 합니다. 또 좋아하는 스포츠 팀의 경기를 보지 않고, 친구와 파티에 가지 않기를 선택하세요.

이런 선택은 쾌락에 반대하는 행동처럼 보일 수 있습니다. 그러나 사실은 다른 사람들이 두려워하는 일을 우리가 할 수 있고, 또 다른 사람들이 거부할 수 없는 일을 우리가 거부할 수 있도록 훈련하는 일입니다.

우리가 바라는 존재가 되기 위해서는 혹독하게 훈련해야 한다는 에픽테토스의 말을 명심합시다. 편안할 때 훈련하면 우리는 힘들 때를 대비할 수 있습니다. 다시 말해, 이런 훈련은 자신에게 벌을 주는 것이 아니라 안락함의 범위를 확대하여 불편한 상황에서 더욱 편안해지며 자제력 · 회복력 · 자신감 등을 높이는 일입니다. 힘든 일을 행하도록 스스로 훈련하고, 또한 거절하기 어려운 일을 거절하도록 스스로 훈련합시다.

결론적으로 이런 훈련은 삶의 편안함을 없애는 일이 아닙니다. 원하는 편안함을 모두 지켜내는 일이지요. 그래서 우리는 때때로 아늑한 침대, 맛있는 음식, 온수 샤워, 따뜻한 옷 등의 편안함 없이 지내보아야 합니다.

원칙 9

아침에 하루를 준비하라

"아침에 일어나면 가장 먼저 자신에게 이렇게 말하라.
나는 오늘 호사가들, 은혜를 모르는 자들, 이기주의자들, 거짓말쟁이들,
질투에 사로잡히고 짜증으로 가득한 자들을 마주치게 될 것이다.
그들은 모두 선과 악이 무엇인지 모르기 때문에
고통에 시달리고 있다."

마르쿠스 아우렐리우스

스토아학파가 가장 권장하는 일과 중 하나는 내면을 들여다보고, 살펴보고, 성찰하는 시간을 갖는 일입니다. 그러기에 가장 좋은 시간은 언제일까요? 잠에서 깨어난 아침과 잠자리에 들기 전입니다.

에픽테토스는 아침에 하루의 시작을 준비하고 저녁에 자신이 얼마나 향상되었는지를 돌아보라고 조언합니다. 아침이 밝아올 무렵에 우리는 자신에게 다음과 같은 질문을 해보아야 합니다.

♣ 나는 부정적인 감정에서 벗어나기 위해 아직 무엇이 부족한가?

★ 평정심을 얻으려면 무엇이 필요한가?

♣ 나는 어떤 존재인가? 이성적인 존재인가?

이런 성찰은 날마다 더 나아지기 위한 일입니다. 우리는 목표를 향

해 한 걸음 더 다가가야 하며, 나 자신을 신체 · 재산 · 명성 등과 지나치게 동일시하지 않도록 해야 합니다. 보다 큰 이성과 미덕을 열망하고 우리의 행동을 성찰하는 것이 낫습니다.

마르쿠스 아우렐리우스는 말합니다. "아침에 일어나면 살아 있음과 숨을 쉬는 것, 생각하는 것, 즐기는 것, 그리고 사랑하는 것이 얼마나 귀중한 특권인지 생각해보라." 그리고 앞의 인용문에서 보았듯이, 그는 하루를 시작하기 전에 까다로운 사람들을 만날 준비를 하라고 조언합니다(앞에서 배운 '부정적 시각화' 원칙을 참고하세요).

오늘만이 아니라 날마다 우리는 골칫덩어리 같은 사람들과 자주 마주치지요. 문제는 '그런 사람들과 마주칠 준비가 되어 있는가?'입니다. 아침에 그런 준비를 한다면 골칫덩어리 같은 사람들을 인내, 용서, 이해, 친절 등으로 마주할 가능성이 높아지겠지요.

명확히 말하면, 세상에 맞설 준비를 하는 것이 아니라 우리만큼 잘 준비되어 있지 않은 혼란스러운 세상에서 이성적으로 행동할 준비를 한다는 의미입니다. 마르쿠스는 더 나아가 자신에게 반대하는 사람들도 자신과 같은 존재들이라고 스스로 일깨웁니다. "같은 핏줄이나 종족이어서가 아니라 같은 마음을 공유하므로" 같은 존재인 것이지요. 이런 사람들은 그에게 해를 끼칠 수 없고, 또 그도 그 사람들에게 화를 낼 수 없습니다. 우리는 모두 서로 협력하도록 태어났기 때문이지요.

세네카는 아침마다 사물의 덧없음을 이렇게 되새깁니다. "현자는 '행운은 우리가 진정으로 소유할 수 있는 것은 아무것도 주지 않는다'는 생각으로 날마다 하루를 시작한다. 공적인 것이든 사적인 것이든 영구적인 것은 없다."

오랫동안 공들여 세워진 것들이 순식간에 파괴될 수 있습니다. 시리아와 마케도니아에서 얼마나 많은 도시들이 지진으로 무너졌던가요? 이런 재앙이 얼마나 자주 키프로스를 폐허로 만들어놓았던가요?

"우리는 죽을 운명인 존재들 속에서 살고 있다. 우리를 낳고 우리가 낳은 유한한 인간들. **모든 것을 고려하고 모든 것을 예상해야 한다**." 메멘토 모리(우리는 언젠가 죽을 존재임을 기억하라), 아침에 이를 깊이 새겨두면 중요한 일에 집중할 수 있게 됩니다. 그리고 평정심, 회복력, 인내심으로 어려움에 맞설 각오를 다질 수 있지요.

모든 것을 예상하고 어떤 일에든 대비해야 합니다. 그래야만 늘 최선을 다할 수 있습니다. 폭풍 같은 시련의 한가운데서도 평정심을 유지하고 최고의 자아를 발휘하고 싶다면 아침 일과를 중요하게 여기세요.

스토아학파의 아침 일과를 취향대로 바꾸어볼까요? 하루 동안의 계획을 짜고 싶을 수도 있고, 자신에게 격려의 말을 해주고 싶을 수도, 운동이나 명상을 하고 싶을 수도, 일기를 쓰고 싶을 수도, 샤워하면서 노래를 하고 싶을 수도 있습니다. 아침 일과는 마음대로 정하되, 규칙적으로 잘 지켜야 합니다.

그리고 이 말을 늘 명심하세요. "우리를 낳고 우리가 낳은 유한한 인간들. 모든 것을 고려하고 모든 것을 예상해야 한다."

원칙 10

저녁에 하루를 평가하라

"불이 꺼지고 내 습관을 아는 아내가 조용히 해주면,
나는 하루 종일 내가 어떤 행동을 했고 어떤 말을 했는지 되짚으며 검토한다.
나는 자신에게 숨기는 것도, 그냥 지나치는 것도 없다.
'더는 이렇게 하지 않도록 주의하라,
지금은 용서할테니'라고 할 수 있을 때,
나는 내 잘못으로 인해 두려워할 것이 없다."

세네카

아침에 자신의 하루를 미리 준비하고 저녁에 자신이 얼마나 나아졌는지를 평가하세요. 하루의 일과를 마치고 난 뒤, 일기장을 펴고 이렇게 평가하세요. **나는 무엇을 했는가? 무엇을 잘하고, 무엇을 잘못했는가? 어떻게 하면 개선할 수 있는가?**

마르쿠스 아우렐리우스가 《명상록》으로 실천했듯이, 우리는 늘 자신을 지켜보고 매일 평가해야 합니다. 마르쿠스 아우렐리우스는 스스로 청렴해지기 위해 하루를 돌아보면서 대중을 위해서가 아니라 자신만을 위해 글을 썼습니다. 그러나 2천 년이 지난 뒤 우리는 그 글을 읽게 되었지요.

세네카는 우리가 정신적으로 번영하기를 바란다면 다음과 같은 질문을 스스로 해보며 개선해야 한다고 말했습니다.

♣ 나는 오늘 어떤 나쁜 습관을 고쳤는가?

★ 나는 어떤 잘못에 반대했는가?

♣ 나는 어떤 면에서 더 나은가?

세네카는 매일 밤 자신만의 법정에서 자신을 성찰합니다. 그는 자신의 행동을 판단하고 다시는 같은 실수를 하지 않도록 확실히 노력합니다. 선한 사람은 조언을 기꺼이 받아들이지만 비열한 사람은 어떤 조언에도 화를 낸다고 그는 말했지요.

에픽테토스도 잠자리에 들기 전 자신의 행동을 평가하라고 조언했습니다. 세네카가 제시한 질문에 더하여, 그는 우리가 다하지 못한 의무가 무엇인지를 돌아보고 다음 날에 그 의무를 완수할 수 있어야 한다고 충고했습니다.

밤마다 실천하는 자기 분석은 부정적 감정을 억제하는 데 도움을 줍니다. 밤에 자신을 성찰할 수 있음을 무의식적으로 알기에 화를 비롯한 여러 감정 반응을 줄일 수 있습니다. 그렇게 하면 우리가 더욱 편안하게 잘 수 있다고 세네카는 말했지요.

요컨대, 성찰하는 일상은 그날그날의 마음챙김에 도움이 됩니다. **주의 집중**은 스토아 철학을 실천하기 위한 필수조건이지요. 늘 최고의 자아를 발휘하고 싶다면 자신의 행동을 인식해야 합니다. 그렇지 않으면 외적 인상에 무의식적으로 반응할 수 있습니다. 자신이 무엇을 하는지 모르니 근본적으로 철학의 실천가가 되기를 포기하게 되고요. 다시 말해, 우리는 아무 생각 없이 살게 됩니다.

그러니 날마다 성찰하는 일상은 스토아 철학에서 중요한 일입니다.

어디서 잘못되었는지 모른다면 인간으로서 어떻게 발전할 수 있을까요? 세상에서 어떻게 행동하고 싶은지 모른다면 우리는 어떻게 최선을 다할 수 있을까요?

예컨대 어느 날 저녁 퇴근길에 다른 운전자가 끼어들어 불평하며 고함을 쳤다면 '내가 교통체증으로 어리석은 행동을 했네'라고 자신을 돌아볼 수 있습니다. 다음번에 같은 상황이 닥치면 우리는 충분히 주의하여 더 나은 행동을 하며 침착하고 인내하고 용서하기로 선택할 수 있습니다.

어렵지 않아요. **밤마다 5분 동안 그날 하루에 있었던 일을 의식적으로 되돌아보고 자신의 행동을 평가하면 됩니다.** 무엇을 잘하고, 무엇을 잘못했는가? 무엇 때문에 화가 났는가? 분노, 질투, 두려움을 경험했는가? 다음번에 어떻게 발전할 수 있을까? 등을 자문해보며 성찰할 수 있습니다.

이런 성찰은 아침 일과와 결합하면 완벽한 자기 개선의 수단이 됩니다. 우리의 마음 준비를 자기 분석과 결합하면 끊임없는 배움과 자기 성장으로 이끌 수 있지요. 게다가 자신의 행동에 더욱 주의를 기울일 수 있고요.

개인적으로는 **좋은 훈련, 더 좋은 훈련, 그리고 가장 좋은 훈련**을 합니다. 구체적으로, 다음과 같은 세 가지 간단한 질문을 스스로 던지는 것이지요.

♣ **좋은 훈련** 나는 오늘 무엇을 잘했을까?

★ **더 좋은 훈련** 나는 얼마나 발전했을까? 내가 무엇을 더 잘할 수 있

었을까?

♣ **가장 좋은 훈련** 내가 최고의 자아로 살고 싶다면 무엇을 해야 할까?

늘 자신을 관대하게, 용서로 대하세요. 우리는 최선을 다하고 있으며, 그것이 우리가 할 수 있는 전부입니다. 혹시 기분이 안 좋은가요? 그런 느낌은 정상입니다. 모두가 분투하고 좌절을 경험합니다. 그러니 이 말을 꼭 새겨두세요. **"늘 자신에게 관대하라."**

원칙 11

본보기를 정하라

"에픽테토스는 '선한 사람에게 애정을 쏟고 그를 항상 우리 눈앞에 두어,
그가 우리를 보고 있는 것처럼 살고 그가 우리가 하는 일을
본 것처럼 모든 일을 해야 한다'라고 조언한다.
그럴 만한 이유가 있다. 의도적인 행위자 옆에 증인이 있으면
악행은 크게 줄어들기 때문이다."

세네카

스토아주의를 열망하는 사람들은 포부가 크며 늘 최고의 자아를 발휘하기를 바랍니다. 우리는 본보기를 정하여 그 대상을 기준으로 자신을 평가하는 전략을 활용할 수 있습니다. 스토아학파도 제우스, 소크라테스, 또는 이상적인 현자를 본보기로 삼았습니다. 그들은 **'현자라면 어떻게 할까?'**라는 질문을 하곤 했지요.

스토아학파의 현자는 이상적인 가상의 본보기입니다. 완전히 도덕적이고 현명하며 선한 존재로, 완벽한 인간이지요. 스토아학파의 현자는 성품이 훌륭하고 칭찬할 만하며, 또한 자신과 자연 전체와 완전한 조화를 이루며 원만하게 흘러가는 삶을 삽니다.

이런 허구의 이상적 존재는 우리에게 행동의 방향과 체계와 일관성을 제공합니다. 우리는 좋은 사람으로 발전하기를 바라기 때문에 '현자라면 어떻게 할까?'라는 질문으로 나와 이상적인 존재를 비교할 수 있

습니다. 이런 질문은 우리가 어려운 상황에서 최선의 결정을 내리는 데 도움이 될 수 있지요.

이 간단한 질문이 유용한 것은 외적 인상에 대한 자극과 반응 사이에서 잠시 멈추게 해주기 때문입니다. 우리는 이런 질문으로 외적인 상황을 인식할 수 있으므로 긍정적 변화를 향한 첫 번째 단계에 이를 수 있지요. '현자는 어떻게 할까?'라는 질문으로 우리는 시간을 벌고 무분별한 반응을 방지할 수 있습니다. 우리가 행동의 통제권을 쥐고 최선의 반응을 선택할 수도 있지요.

세네카는 이런 말을 했습니다. "말뿐만 아니라 삶의 방식도 (…) 당신이 인정하는 사람을 선택하라. 당신의 후견인이나 본보기로 그 대상을 늘 지목하라. 우리에게는 인성을 스스로 평가할 기준이 될 누군가가 필요하다. 나에게 반대할 이가 없다면 비뚤어진 마음을 올바르게 잡을 수 없다."

세네카의 말을 새기고 늘 본보기를 정해두세요. 그 대상이 스토아 철학의 현자가 될 필요는 없습니다. 우리는 누구로부터 배울지를 선택할 수 있습니다. 로저 페더러 같은 우상이나 배트맨 같은 히어로가 될 수도 있고, 아버지나 어머니 같은 존경하는 사람이 될 수도 있습니다. 이런 사람이 우리 자신을 계속 지켜보고 있다고 상상해보세요. 그러면 우리는 일상생활에서 더 성찰하게 되고 자신의 행동을 더욱 신중하게 선택할 수 있게 됩니다.

자신의 롤모델을 직접 만나거나 책을 읽거나 팟캐스트를 듣거나 영화를 보는 등 더 자세히 알아보세요. 자신이 최선을 다할 수 있도록 항상 가까이에서 롤모델을 떠올릴 수 있어야 합니다. 롤모델을 떠오르게 하는 장신구를 들고 다니거나, 침실 협탁에 사진을 올려두거나, 혹은 지갑에 그들의 명언을 넣어둘 수도 있습니다.

롤모델을 상정하는 것은 우리의 미덕에 공을 들이는 강력한 방법입니다. 우리는 더욱 일반적으로 '완벽한 엄마나 아빠(또는 완벽한 직원)는 어떻게 할까? 예수는 어떻게 할까? 부처는 어떻게 할까?' 등으로 질문을 바꿔 실천할 수도 있습니다.

마르쿠스도 이렇게 말했습니다. "사람들의 지배적인 원칙을 자세히 살펴보라. 특히 현자들은 무엇을 피하고, 또 무엇을 찾아내는지를 관찰하라."

스토아 철학의 현자를 살펴보고 세네카의 이 말을 마음에 새겨두세요. **"나에게 반대할 이가 없다면 비뚤어진 마음을 올바르게 잡을 수 없다."**

원칙 12

자신의 무기를 바로 사용할 수 있게 준비하라

"의사는 수술용 도구를 응급 상황에 대비해
가까이에 비치해둔다.
철학도 그렇게 준비해두라."

마르쿠스 아우렐리우스

스토아학파는 종종 그들의 주요 원칙들을 간결한 표현으로 요약했습니다. 우리는 이 책에서 그 표현들의 일부를 읽어볼 수 있습니다. 이를테면 **아레테를 추구하며 살기, 자연과 조화를 이루며 살기, 우리가 통제할 수 있는 일과 그렇지 못한 일들 구분하기** 등이지요.

이런 스토아학파의 경구들은 '불운한 상황은 일어나기 마련이다' '거짓말은 멀리 가지 않는다' '말보다 행동이 중요하다'와 같은 현대의 격언과 비슷합니다.

그렇다면, 스토아학파는 왜 이런 경구를 사용했을까요? 스토아학파는 우리의 사고가 인성을 물들인다는 사실을 알았습니다. 그들은 최고의 자아로 살고 싶었으므로 비이성적인 사고와 판단을 그에 반대되는 이성적인 신념으로 없애려 노력했지요. 그들은 머릿속에 갑자기 떠오르는 비이성적인 사고를 관찰하여 더욱 긍정적이고 유용한 사고로 대체하고자 했습니다. 경구를 스토아 철학의 실천에 이용한 것은 그래서 이지요. 마음속에 긍정적 신념을 갖추기 위해 그들은 기본 원칙들을 매우 간단하고 명료하게 만들어야 했습니다. 정확하게는, 기억할 만하고 항상 쉽게 공감할 수 있도록 만들어야 했습니다. 그런 경구는 스토아학파의 기본 원칙들을 혼란스럽고 급변하는 현실에 적용할 수 있는 유일한 방법이었지요.

이런 경구는 일상의 삶에서 의구심이 들 때 행동의 지침으로 사람들에게 깨달음과 도움을 주는 역할을 했습니다. **경구는 혼란스러운 생각과 판단에서 벗어나기 위한 마음의 '무기'로 여겨질 수 있습니다.** 경구에 관해 마르쿠스 아우렐리우스는 다음과 같이 비유했습니다. "당신의 원칙을 적용할 본보기는 검투사라기보다 권투선수이다. 검투사는 자신이 사용하는 검을 내리거나 올리지만 권투선수는 늘 두 손을 들어 주먹을 꽉 쥐고 있어야 한다."

주먹을 쥔 권투선수처럼 우리는 늘 자신의 원칙을 사용할 준비를 해두어야 합니다.

이는 에픽테토스의 《엥케이리디온》과 유사합니다. 그 책은 그의 《어록》에 들어 있는 가장 중요한 원칙들을 요약한 짧은 책이고, '엥케이리디온'이란 말 그대로 '손에 쥐고 다니는'이라는 의미입니다. 다시 말해, 삶의 도전에 대처할 수 있도록 늘 사용할 수 있다는 뜻이지요.

스토아학파는 그들의 원칙을 실천하는 데 매우 관심을 기울였습니다. 그래서 가장 필요할 때, 즉 현실 사회에서 분투할 때 사용될 수 있는 기억할 만한 표현으로 요약하려고 했습니다. 따라서 스토아학파처럼 세상에서 어떻게 행동하고 싶은지, 또 어떤 존재가 되고 싶은지를 일깨워주는 그런 쉽고 유용한 표현을 만들어내고 기억해보세요. 스스로 **'나의 중요한 가치관은 무엇인가? 나는 무엇을 내세우고 싶은가?'**라고 질문해보세요.

우리가 만들어내는 표현은 최고의 자아가 되려는 노력과 이에 방해되는 현실적 고통 사이의 싸움에서 필수적인 무기가 될 것입니다. 궁극적으로 이런 무기는 삶이냐 죽음이냐를, 다시 말해 '행복하고 원만하게 흘러가는 삶이냐, 비참하고 성취감 없는 삶이냐'를 결정합니다.

원칙 13

맡은 역할을 다하라

"당신은 작가의 뜻에 따라 배역이 정해지는 연극배우라는 점을 기억하라.
작가가 짧게 만들자면 그 연극은 짧을 것이고, 길게 만들자면 길 것이다.
만일 그가 당신에게 거지 역할을 바란다면,
이런 역할도 능숙하게 연기해야 한다는 것을 기억하라.
만일 그가 절름발이, 통치자, 시민 역할을 맡기려 한다고 해도 마찬가지다.
맡은 역할을 잘 수행하는 일이 당신의 목표이기 때문이다.
역할을 고르는 일은 다른 사람들에게 달려 있다."

에픽테토스

우리는 각자 맡은 역할이 다릅니다. 인간, 세계의 시민, 아버지나 어머니, 아들이나 딸, 형제나 자매, 남편이나 아내, 친구나 적, 스승이나 제자, 이웃이나 이방인, 젊은이나 늙은이 등등. 그 가운데에는 인간, 딸, 자매 등과 같이 선천적인 역할도 있고 아내나 스승처럼 후천적인 역할도 있습니다.

이런 역할들이 우리 모두에게 똑같지는 않습니다. 똑같은 아들이어도 내 아버지는 지원을 아끼지 않고 관대할 수 있으나, 다른 이의 아버지는 좌절감을 주고 난폭할 수도 있지요. 그러니 우리의 역할은 각각 다릅니다.

현재 우리의 역할에는 각각 특정한 의무가 있습니다. 연극 속 배우처럼 자신이 맡은 배역은 싫어도 잘 해내야 합니다. 자신의 역할과 일치하는 태도로 행동해야 하지요. 우리는 이성을 사용할 능력이 있고 행동을 선택할 자유가 있으므로 주어진 역할을 잘 수행할 수 있습니다. 그런 역할들은 종종 서로 관련되어 있습니다. 우리가 딸이라면 그 역할은 부모에게 좋은 딸이 되는 일입니다. 엄마의 역할은 자녀에게 좋은 엄마가 되는 일이고 남편에게는 좋은 아내가 되는 일이지요. 에픽테토스에 따르면, 우리가 다른 사람에게 의무를 다한다면 자연과 조화를 이루며 살게 되고, 또 그것은 행복하고 원만하게 흘러가는 삶으로 향하는 길이 됩니다.

우리는 사람들 사이의 의무 관계에서 자신의 역할에 집중해야 합니다. 나는 효녀이지만 아버지가 인자한 사람이 아니라면, 아버지는 자기 역할을 제대로 못하고 있는 셈이죠. 그런 아버지의 역할은 나와는 상관이 없습니다. 우리는 딸로서 맡은 바를 잘해야 합니다. 인간관계에서 우리는 내 역할만 할 수 있고, 그것으로 충분합니다.

아버지가 아버지로서 의무를 다하지 못하더라도 우리는 딸로서 의무를 다해야 합니다. 그러면 궁극적으로 아버지는 손해를 입으나 우리는 손해를 입지 않지요. 아버지는 자연과 조화를 이루는 삶을 살지 못하여 자신에게 해를 주고 있습니다. 아버지가 우리에게 상처를 주면 그는 어떤 식으로든 대가를 치르게 됩니다. 우리가 그 대가를 지금 확인할 수 없더라도, 아버지는 자신의 의무를 다하지 못한 결과로 손해를 입게 됩니다. "악한 사람은 결국 손해를 입는다"라고 에픽테토스는 말했지요.

아버지에게 보복으로 상처를 주려고 한다면 우리는 딸로서 의무를 다하지 못하는 것이므로, 그 결과 스스로 손해를 입게 됩니다. 우리는 관대함, 인내심, 고귀함 등 인성의 일부를 잃고 맙니다. 인성의 일부를 잃어버리는 것을 우리가 깨달을 수 있을까요? 그렇지 않습니다. 인성을 상실한다고 병을 얻거나 소유물을 잃지는 않기 때문에, 우리는 관대하고 인내심 있고 고귀한 인성을 잃었다는 사실을 깨닫지 못합니다.

전형적인 스토아 철학의 원칙에서는 이렇게 조언합니다. **"자신이 통제할 수 있는 일에 집중하고 궁극적으로 선한 사람, 최고의 자아가 되도록 노력하여 맡은 역할을 잘 수행하라."**

에픽테토스는 또 이렇게 조언했습니다. "당신이 맡은 다른 사회적 역할에 관해 성찰하라. 당신이 원로원의 의원이라면 그 의원이 무엇을 해야 하는지를 숙고하라. 당신이 젊은이라면 젊음이 무엇을 의미하는지, 당신이 늙은이라면 늙음이 무엇을 의미하는지, 또 당신이 아버지라면 아버지가 되는 일이 무엇을 의미하는지 깊이 생각해보라. 성찰을 통해 우리가 가진 역할에 적합한 행동을 할 수 있다."

우리는 맡은 바 역할을 잘 수행해야 합니다. 다른 사람들이 제대로 하지 않더라도 말이에요.

원칙 14

불필요한 일을 없애라

"우리가 말하고 행동하는 대부분은 불필요한 것이다.
이런 것들을 없앤다면 우리는 더 많은 여가와 평정심을 갖게 될 것이다.
그러므로 어떤 경우에든 '이 일은 꼭 필요한 것인가?'라고
자신에게 물어보라.
우리는 또한 불필요한 추측도 없애야 한다.
그렇게 하면 불필요한 행동은 하지 않아도 되기 때문이다."

마르쿠스 아우렐리우스

한 가지 확실한 게 있지요. **다음 순간은 결코 약속되어 있지 않다**는 사실입니다. 그런데도 사람들은 뚜렷한 목적 없이 방황하고 대부분 가치가 거의 없는 일에 세월을 낭비합니다. 넷플릭스 몰아 보기, 동료들과 잡담하기, 유명인의 최신 뉴스 찾아보기 등 아무런 생각 없이 안일에 빠진 나날을 보내지요.

우리는 생명의 모래시계에서 모래알이 흘러나온다는 사실을 모릅니다. 시간이 어디로 흘러갔는지 궁금해지기 전까지는 아무런 목표도 없이 닥치는 대로 선택하며 살지요.

그런 일이 일어나게 두어서는 안 됩니다. 닥치는 대로 행동하는 일은 이제 관두어야 해요. 마르쿠스 아우렐리우스는 말했습니다. "아주 작은 일이라도 목적과 관련하여 행해야 한다"라고요. 스토아 철학을 열

망하는 우리는 현명하게 선택해 행동해야 하고 우리의 시간 모래알을 중요한 일에 써야 합니다. 사소한 문제에 삶을 낭비해서는 안 됩니다.

"평정심을 추구하려면 불필요한 일을 줄이고 (…) 중요한 일을 행하라. 불필요한 일을 줄인다면 더욱 나아진다." 그러면 두 배의 만족을 얻게 된다고 마르쿠스 아우렐리우스는 말했습니다.

"삶에서 가장 중요한 일은 무엇인가?"라고 자신에게 물어보세요. 삶에서 가장 중요한 일이 무엇인지 안다면 그 일을 우선적으로 해야 합니다. 그 중요한 목록에 들어가지 않는 일은 없애야 하고요. 그러면 여가와 평정심을 얻게 될 것입니다. 누구나 하루는 24시간뿐입니다. 그 시간을 어떻게 써야 할지는 우리가 선택하는 것이고요.

스토아 철학의 현자는 무엇이 본질적인지를 명확히 밝혀내고 늘 그 일에 집중할 것입니다. 현자는 매순간 시간의 모래알이 흘러나가고 있으며 다시는 돌아올 수 없다는 사실을 잘 인식하고 있습니다.

원칙 15
명성을 잊어라

"사후의 명성을 열망하는 사람들은 자신을 기억하는 사람들도
예외 없이 곧 죽게 된다는 사실을 잊는다.
그들의 뒤를 잇는 세대도 마찬가지다.
그들의 기억은 찬양의 촛불처럼 한 곳에서
다른 곳으로 전달되다가 마침내 사라져버린다."

마르쿠스 아우렐리우스

명성과 사회적 지위에 무관심할 수 있다면 더 행복해질 수 있습니다. 결국 그런 일은 우리가 통제할 수 없기 때문이지요.

다른 사람들이 우리를 어떻게 생각할까요? 이런 문제는 우리 손에 달려 있지 않지요. 외적인 성공을 인내심, 자신감, 자제력, 용서, 끈기, 용기, 이성 등과 같은 진정으로 가치 있는 것인 양 착각해서는 안 됩니다. 사회적 지위를 추구하는 일은 다른 사람들이 우리를 통제하도록 내버려두는 셈이 됩니다. 사람들에게 존경받기 위해 계산하며 행동해야 하죠. 사람들이 싫어하는 일도 해서는 안 됩니다. 또한 명성을 추구하다 보면 자신을 구속하게 됩니다.

그저 내가 통제할 수 있는 자발적인 행동에 집중하세요. 최고의 자아가 되려고 노력하는 일, 매순간 최고의 자아를 발휘하는 일이 중요합니다. 올바른 일을 행한다며 감사나 인정을 받으려고 하지 마세요. 올

바른 일을 행하는 것은 그 자체로 보상이니까요.

마르쿠스 아우렐리우스는 물었습니다. "당신은 일을 잘해냈고 다른 사람이 그 일로 혜택을 받았다, 그런데 왜 어리석게도 정상에 있는 제3의 일을 바라는가?" 행복을 남들이 생각하는 일과 결부하지 말고 우리의 행동과 결부해야 합니다. 그런 일만 우리가 통제할 수 있습니다.

중요한 것은 우리의 인성과 행동입니다. 다른 사람을 기쁘게 하는 것과 올바른 일을 행하는 것은 매우 다른 것입니다. 최고의 자아가 되고자 하는 일에서 만족을 얻고, 명성과 갈채를 쫓는 일은 잊으세요.

명성은 좋은 사람이 되고자 하면 뜻밖의 선물로 생겨날 수 있습니다. 그러나 명성을 위해 좋은 사람이 되려고 해서는 안 됩니다. 명성은 불확실하고 오래 가지 못하며 불필요한 일입니다. 명성에 관해 마르쿠스는 이렇게 말했습니다. "오래전 조상의 삶, 미래 세대의 삶, 현재 야만인들의 삶을 깊이 생각해보라. 얼마나 많은 이들이 당신의 이름을 모르는지, 얼마나 많은 이들이 곧 당신의 이름을 잊게 될 것인지. 지금은 당신을 찬양하는 이들도 곧 당신을 비난하게 될 것이다. 명성이나 그밖의 것들이 얼마나 가치가 없는지 생각해보라."

세상 일은 볼 때마다 변하고, 곧 잊힐 것입니다.

남들이 우리를 어떻게 생각하느냐에 대해서는 덤덤해지세요. 남들의 반감을 무시하듯 남들의 호감도 무시해야 합니다. 우리가 통제할 수 있는 일, 즉 선의의 행동에 집중하세요. 올바른 일을 행하는 것은 그 자체로 보상이니, 거기서 만족감을 찾아야 합니다.

원칙 16

소박한 삶을 살아라

"아주 조금 소유할 수 있을 때 극히 많은 것을 바란다면
완전히 어리석은 짓이 아닌가?"

세네카

옷은 왜 입을까요? 무소니우스 루푸스는 다른 사람에게 잘 보이기 위해서가 아니라 몸을 보호하기 위해 옷을 입으라고 조언합니다. 사치하지 말고 필요한 것을 추구하며 살아야 합니다. 우리의 주택이나 가구도 마찬가지입니다. 그 용도는 실용적이어야 하고 더위와 추위를 막아주고 태양과 바람으로부터 보호해주는 역할 이상이 되어서는 안 됩니다.

세네카도 집을 잔디로 짓든 수입 대리석으로 짓든 차이가 없다고 말했지요. "선한 사람으로 살아가는 데는 초가지붕이건 금으로 된 지붕이건 차이가 없음을 알아야 한다."

스토아학파는 소박한 생활방식을 추구합니다. 우리는 물질적인 것은 중요하지 않다는 사실을 늘 명심해야 하지요. 중요한 것은 **물질적인 것을 어떻게 대하느냐**입니다. 우선 첫째로, 사라질 것에 집착하지 말아야 합니다. 이에 관해 마르쿠스가 일깨운 바 있지요. "자존심 내세우지 않으며 받고, 집착하지 말고 놓아주어라."

둘째로, 물건을 축적해두어서는 안 됩니다. 대부분은 쓸모가 없고 필요하지 않은 물건입니다. 우리는 값이 싸고 선물로 생기는 물건을 공짜라고 여기지요. 하지만 그 물건들 때문에 우리는 비싼 대가를 치릅니다. 세네카는 쌓아놓은 모든 물건에는 숨겨진 대가가 있다고 강조했습니다. 많을수록 항상 더 좋은 것은 아닙니다. 공짜가 항상 공짜인 것도 아니고요.

사치를 경험했다 하면 더욱 많은 것을 갈망하게 되지요. 물건을 소유한다고 행복해지는 것이 아니므로 갈망을 해소하기 위해 더욱 많은 것을 원하게 됩니다. 그러나 에픽테토스는 주장했습니다. "우리는 욕구를 충족해서가 아니라 **욕구를 제거하여** 자유를 얻는다."

진정한 부는 적게 원하는 데서 옵니다. 세네카가 말했지요. "원하는 것을 다 가질 수 있는 사람은 없다. 그러나 누구든 소유하지 않은 것을 바라지 않고 소유한 것을 즐겁게 잘 활용할 수는 있다." 목표는 "행운이 아닌 우리 자신으로부터 부를 추구하는" 것이 되어야 합니다.

상호 존중, 신뢰성, 자제력 등의 가치관으로 사는 삶이 부나 외적 성공보다 더욱 소중합니다. 부자가 되기 위해 우리의 인격을 손상해서는 안 됩니다. 선한 사람이 되는 일이 최고의 선이며, 더욱이 그런 일은 행복하고 충만한 삶을 사는 데 꼭 필요합니다.

우리가 부유하다면 어떨까요? 세네카와 마르쿠스 아우렐리우스처럼 되었을까요? 무엇보다 재물은 명예롭게 생기고 명예롭게 사용되어야 한다면서 세네카는 이렇게 덧붙였습니다. "현자는 행운으로 생긴 선물이 가치없다고 생각하지 않는다. 그는 재물을 좋아하지 않으나 있는 것이 낫다고 여긴다. 그는 재물을 마음속에 두지는 않으나 집 안에 두는 것은 허용한다. 그에게 재물이란 미덕을 실천할 수 있는 더 큰 기회를 제공하기를 바라면서 거부하지 않고 간직하는 것이다."

우리가 바르게 행동하고 최고의 자아를 발휘하면 재물은 흔히 뜻밖의 선물로서 생겨납니다. 재물을 얻는다면 자존심을 내세우거나 집착하지 않고 받아들여야 합니다. 재물을 소유하면 좋고 즐길 수도 있으나 다만 버릴 준비도 되어 있어야 합니다. 재물을 소유하건 안 하건 차이가 없어야 하는 거지요. 세네카는 더 나아가 이렇게 말했습니다. "현자에게 미치는 부의 영향력은 (…) 선원을 원하는 항로로 밀어주는 순풍과 같다."

순풍일 때는 그대로 받아들이되 그렇지 않다면 덤덤해지거나 심지어는 만족해야 합니다. 근본적으로 보면, 순풍이 불어오건 폭풍이 불어닥치건 현실은 똑같습니다.

저술가 윌리엄 어빈이 말했듯 "스토아 철학은 고행이 아니라 검소한 생활"을 추구합니다. 스토아 철학은 부를 버리라고 하지 않습니다. 다만 부를 사려 깊게 사용하고, 또한 부는 행운으로부터 빌렸을 뿐이며 언제든 빼앗길 수 있음을 명심하라고 조언합니다.

참고로, 스토아 철학자들은 부에 관한 문제에서 각자 견해가 달랐습니다. 무소니우스 루푸스와 에픽테토스는 인간을 타락시키므로 사치스러운 삶을 완전히 피해야 한다고 여겼고, 세네카와 마르쿠스 아우렐리우스는 타락하지 않고도 궁전에서 살 수 있다고 여겼습니다.

원칙 17
시간을 평가하라

"어떤 행동에 쏟는 집중은
그 일의 가치에 비례해야 한다는 것을 명심하라.
그러면 사소한 일에 지나치게 몰두하지 않게 되어,
싫증 때문에 그만두는 일이 없을 것이다."

마르쿠스 아우렐리우스

시간은 되돌릴 수 없습니다. 생명의 모래시계에서 흘러나온 모래알은 영원히 사라지지요.

시간의 가치에도 불구하고 사람들은 자신의 시간을 오고 가는 사람들에게, 온갖 영상 매체에, 그리고 다른 불필요한 활동에 거리낌 없이 넘겨줍니다. "사람들은 재산과 돈에는 인색한데도 시간 낭비를 너무 가볍게 여긴다. 모두들 가장 심한 구두쇠가 되어야 하는 한 가지가 바로 시간이다"라고 세네카는 말했습니다.

중요하지 않은 일에 시간을 낭비하지 마세요. 어떤 일에 더 많은 시간을 쓸수록 그 일을 더욱 중요하게 여기기 마련이지요. 가족, 친구, 약속, 최고의 자아를 발휘하기 등 진정으로 중요한 일은 시간을 적게 들이기 때문에 덜 중요하게 여기게 됩니다.

어떤 일에 시간을 투자하면 우리는 그 일에 중요성을 부여합니다. 시간이 어디로 흘러가는지 인식해야 합니다. 그러기 위한 가장 간단한 방법은 바로 우리의 **시간을 평가하는 일**입니다.

우선순위를 정하고 중요한 일에 가장 많은 시간을 쓰세요. 불필요한 일은 거부해야 합니다. 중요하지 않은 것도 모른 채 오랫동안 해온 일은 그만두어야 합니다. 이에 관한 세네카의 조언에 귀를 기울여볼까요? **"그 많은 일들 없이 지내기 시작하면 우리는 그 일들이 얼마나 필요 없는가를 깨닫게 된다. 우리는 그 일들이 필요해서가 아니라 그저 그렇게 해왔기 때문에 지속해온 것이다. 우리를 괴롭히는 문제의 원인 중 하나는 우리의 삶이 다른 사람들의 사례에 이끌리는 태도에서 온다. 그 잘못을 이성으로 바로잡는 대신 우리는 관습에 현혹된다."**

시간을 어떻게 쓸지를 선택할 때는 관습보다 이성을 사용해야 합니다. 물리쳐야 할 첫 번째 일은 뉴스거리입니다. 에픽테토스는 말했습니다. "행복에 이르는 유일한 길은 우리의 의지로 할 수 없는 일을 걱정하길 관두는 것이다." 뉴스를 보면 우리가 통제할 수 없는 일을 걱정하게 됩니다. 인간으로서 발전하고 싶다면 뉴스거리를 접하지 않는 일이 완벽한 시작이 될 거예요. 우리는 제한된 시간과 에너지로 살고 있을 뿐이니, 스토아 철학을 열망하는 이라면 뉴스거리에 시간을 낭비하지 않을 것입니다.

"당신이 발전하기를 바란다면 외적인 일에 무지하거나 어리석어 보이는 것에 만족하고 박식하게 보이기를 바라지 말라"는 에픽테토스의 말은 최근의 유명인 스캔들이나 슈퍼볼 우승팀 같은 불필요한 문제에 무지하게 보여도 괜찮다는 사실을 일깨워줍니다.

언론은 모든 것을 매우 중요한 것처럼 보도하지요. 그러나 오늘 다룬 스캔들을 내일 다시 다루지는 않을 것입니다. 우리가 놓치지 않으려는 주요 기사가 다 중요한 것은 아니라는 사실을 인식합시다. 시간을 낭비할 위험에 관해 세네카는 이렇게 말했습니다.

"우리는 살아갈 시간이 짧은 것이 아니라 그 시간을 많이 낭비하는 것이다. 인생은 충분할 정도로 길다. 그 긴 시간이 모두 잘 투자된다면 우리가 최고의 업적을 이루기에 충분할 만큼 넉넉하다. 그러나 그 시간이 부주의한 사치 속에 낭비되고 훌륭한 활동에 쓰이지 않는다면 우리는 결국 죽음이라는 마지막 제약 속에서 부지불식간에 시간이 사라졌다는 사실을 깨달을 수밖에 없다."

우리는 그런 일이 없도록, 시간과 에너지를 어디에 쓸지 적극적으로 선택해야 합니다. 뉴스거리만 시간을 뺏는 것이 아니라 다른 시간 낭비 요인도 위험합니다. 비디오 게임, TV 시리즈, 웃긴 영상물들, 그밖의 여러 무의미한 활동이 가장 흔한 시간 낭비 요인이지요. 스토아학파는 그런 요인을 완전히 물리치라고 하지는 않았고, 다만 우리의 시간이 흘러가는 것을 인식하여 그 시간을 주의 깊게 쓰라고 말합니다.

오래 살았다는 증거로 나이와 흰머리만 보여주는 노인이 되지 않도록, 엄마가 아이를 보호하듯 시간을 되찾아 보호해야 합니다. 중요한 일에 집중하고 중요하지 않은 일에 시간을 낭비해서는 안 됩니다.

원칙 18

중요한 일에서 성공하라

"악의를 피하기 힘든 직업으로 관심을 받고 있다면
그 직업보다 내 삶에서 손익의 정도를
파악하는 것이 더 낫다고 믿어라."

세네카

세네카는 장인이 로마의 곡물저장고 책임자라는 직위를 잃었을 때 그것이 그리 나쁜 일은 아니라는 위로 편지를 보낸 일이 있었습니다. 아무도 신경을 쓰지 않으니 이제 진정으로 중요한 일, 즉 "미덕을 사랑하며 실천하고, 정념을 잊어버리고, 어떻게 살고 죽느냐에 관한 지식을 얻으며, 깊은 평정심을 갖고 삶을 살아가는" 데 시간을 보낼 수 있지 않느냐고요.

곡식 시장이나 주식 시장, 또는 직장에서보다 자기 삶에서 손익의 정도를 파악하는 것이 더 중요합니다.

그러나 우리는 무엇을 하고 있나요? 우리는 현재 또는 미래의 일에 필요한 영역에서 더욱 능숙해지기 위해 노동 시간을 투자하고, 자신을 무감각하게 하는 무분별한 행동에 여가를 투자합니다. 그러나 이러한 일들 가운데 어떤 것도 우리에게 친구의 말에 귀 기울이는 법, 절제력을 갖는 법, 분노나 슬픔을 다루는 법 등을 가르쳐주지 않는다는 사실은 인식하지 못합니다.

우리는 일에 능숙해지는 것을 살아가는 법이나 좋은 사람이 되는 법을 배우는 것과 혼동합니다.

라이언 홀리데이는 이렇게 질문합니다. "이 지구에서 지낸 당신의 시간이 끝날 때 어떤 전문지식이 더욱 가치가 있을까? 삶과 죽음의 문제에 관한 이해일까, 아니면 1987년의 시카고 베어스에 관한 지식일까? 행복과 의미에 관한 당신의 통찰력과 당신이 30년 동안 매일 정치 뉴스 속보를 쫓아다니는 일 가운데 어떤 지식이 자녀들에게 더 도움이 될까?"

무엇이 더 가치 있는지는 분명하지 않은가요? 그러므로 이런 가치 있는 지식을 실제로 사용하여 우선순위를 올바르게 정하고 진정으로 중요한 것에 투자해야 합니다.

세네카가 말했듯이, 살아가는 법을 배우는 일보다 더 어려운 것은 없습니다. 이제 시작할 때가 되었습니다. 시험에서 최고 점수 받기, 출세하기, 가상화폐 배우기 등은 잊으세요. 그런 일을 쟁취하고 좋은 부모, 형제, 친구가 되는 중요한 일에 실패하면 무슨 소용이 있을까요? 그런 중요하지 않은 일들을 위한 시간과 공간은 분명히 있으나 인간으로서 성장하는 일을 희생시켜서는 안 됩니다. 인간으로서 성장하는 일이 우리가 더 가치 있다고 결정을 내린 일입니다.

직장에서 잘 나가는 동료들을 부러워하지 마세요. 일주일에 80시간을 일하는 아버지는 직장에서 영웅이 될 수 있으나 아내와 아들과 건강을 소홀히 할 수 있습니다. 성공이란 넓은 의미의 용어입니다. 3개월 동안 회사의 유능한 직원이었던 아버지는 그 시간 동안 아내의 말에 귀를 기울인 적 없고, 아들의 축구 경기를 보러 간 적도 없으며, 수면 부족으로 짜증이나 부렸을 것입니다. 직장에서 성공하더라도 좋은 남편이자 아버지가 되는 노력에 실패하면 무슨 소용이 있을까요?

중요한 일에서 더 나은 사람이 되어야 합니다. 우울한 생각을 극복하는 법, 좋은 경청자가 되는 법, 역경에 처했을 때 평정심을 유지하는 법, 좋은 배우자나 부모나 친구가 되는 법 등을 배워야 합니다.

그런 배움은 겉으로는 알 수 없는 내면의 변화를 일으키지요. 내면의 변화가 겉으로 드러나는 외적 변화보다 훨씬 더 중요합니다. 우리의 진정한 내면의 모습은 사람들이 우리의 존재라고 판단하는 모습보다 훨씬 중요합니다.

우리의 가장 가치 있는 자산은 인성입니다.

우리의 인성이야말로 중요한 일에서 성공하는 데 도움이 됩니다.

원칙 19

영원한 학생이 되어라

"공부하지 않는 여가는 죽음,
즉 살아 있는 자의 무덤이다."

세네카

스토아 철학을 열망하는 우리는 분명히 지혜를 사랑하는 사람입니다.

스토아학파가 자신들을 **이성의 진정한 전사**라고 여겼다는 사실, 기억나시나요? 그들은 살아가는 방법을 터득하고, 가장 중요하게도 그 방법을 실천으로 옮겼습니다. 에픽테토스는 제자들에게 **"삶을 축제에 온 것처럼 생각하라"**고 가르쳤습니다. 이런 비유는 삶이 곧 끝날 것이라는 사실을 상기시켜주므로 삶에 감사해야 한다는 의미를 전합니다. 더구나 삶을 축제로 생각하면 우리는 분주하고 정신 없는 축제 같은 삶의 혼란을 좀 더 초연한 태도로 고찰할 수 있게 됩니다.

이제 철학자로서 우리는 삶이라는 축제를 떠나기 전에 그 축제를 공부해야 하고 가능한 지식을 많이 흡수해야 합니다. 삶의 축제가 이어지는 동안 날마다 발전하는 일이 우리의 의무입니다. 세네카가 말했습니다. **"공부하지 않는 여가는 죽음이다."**

라이언 홀리데이는 이렇게 주장했습니다. "시인처럼 여유를 즐겨라. 게으름 피우지 말고 적극적으로 주변의 세상을 관찰하고, 그 모든 것을 받아들이며, 세상에서 자신의 위치를 더 잘 파악하라. 일은 쉬더라도 배움은 쉬지 마라."

우리는 남은 시간을 배움에 써야 할 뿐만 아니라 배움을 위해 적극적으로 시간을 내야 합니다. 그래서 우리는 지금도 이렇게 배우고 있지요. 우리 자신을 발전시키고, 더 좋은 사람이 되고, 좋은 부모와 배우자와 친구가 되는 법을 배울 지혜를 찾기 위해서 말입니다.

"보배와 같은 교육(지식)의 가치는 어느 곳에서나 귀중하다"라고 에픽테토스는 말했습니다.

우리는 변명의 여지가 없습니다. 오늘날에는 날마다 새로운 것을 배우는 일이 그 어느 때보다 훨씬 쉬워졌으니 말이에요. 지혜는 인터넷 곳곳에서도 아주 많이 얻을 수 있습니다. 책은 값싸고 독서용 의자까지 집으로 배달되는 세상이지요. 우리는 적은 돈으로 세상에서 가장 현명한 사람들로부터 배움을 얻을 수 있습니다.

열렬한 학생으로서 다음 두 가지를 새겨둡시다.

1. **겸손하라** 에픽테토스는 "이미 알고 있다고 생각하는 사실을 배우기는 어렵다"고 가르칩니다. 마르쿠스는 이렇게 덧붙여 말했습니다. "누구든 내가 잘못 생각하고 행동한다는 사실을 증명해줄 수 있다면 나는 진실을 추구하기 위해 그 잘못을 기꺼이 바꿀 것이다."

2. **배움을 실천으로 옮겨라** 배움으로만 만족하지 말라며 에픽테토스는 이렇게 경고합니다. "시간이 흐르면서 우리는 잊어버리고 결국 그 반대로 행동한다." 이성의 전사로서 우리는 현실 사회로 나가 배운 지식을 실천해야 합니다.

원칙 20
살면서 무엇을 보여줄지 생각하라

"아무도 시간의 가치를 깨닫지 못한다.
인간은 아무런 비용이 안 드는 것처럼 시간을 함부로 사용한다.
그러나 죽음이 위협하면 그들은 의사에게 애원하게 된다. (…)
알 수 없는 시점에서 끝나게 될 삶을 지키려면
더욱 신중해야 한다."

세네카

우리는 언젠가 반드시 죽을 존재라는 사실을 잊고 삽니다.

우리는 영원히 살 것처럼 살아가지요. 영원히 살지 못한다는 사실을 깨달을 때까지 말입니다. 그리고 그제야 우리는 더 일찍 제대로 살기 시작했더라면… 하고 바랍니다.

사람들은 살아남기 위해 모든 것을 바칠 준비가 되어 있습니다. 그러나 살아 있는 동안에는 시간을 낭비합니다. 시간이 곧 멈추게 되리란 사실을 깨닫지 못하기 때문입니다.

"우리는 영원히 살 운명인 것처럼 산다. 점점 노쇠해질 존재라는 생각은 전혀 하지 않는다. 얼마나 많은 시간이 이미 흘러갔는지도 신경 쓰지 않는다. 넘쳐나는 보급품을 쓰듯 시간을 낭비한다. 누군가에게, 또는 무엇인가에 쏟고 있는 그 하루가 내 마지막 날이 될 수도 있다. 우리는 두려워하는 모든 것에서는 필멸자처럼 행동하고, 바라는 모든 것에서는 불멸자처럼 행동한다."

우리는 두려워하는 모든 것에서는 필멸자처럼 행동하고, 바라는 모든 것에서는 불멸자처럼 행동한다는 이 마지막 문장은 제게도 해당하는 말이었습니다. 저는 많은 위험을 감수해왔습니다. 사업을 구축하고, 안정된 직장을 그만두고, 모든 것을 팔고, 해외로 이사하고, 책을 집필하지요. 그래도 두려움은 여전히 저를 방해합니다. 아직도 진정으로 하고 싶은 일을 위한 시간이 충분할 것처럼 여기고요. 그게 인간의 습성이겠지요.

그러나 우리가 영원히 살 것처럼 행동한다는 이런 성향을 인지한다면, 우리가 언젠가 죽어야 할 존재임을 스스로 일깨울 수도, 일상을 벗어날 수도, 두려워하는 일을 할 수도, 목적을 갖고 멋진 경험으로 세월을 채울 수도 있습니다. 그렇다고 비디오 게임도 하지 말고, TV도 시청하지 말고, 상근으로 일하지도 말라는 뜻은 아닙니다. 이런 일들에 관심과 목적의식을 갖고 생각해보라는 의미이지요. 시간을 보낼 가치가 있다고 여겨지는 일이라면 뭐든 선택할 수 있습니다.

스스로 이런 질문을 던져보세요. '내가 옳다고 생각하는 일에 시간을 보내고 있는가? 살면서 하고 싶었던 일들이 많은가? 놓친 일에 대한 후회로 가득한가? 지금 삶을 되돌아보았을 때 충분히 살았다고 여기는가? 살면서 무엇을 보여주어야 할까? 어떤 일을 경험하고 싶은가? 이 세상에서 어떤 존재가 되고 싶은가?'

나는 삶을 되돌아보고 이렇게 확실히 말하고 싶습니다. "그래, 나는 삶을 최대한 활용하며 잘 살았다. 인생의 매순간을 음미하며 보냈다." 이 말은 트로피나 지위를 얻는 일이 아니라 한 인간으로서 발전하는 일, 성숙한 인간으로 성장하는 일, 평정심 · 인내심 · 정의 · 친절 · 끈기 · 유머 · 용기 · 자제력 등의 깊은 가치관으로 번창하는 일을 의미합니다.

저는 머릿속에서 가능한 최고의 자아를 그려봅니다. 그리고 가능한 최고의 자아에 도달할 수 있도록 선한 사람이 되려고 노력하면서 그런 이상에 부응하며 내 세월을 보내고 싶습니다.

저는 깨어 있는 시간을 최대한 활용하고 싶습니다. 그러자면 삶이 한순간에 사라질 수 있다는 사실을 잘 알아야겠지요.

스토아학파는 세월 그 자체가 아니라 **세월을 어떻게 사느냐**가 중요하다고 말합니다. 젊은 카토가 아름답게 표현한 바 있지요. "건강의 가치는 건강의 지속 기간으로 판단되며, 미덕의 가치는 성숙함으로 판단된다."

세네카는 이렇게 덧붙였습니다. "오래 산 사람도 너무 짧게 살았을 수 있다."

후회하는 한숨보다 만족스러운 미소로 되돌아볼 수 있도록 우리는 시간을 현명하게 사용해야 합니다.

원칙 21

완성에 필요한 일을 하라

"아침에 일어나기 어렵다면 마음속으로 이렇게 생각하라.
나는 인간으로서 해야 할 일을 하기 위해 깨어나야 한다.
나는 그 일을 위해 태어났고, 그 일을 위해 이 세상에 왔다.
그런데 이렇게 짜증을 낼 필요가 있는가? 나는 침상에서 이불을 덮어쓰고
따뜻한 온기를 즐기려고 태어난 것인가? 이것이 내게 주어진 즐거움이란
말인가? 요컨대, 나는 쾌락을 누리기 위해 태어났는가,
아니면 분투하기 위해 태어났는가?"

마르쿠스 아우렐리우스

우리에게 많은 가르침을 준 마르쿠스 아우렐리우스도 아침에 일어나기가 어려울 때가 많았습니다. 늦잠을 자고 내내 기분도 별로였지요. 그러나 마르쿠스는 이겨내려 노력했고 스스로 필요한 일을 했습니다.

마르쿠스에 따르면, 우리는 쾌락을 위해 태어난 것이 아닙니다. 식물, 새, 개미, 거미, 벌을 살펴보세요. 그들은 각각의 임무가 있습니다. 그들이 투덜대고 불평을 하나요? 전혀 아닙니다. 그들은 해야 할 일을 하고, 해가 뜨나 지나 할 수 있는 최선을 다합니다.

그러나 우리 인간은 자신의 임무를 다하지 않으려고 합니다. 귀찮거나 의욕이 없거나 나태할 때가 있지요. 잠을 자고 쉴 시간이 분명히 있으나 그 시간에는 한계가 있습니다. "그런데 우리는 그 한계를 넘고 있

다"라고 마르쿠스는 자신을 일깨웠습니다. 그도 자신의 임무를 모두 완수하지 못하고, 해야 할 일에 미치지 못하곤 했던 것입니다.

우리도 마찬가지입니다. 이제는 자리에서 일어나 해야 할 일을 할 때입니다. 우리는 영원히 살 수 없습니다. 세네카는 이렇게 조언했습니다. "삶이 끝나야 할 때 진정으로 삶을 시작한다면 이 얼마나 늦은 일인가! 언젠가 죽을 존재라는 사실을 잊고, 거의 이르지 못하는 시점에서 삶을 시작하려고 50~60세까지 합리적인 계획을 미룬다면 얼마나 어리석은 일인가!"

세네카는 또 이렇게 말했습니다. "오늘 할 일을 뒤로 미루는 일은 인생에서 가장 큰 낭비이다. 그 일은 자신에게 주어진 하루를 하나씩 내던지는 것이며, 앞으로 다가올 미래 때문에 주어진 현재를 버리는 것이다. 미래에 대한 기대로 사는 일은 현재를 사는 데 가장 큰 장애물이며 내일에 기대어 오늘 하루를 낭비하는 것과 같다. 행운의 여신에게 자기 미래를 맡기고 자신의 수중에 있는 것을 흘려보내는 꼴이다. (…) 앞으로 다가올 미래는 그 누구도 알지 못한다. 지금 이 순간을 살아라!"

더 이상 미루지 말고 지금 이 순간을 살아야 합니다.

"이런 비참하고 불평이 가득한 삶이 지겹지도 않은가, 빈둥거리는 삶은 그만두어라!" 이런 조언으로 마르쿠스는 자신의 삶에 책임을 다하는 방법을 보여주었습니다. 그는 삶의 주도권을 잡으려 했고 황제로서 임무를 완수해야 했습니다.

그리고 우리도 황제가 될 수 있습니다. 바로, 내 삶을 위한 황제! 우리는 본능적으로 무엇을 해야 할지를 알고 있습니다. 그런데 그냥 그러고 싶지가 않은 거죠. 내면에서 무언가가 방해를 하고 있습니다. 그러나 하고 싶은 마음이 생기건 안 생기건 해야 할 일을 하는 이가 성공한 사람임을 명심해야 합니다. 자신의 번영에 책임을 다해야 하고, **발전이 없다는 사실을 깨닫기보다 매일 조금씩 고통을 겪기로 선택해야 합니다.**

그것이 자기 훈련입니다. 자기 훈련은 우리를 방해하려는 부정적인 느낌에 효과적으로 대처할 수 있게 합니다. 이를 통해 우리는 내면의 저항을 인식하고 어떻게든 완수해야 할 일을 행동으로 옮겨야 합니다. 우리는 지쳤지만 아침에 일어날 만큼은 강합니다. 쿠키에 유혹되더라도 거부할 정도로 절제력이 있습니다. 두려워도 낯선 이를 도와줄 만큼 용기가 있고요.

이제 우리가 바라는 존재가 될 때입니다. 내일로 미루지 말고 오늘 실천해야 합니다.

결국에는 받을 만한 가치를 얻게 됩니다.

빈둥거리는 삶은 그만두고 지금 이 순간을 살아가세요.

삶의 힘든 상황을 위한 원칙

07

삶이 순조롭게 흘러가고 있으면 스토아 철학의 원칙으로 살아가기가 쉽습니다. 그러나 삶이 우리에게 타격을 가하면 그 원칙으로 살아가기 매우 어려워지지요.

마이크 타이슨이 말했지요. "한 대 얻어맞기 전까지는 누구에게나 그럴싸한 계획이 있다." 그런데 스토아 철학을 배우는 우리가 평정심을 유지하고 충동에서 뒤로 물러나며, 의식적으로 가장 현명한 반응을 선택해야 할 때는 바로 그 얻어맞는 순간입니다.

중요한 것은 우리에게 일어나는 일이 아니라 그 일에 대한 나의 반응이라는 사실을 기억시겠지요. 우리는 외적인 일 자체 때문이 아니라 그 일에 대한 우리의 해석 때문에 방해를 받습니다.

삶은 순조롭게 흘러가지 않습니다. 우리 모두는 살면서 다음과 같은 힘들고 끔찍한 일에 부딪힐 거예요.

★ 사랑하는 존재를 잃어버림

♣ 질병에 걸림

★ 삶의 중요한 결정에 직면함

♣ 좋아하는 머그잔이 깨짐

★ 아무런 이유 없이 비참하게 우울해짐

♣ 세상이 나에게 불리한 것처럼 보임

삶은 힘듭니다. 다음에 나오는 스토아 철학의 원칙과 전략은 우리가 힘든 삶에 효과적으로 대처하는 데 도움이 될 것입니다.

원칙 22

고통을 판단하지 말라

"외적인 일로 고통을 받는다면,
당신을 괴롭히는 것은 외적인 일이 아니라
그 일에 대한 자신의 판단이다.
당신은 이러한 판단을 당장 없앨 수 있다."

마르쿠스 아우렐리우스

우리는 외적인 일이 아닌 그 일에 대한 자신의 견해 때문에 방해를 받습니다. 이 개념은 전형적인 스토아 철학의 원칙이지요. 우리의 괴로운 마음은 외적인 일을 바람직하지 않거나 나쁘게 판단하여 생겨납니다. 사람들은 흔히 외적인 일에 대해 징징거리고 신음하고 불평하는 태도를 보입니다.

이 말을 꼭 새겨두세요. **외적인 일에 대한 견해만이 괴로운 마음의 원인이 됩니다.**

고통은 화나게 하는 사람이나 달갑지 않은 상황 등 외적인 일로부터 생겨나는 것이 아니라 그 일에 대한 나의 반응에서 생겨납니다. 내 고통은 외적인 일에 대한 내 신념에서 비롯됩니다. 그러므로 누군가가 날 화나게 할 때 상처를 주는 것은 그 사람이 아니라 내 해석인 것이지요.

마르쿠스 아우렐리우스는 **나 자신의 반응만이 고통을 초래하느냐 아니냐를 결정한다**고 말했습니다. 그렇지 않다면 다른 사람들이 나를 통제할 수 있게 되겠지요. 그런 일은 이 세상의 이치에 맞지 않습니다. **나만이 내 이성을 이용할 수 있고 나만이 내 삶을 망칠 수 있습니다.**

"당신은 바보고 반드시 해를 입을 것이다"라는 글을 여기에 쓸 수도 있겠지만, 당신에게 영향을 줄 힘은 저에게 없습니다. 당신이 내 말에 상처를 받는다면 고통을 주는 것은 내 말이 아니라 당신의 해석이에요.

나에게 상처를 입히는 것은 나 자신의 판단입니다. 나 자신에게 힘을 실어주는 것도 내 판단이고요. 어느 축구 스타가 이런 말을 한 기억이 나네요. "내가 공을 갖고 있을 때마다 쏟아지는 상대 팀 팬들의 휘파람과 야유가 내게 동기를 부여한다." 다른 선수라면 마음에 상처를 받고 집중력이 떨어질 수도 있을 텐데, 이 선수는 오히려 그런 상처로 힘을 얻는 것입니다.

이제 어떤 상황으로 방해를 받는 일이 생긴다면 나에게 상처를 주는 것은 그 상황에 대한 내 판단임을 기억하세요. 그 판단을 하지 않도록 노력한다면 상처도 사라질 것입니다. 외적인 일을 두고 좋다거나 나쁘다고 판단하지 말고 그 일을 있는 그대로 받아들이세요. 그러면 해를 입지 않을 것입니다.

해를 입느냐 안 입느냐는 각자의 반응에 달려 있습니다. 마르쿠스 아우렐리우스가 말했듯이, "해를 입지 않기를 선택하라, 그러면 해를 입는다는 생각이 들지 않는다. 해를 입는다고 생각하지 마라, 그러면 해를 입지 않게 된다."

실천하기는 분명히 쉽지 않으나 이런 스토아 철학의 원칙을 아는 것은 도움이 됩니다. 적어도 징징대거나 불평하거나 한탄하지 않도록 노력할 수 있습니다.

원칙 23

이성으로 슬픔을 극복하라

"슬픔을 속이는 것보다 극복하는 것이 낫다."

세네카

스토아학파가 감정을 억제한다는 고정관념은 잘못 알려진 사실이에요. 스토아 철학은 감정을 피하려 하지 않고 즉각 감정을 다루려고 합니다.

어쨌든 감정을 피하기는 어렵지요. 몇 년 전에 스스로 목숨을 끊은 친구가 있었습니다. 나는 아직도 그 일을 받아들이기가 힘들지만 오랫동안 떨쳐버릴 수 없었던 슬픔을 극복했습니다. 누구든 그런 슬픔을 이겨내기는 쉽지 않지요. 사랑하는 사람의 갑작스러운 죽음 앞에서 우리는 큰 슬픔에 빠질 수밖에 없습니다. 이런 반응은 감정적 반사 작용과 같습니다. "자연은 우리에게 어느 정도의 슬픔을 요구한다"라고 세네카는 말했습니다. 또 그는 "그러나 그 이상은 허영이 낳은 결과이다"라고 덧붙였지요.

어느 정도의 슬픔은 필요합니다. 세네카에 따르면, 적절한 슬픔이란 우리의 이성이 "무관심이나 광기를 모방하지 않는 중도를 유지할 때이며, 또한 균형을 잃은 마음이 아닌 계속 애정을 보이는 상태일" 때를 말합니다.

우리는 눈물이 흐르도록 내버려둘 줄도 알아야 하지만, 눈물을 그칠 수도 있어야 합니다. 어느 순간 슬픔을 거두면 깊은 한숨을 쉬게 되지요. 이는 어느 지점부터 슬픔의 결과가 처음에 슬픔을 불러일으켰던 결과보다 더욱 해롭기 때문이라고 마르쿠스 아우렐리우스는 말했습니다.

스토아학파가 말했듯이, 우리가 감정의 늪에 빠진다면 더 빠지지 않도록 해야 합니다. 감정을 직시하고 그 늪에서 벗어나야 합니다. 계속 슬픔에 사로잡혀 있느라 그 슬픔이 기분을 더욱 악화시키는 악순환이 계속 이어질 것입니다. 그러면 계속 감정의 늪에 빠져 그 늪에서 벗어나지 못하게 됩니다.

우리가 할 수 있는 게 한 가지 있습니다. 세상을 떠난 사람들과 함께 즐길 수 없었더라면 얼마나 더 나빠졌을까 생각해보는 일이에요. 사랑하는 사람의 죽음을 슬퍼하기보다 함께 경험했던 순간들이 있어서 다행이라 여길 수 있습니다. 이런 생각은 우리를 슬프게 하면서도 또한 감사하게 해줍니다.

세네카에 따르면, 슬픔을 극복하는 가장 좋은 무기는 이성입니다. "이성이 우리의 눈물을 멈추지 않는 한, 행운은 그 눈물을 멈추지 못할 것"입니다.

날 슬프게 만든 사람은 내가 눈물로 고통을 받기를 원했을까요? 만일 그렇다면 그 사람을 위해 눈물을 흘릴 가치가 없으므로 눈물을 멈추어야 합니다. 만일 그 반대라면 그 사람을 사랑하고 존경하는 마음으로 눈물을 멈추어야 합니다.

외적인 일은 우리에게 불리하게 일어나지 않는다는 사실이 기억날 것입니다. 그러므로 잘못되었다는 생각이 든다면 떨쳐버리세요. 우리는 잘못되지 않았습니다. 세상은 우리를 등지고 돌아서지 않습니다.

큰 슬픔이 닥친 순간은 무척 힘드나 너무 오랫동안 슬퍼하는 것은 타당하지 않습니다. 삶은 계속 이어지니까요. 스토아 철학을 제대로 공부한 우리는 부정적 시각화에 참여하고(원칙 7) 세상의 일이 덧없음을 깊이 생각했으므로(원칙 4), 이런 일에 이미 준비돼 있습니다.

그렇다면 다른 사람들이 슬퍼할 때는 어떻게 해야 할까요?

에픽테토스가 말했듯이, 우리는 다른 사람의 슬픔을 '마음속 깊이 느끼지' 않도록 신중해야 합니다. 우리는 그 사람에게 공감해야 하고 필요하다면 상대의 탄식까지 함께 해야 합니다. 그렇게 하기 위해서는 마음 깊이 탄식하지 않도록 주의해야 합니다.

이런 태도에 관해 윌리엄 어빈은 이렇게 말했습니다. "우리는 슬픔을 경험하지 말고 슬픔을 표현해야 한다." 그는 또한 "친구가 슬퍼하고 있다면 그 친구가 슬픔을 이겨내도록 도와주는 일이 우리의 목적이다. 마음속 깊이 느끼지 않을 정도로 친구의 슬픔을 함께 공감할 수 있다면 그렇게 하라. 그 친구의 슬픔을 '마음속 깊이 느끼는' 것은 결국 나에게 상처를 줄 뿐 그 친구를 돕지 못한다."

만약 여러분이 친구의 감정을 알고 친구와 함께 감정을 느낀다면, 그것은 정말로 "불성실하게 슬퍼하는" 것이 아닙니다. 당신 스스로 위험을 무릅쓰지 않고 도우려고 하는 것이지요. 그건 잘못된 게 아닙니다. 우리가 눈이 붓도록 울 필요는 없습니다. 그저 친구의 곁에서 내가 이해하고 있다고, 슬퍼해도 괜찮다고 알려주세요.

원칙 24

분노보다 용기와 침착함을 선택하라

"분노가 치밀어 오르면 이런 생각을 떠올려라. 화를 내는 건 어른답지 않다.
오히려 관대함과 공손함이 더 인간적이고 따라서 더 어른답다.
진정한 인간은 분노와 불만에 굴복하지 않는다.
그런 사람은 분노와 불평이 아닌 힘과 용기와 인내를 가졌다.
마음이 평온해질수록 힘이 더 강해진다."

마르쿠스 아우렐리우스

분노는 스토아학파가 최소화하기를 바라는 정념이면서 부정적 감정입니다. 세네카의 서간집 《화에 대하여》는 스토아학파의 분노에 관한 조언을 얻는 데 가장 좋은 자료입니다.

세네카가 말했듯이, 보복하려는 욕망인 분노는 일시적인 광기입니다. 화가 난 사람은 자제력이 부족하고, 연대감을 잊어버리고, 이성과 조언에 귀를 기울이지 않고, 사소한 일로 흥분하며, 무엇이 진실이고 거짓인지 모르지요. 그 사람은 "바위가 떨어지면서 밑에 있는 물건에 부딪혀 함께 산산조각이 나는 것과 매우 비슷" 합니다.

화를 내면 나 자신이 가장 큰 상처를 받게 됩니다. 그 피해는 엄청나지요. "분노만큼 인류의 희생을 초래한 역병은 없다." 그러니 분노의 첫 징후를 바로 거부하여 분노가 시작되지 못하게 하는 것이 최선책입니다. 일단 분노에 사로잡히면 이성은 아무 쓸모가 없으므로 분노는 원하는 만큼 일어날 수 있고 그 불길은 끄기가 어려워집니다.

외부의 자극에 대한 최초의 반응을 통제할 수 없더라도 충분히 인식한다면 그 반응을 따를지 말지를 결정할 수 있습니다. 분노도 판단의 한 형태입니다. 우리가 화를 내도 괜찮다고 결정하는 식으로 상황을 해석하기 때문입니다.

세네카는 물었습니다. **"이성으로 동일한 목적을 이룰 수 있다면 분노는 무슨 소용인가?"**

분노는 경솔해지기 쉽습니다. 그러나 이성은 사려 깊고 신중하므로 신뢰할 수 있지요. "이성은 판단이 공정하기를 바라지만 분노는 판단이 공정해 보이기를 바란다."

세네카는 또한 "화난 사람이 정의의 검을 쥐면 최악의 결과를 부른다"고 했습니다.

분노는 유용하지 않습니다. "화를 통해 더 용감해지는 사람은 없다. 화는 용기를 도와주지 않고 그 자리를 대신 차지한다." 우리는 화를 내는 대신 사랑, 동정심, 정의, 용기 등의 올바른 가치관으로 충분한 유인을 찾을 수 있습니다.

위험하고 예측할 수 없는 분노에 이끌리는 대신 우리는 본질적인 가치로부터 동기를 부여받아 올바른 일을 하기로 신중하게 선택할 수 있습니다.

세네카는 다음과 같은 멋진 비유를 들었습니다. "한 남자가 길을 잃어서 우리 들판을 돌아다닐 때 그를 쫓아내기보다 바른길을 가게 하는 것이 낫다." 그는 길을 잃고 행동을 그르친 사람들을 색출해내지 말고 바른길을 안내해주어야 한다고 했습니다. 분노에 분노로 반응하는 대신 더욱 분별 있고 동정하는 태도를 선택하여 그들을 도와주는 것이 낫지요.

우리는 충동적으로 화를 내는 대신 숨을 깊이 들이쉬고 평온해지기로 신중하게 선택해야 합니다. 이런 평정심은 불행의 힘을 빼앗을 뿐 아니라 공정하고 용기 있는 태도로 행동할 능력을 줄 것입니다. 마르쿠스가 말했습니다. "마음이 평온해질수록 힘이 더 강해진다."

화를 불러일으키는 힘을 주변 상황에 넘기지 마세요. 이는 마치 우리보다 훨씬 더 거대한 무언가에 크게 화 내는 일, 우리를 신경 쓰지 않는 무언가를 기분 나쁘게 받아들이는 일과 같습니다. 외적인 일은 우리에게 불리하게 일어나지 않고 그냥 일어날 뿐입니다.

어떤 상황에 화를 내는 것은 그 상황에 영향을 미치지 않습니다. 그런다고 그 상황을 바꿀 수도 개선할 수도 없지요. 흔히 날 화나게 하는 일은 사실 나에게 해가 되지 않고, 내 분노가 내가 받은 피해보다 오래 갈 거예요.

우리는 평정심을 사소한 일로 방해받게 할 때 어리석은 존재가 됩니다. 그런 이유로 마르쿠스는 주변 세상의 덧없음을 깊이 생각해보라고 권고했습니다. 그리고 지금 날 화나게 하는 일은 내일 잊힐 것입니다.

세네카는 화가 나면 분노의 징후를 반대로 바꿔놓으라고 했습니다. 얼굴의 긴장을 풀고, 숨을 깊이 들이쉬고, 목소리를 부드럽게 하며, 걷는 속도를 늦추세요. 그러면 우리의 마음 상태가 곧 외부의 편안한 상태와 유사해질 것입니다.

에픽테토스가 설명했듯이, 우리는 자신을 화나게 하는 상황을 최대한 냉철하고 객관적으로 그리려고 노력할 수 있습니다. 그렇게 하면 여유를 갖고 상황을 더 멀리 볼 수 있게 됩니다.

에픽테토스는 우리에게 해를 주는 것은 상황이 아니라 그 상황에 대한 해석이라는 사실을 늘 명심해야 한다고 했습니다. "누군가가 날 화나게 하면 그 화를 불러일으키는 것은 바로 내 견해라는 것을 알아야 한다."

세네카는 묻습니다. 어째서 늘 화를 내어 주변 사람들의 삶을 괴롭히는 대신에 살아 있는 동안 모든 이들에게 사랑을 받고 죽으면 그리워하는 대상이 되려고 하지 않느냐고요.

원칙 25

준비와 이성으로 두려움을 이겨라

"우리는 실제로 상처를 입는 경우보다
겁을 먹는 경우가 더 많다.
그리고 현실보다는 상상으로 더 고통을 받는다."

세네카

우리가 두려워하는 일은 실제로 자주 일어나지 않을 것입니다. 그러나 우리의 상상속 두려움은 실제 대가를 가져갑니다. 우리는 자신의 두려움 때문에 방해를 받고 진짜가 아닌 일에 무력해집니다.

스토아학파는 두려움의 위험에 대해 잘 알았지요. 우리가 두려워하는 것의 실제 피해는 우리가 두려워하는 것을 맹목적으로 막으려 할 때 우리 자신이 초래하는 피해에 비하면 작습니다.

두려움의 주된 원인은 "현재 상황에 스스로 적응하지 않고 생각을 너무 앞서서 하는 것"이라고 세네카는 말했습니다. 통제할 수 없는 일을 미래까지 적용해보느라 위험할 정도의 걱정이 초래되지요.

우리가 스스로 통제할 수 없는 일을 원한다며 에픽테토스는 이렇게 명쾌하게 설명했습니다. "나는 불안한 상태에 있는 사람을 보고 '이 사람은 뭘 원합니까?'라고 물었다. 그가 통제할 수 없는 일을 원하지 않았다면 그렇게까지 걱정할까? 그는 공연을 잘하고 싶을 뿐 아니라 명성을 떨치고 싶기 때문에 걱정을 하는 것인데, 그런 바람은 자신의 통제에서 벗어나는 일이다."

우리는 통제할 수 없는 일을 원하거나 감당할 수 없는 일에 너무 집착하기 때문에 두려워합니다. 우리는 사랑하는 사람들에게 집착하여 그들을 잃을까 두려워합니다. 우리는 통제할 수 없는 욕구와 외적인 일에 집착하기를 그만두어야 합니다. 통제력의 부족이 두려움으로 이어지기 때문입니다. 통제할 수 없는 것을 바라지 않는 사람이라면 걱정할 리가 없습니다.

세네카는 "시련이 닥칠 것을 예상한 사람은 시련이 닥치면 그 파괴력을 없앨 수 있다"라고 했습니다. 그래서 힘든 상황이 닥칠 것을 대비하는 일은 매우 중요합니다. 큰 불행을 예상해보는 일은 현재를 망치는 것이 아니라 현재를 최대한 좋게 이용하는 일입니다. 우리는 일어나지 않을 일을 덜 두려워하게 될 거예요. 스토아학파는 자유로 향하는 가장 좋은 길은 일어날 일에 대한 두려움을 생각해보며 우리가 초연하게 볼 수 있을 때까지 그 두려움을 마음속에서 살피는 일이라고 여깁니다.

사람들은 흔히 두려움에서 벗어나고자 다른 생각을 하려고 합니다. 이런 태도가 가장 나쁜 방법일 거예요. 두려움은 겉으로 보이지 않기 때문에 점점 커집니다. **두려움에 적절히 대처하는 방법은 그 두려움을 이성적이며 차분하게, 그리고 그 두려움이 익숙해질 때까지 생각하는 것입니다.** 그러면 한때 두려워했던 일에 싫증이 나고 그 걱정이 사라질 거예요. 상상에서든 현실에서든 자신의 두려움과 마주하면 그런 두려움 때문에 생기는 스트레스를 줄일 수 있습니다.

마르쿠스 아우렐리우스는 두려움에 대처하는 또 다른 방법에 대해 말했습니다. "마음을 비우고 정신을 차려라. 그리고 잠에서 깨어나 당신을 괴롭히던 것이 꿈이었음을 알고 나면, 이번에는 깨어 있는 상태에서 이 현실을 마치 저 꿈들을 보았던 것처럼 보라."

두려워하는 대상은 흔히 현실이 아닌 상상의 산물입니다. 무언가를 두려워하는 이유는 현실이 나쁘기 때문이 아니라 현실이 나빠질 것이라고 생각하기 때문이지요. 거미를 두려워하는 사람들은 대부분 거미를 만져본 적도 없습니다. 그런데 그들은 무엇을 두려워하는 걸까요?

우리는 상상속에서 두려워합니다. 마치 꿈을 꾸는 것처럼요. 그러니 분별없이 따르지 말고 멈춰서 이런 질문을 이성적으로 해보아야 합니다. "이것이 타당한 일일까?"

우리는 스스로 악몽을 만들어내고 있습니다. 정신을 차리고 이런 광기를 멈추어야 합니다. 우리는 꿈을 꾸며 화를 내는 것이고, 두려움을 유발하는 대상은 진짜가 아닙니다. 그러나 그 결과는 매우 현실적이어서 우리를 방해합니다. 우리가 바로 자신을 방해하는 존재인 것이지요.

물론 한꺼번에 두려움을 모두 치유할 수는 없습니다. 그러나 무언가에 덜 집착하게 되면 두려워하는 대상은 상상속에 있다는 사실을 깨닫게 됩니다. 그리고 상상속에서 두려움에 직면하더라도 두려움을 대부분 극복할 수 있습니다. 한 걸음씩 나아간다면 두려움을 모두 치유할 수 있습니다.

원칙 26
내 기대치를 탓하라

"지금 손에 쥐고 있는 오이 맛이 쓴가? 그렇다면 던져버려라.
가는 길에 가시덤불이 놓여 있는가? 그럼 피해 가면 된다.
그것으로 충분하다. '세상에는 왜 그런 것들이 존재하는가?'라고
불평하지 말라. 세상을 이해하는 사람들로부터 비웃음을 살 것이다.
당신이 목수나 제화공의 작업장에 가서 물건을 만들다 생긴
대팻밥이나 널린 가죽 조각에 시비를 건다고 할 때
그들의 웃음거리가 되고 마는 것과 같다."

마르쿠스 아우렐리우스

우리는 현실이 기대에 미치지 못하기 때문에 화나거나 슬프거나 실망하게 됩니다. 일이 뜻대로 되지 않아서 놀라기도 하고요.

좌절감을 느낄 때는 다른 사람이나 외부의 일을 탓하지 말고 나와 내 비현실적인 기대치를 탓해야 합니다. 문제의 초점을 나 자신에게 돌리고 내가 책임을 져야 한다는 사실을 명심해야 합니다.

세네카에 따르면, 사소한 일로 짜증이 나는 유일한 이유는 그 일을 예상하지 못했기 때문입니다. "지나친 자기애 때문에 우리는 적한테조차 해를 입지 않겠노라 결심한다. 각자 마음속에는 으스대는 관점이 있어서, 기꺼이 그것을 이용하려고 하면서도 그 때문에 고통을 받으려고 하지는 않는다."

우리는 세상이 우리의 으스대는 관점에 따라주지 않으면 버릇없는 아이처럼 발로 차고 소리를 지릅니다. 그리고 세상이 우리에게 빚을 졌다는 생각만 하고 우리가 운 좋게 소유한 것에 감사하는 마음은 잊어버리지요.

지나치게 낙관적인 기대와 욕구는 분노와 좌절의 주요 원인이 됩니다. 우리는 그런 기대와 욕구를 현실에 맞추어야 합니다. 그러면 세상에 실망감을 느끼지 않을 것입니다. 앞서 살펴보았듯이, 통제할 수 있는 일만 바란다면 어떤 상황에서든 좌절을 할 수가 없습니다.

스토아 철학을 열망하는 우리는 세상을 자신의 기대에 부합하도록 요구하지 않고 사실 그대로 바라보도록 노력해야 합니다. 우리는 다음과 같은 것들을 상기해야 합니다. **세상이 어떠한가? 그 안에서 무엇과 마주칠 것인가? 무엇을 통제할 수 있는가?** 현자는 "어떤 일도 예기치 못하게 생기도록 놔두지 않을 것이다"라고 세네카는 말했습니다.

"아주 예상치 못한 일은 그 영향력이 매우 파괴적이고 예기치 않음이 시련을 더욱 크게 만든다. 예측하지 못했다는 사실이 슬픔을 더욱 깊게 만든다. 그러니 우리는 어떤 일에도 충격을 받지 말아야 한다. 언제나 미리 생각을 그려내야 하고 통상적인 일의 과정만 생각하지 말고 가능한 모든 사태를 염두에 두어야 한다."

우리가 충격을 받는 건 어떤 사건이 일어나리라고 애초에 전혀 예측하지 못했기 때문입니다. 그래서 부정적 시각화에 규칙적으로 몰두하여 기대치를 억제하는 훈련이 중요한 것이지요. 최악을 상상하면 우리는 충족되지 않은 기대치에 대처할 필요가 없고, 부정적 감정도 극적으로 줄일 수 있습니다.

일어날 최악의 상황을 머릿속으로 그려보고 상황이 우리의 바람이나 기대치와는 반대로 어떻게 전개되는지 확인해보세요. 그러면 무슨 일이 생기든 평온해질 것입니다.

어떤 일에도, 특히 주기적으로 일어나는 일에 놀라서는 안 됩니다.

"명심하라, 무화과나무가 무화과를 맺는 것처럼 세상이 만들어내는 무언가에 놀라서는 안 된다. 훌륭한 의사는 환자가 열이 날 때 놀라면 안 되고, 선장은 역풍에 놀라면 안 된다." 마르쿠스 아우렐리우스의 말입니다.

원칙 27
고통과 역경은 미덕을 위한 큰 기회다

"모든 도전에 대해서, 당신은 그 도전에 대처하는 내면의 자원을 기억해야 한다. 잘생긴 남자나 아름다운 여자를 보고 자극을 받을 때는 자신의 안에서 극기라는 정반대의 힘을 발견하게 될 것이다. 고통에 직면하면 지구력을 발견할 것이다. 모욕을 당하면 인내를 발견할 것이다. 얼마 뒤 당신은 도덕적인 수단을 이용해 참아내지 못할 인상이란 하나도 존재하지 않는다고 점점 더 확신하게 될 것이다."

에픽테토스

앞서 살펴보았듯이, "길을 가로막는 장애물이 곧 길"이 됩니다(원칙 3).

우리는 역경을 삶의 훈련으로 사용함으로써 이점으로 바꿀 수 있습니다. 전사 같은 철학자로서 우리는 이런 상황을 최고의 자아가 되기 위한 훈련으로 이용합니다.

다른 사람들은 역경을 목표를 달성하는 데 방해되는 나쁜 요인으로 여기지만 우리는 다른 사람들이 해악으로 여기는 역경을 반대로 성장의 기회로 봅니다.

"질병은 신체에 장애를 줄지언정 내 의지에는 장애가 되지 못한다. 절뚝거림은 다리에 장애가 될지언정 내 의지까지 절뚝거리게 하지는 못한다"라고 에픽테토스는 설명했지요. 한쪽 다리를 절었던 에픽테토스는 절뚝거림이라는 다리의 장애를 마음의 장애로 여기지는 않았습니다. 고통과 질병도 신체에 장애가 되지만 마음의 장애는 아니지요. 우리는 고통이 미덕을 시험하고 높여줄 기회가 될 수 있음을 명심해야 합니다. 우리는 인내와 끈기라는 두 가지 고귀한 힘을 연습할 수 있습니다.

마르쿠스도 이렇게 동의했습니다. "당신을 착하고 성실하지 못하게 하는 사람이 누구란 말인가?" 우리는 행동을 선택하고 인격을 함양할 타고난 능력이 있습니다. "진실성, 존엄성, 근면, 극기, 만족감, 검소, 친절, 독립심, 소박함, 신중함, 관대함 등 완전히 자신의 능력 안에 있는 미덕을 발휘하라."

우리는 아무런 변명 없이 아주 많은 훌륭한 자질을 보여줄 수 있습니다. 우리는 늘 마음을 이용할 수 있으므로 우리를 방해하는 유일한 요소는 우리 자신뿐입니다.

자연이 모든 장애물을 가져가 그 목적에 맞도록 바꾸듯이, "또한 이성적인 존재는 좌절을 모두 원재료로 바꾸어 목표를 달성하는 데 이용할 수 있다"라고 마르쿠스는 말했습니다.

에픽테토스가 말했듯이, 우리는 작은 일로 시작해야 합니다. 모든 사소한 일이 도덕적인 행동을 훈련할 기회를 제공한다는 사실을 명심합시다. 두통은 욕하지 않을 기회가 됩니다. 매혹적인 사람을 만나는 일은 절제력을 발휘할 기회가 됩니다. 짜증을 내는 사람을 만나는 일은 인내, 친절, 용서의 기회가 됩니다. 어려운 상황들은 인내와 근면의 기회가 됩니다.

원칙 28
평정심을 되찾아라

"주위 환경 때문에 당신의 평정심을 잃게 되면 재빨리 자제력을 회복하라.
필요 이상으로 당황하는 일이 없도록 하라.
끊임없이 자제력을 회복하는 습관을 들이면
평정심을 더 잘 유지할 수 있게 된다."

마르쿠스 아우렐리우스

우리는 모두 때때로 무방비 상태로 당합니다. 큰 사건뿐만 아니라 종종 예상치 못한 사소한 일들도 우리에게 일어나지요. 예컨대 기차는 제때에 도착하지 않고, 자전거를 도난당하고, 친구는 마지막 순간에 약속을 취소합니다.

마음이 약해진 순간이면 그런 대수롭지 않은 것들 때문에 곤경에 처할 수도 있습니다. 우리는 중심을 잃고 짜증을 내거나 불평을 하게 됩니다. 때때로 균형을 잃는 것은 전혀 문제가 되지 않으며, 누구에게나 일어날 수 있는 일입니다. 중요한 것은 되도록 빨리 정상으로 돌아오는 일이지요.

필요 이상으로 쓰러져 있어서는 안 됩니다. 정신을 차리고 다시 일어나 자신의 중심을 찾아야 합니다.

현대 철학자 브라이언 존슨은 이런 태도를 일컬어 '평정심 되찾기'라고 했습니다. 그 규칙은 간단합니다. 첫째, 균형을 잃을 때, 예컨대 교

통제증이나 배우자나 동료 때문에 인내심을 잃기 시작할 때를 알아차려야 합니다. 그런 다음 둘째, 얼마나 빨리 자신을 파악하고 바로잡을 수 있는지 지켜보아야 합니다. 이것이 바로 평정심을 되찾는 일입니다.

브라이언 존슨은 '평정심'이란 역사상 가장 위대한 말 중 하나라고 했습니다. '평온한'이라는 뜻의 라틴어 에쿠우스*aequus*와 '마음'이라는 뜻의 라틴어 아니무스*animus*에서 비롯된 이 말은 '균형이 잡힌 마음'이라는 뜻입니다.

우리는 어떤 일로 균형을 잃을 때마다 자신을 파악한 다음, 되도록 빨리 균형 잡힌 마음으로 되돌아가야 합니다. 좌절이 일어날 때마다 늘 최선을 다할 수는 없을 것입니다. 현자는 이런 사실을 알고 되도록 빨리 회복하는 일을 주요 목표로 삼습니다. 주먹으로 칠 때마다 되돌아오는 샌드백처럼 우리는 빨리 회복해야 합니다.

우리는 아레테를 추구하며 살고 늘 최고의 자아를 발휘하기를 바랍니다. 그러므로 자신이 뒤처지고 있다고 여겨지면 빨리 회복하여 다시 제자리로 돌아가도록 노력해야 하지요. 이런 식으로 우리는 평정심을 되찾는 훈련을 반복할 수 있습니다. 그리고 더욱 자주 자신을 파악하고 균형을 되찾을수록 우리는 더 나아질 것입니다.

마르쿠스가 조언했지요. **"끊임없이 자제력을 회복하는 습관을 들이면 평정심을 더 잘 유지할 수 있게 된다."**

늘 명심하세요, 여러 장애물과 힘든 상황들은 우리를 더 강하게 하고 성장할 기회를 제공합니다. 우리는 인생의 도전에 직면해 물러서지 않고 온전히 마주하는 이성의 전사가 되기를 바라지요. 그리고 이런 도전이 우리를 더욱 강하게 해주리라는 사실을 잘 압니다.

앞서 언급했듯이, 불은 장애물을 연료로 사용합니다. 그 장애물은 불을 더 강하게 할 뿐이지요. 이제 불에 관한 또 다른 비유를 살펴보겠습니다. 바람은 불을 지피면서도 촛불을 끕니다. 바람은 이런 장애물입니다. 이를테면, 헌신과 끈기가 약하면 우리를 소멸시키지만 도전을 받아들이고 처음의 어려움을 포기하지 않으면 우리에게 힘이 됩니다.

촛불은 우리가 불면 꺼집니다. 모닥불은 바람을 불어넣으면 처음에는 꺼지는 듯 보이나 더 강해지고요. 우리는 늘 다시 강해지는 불이 되기를 바랍니다. 그러므로 삶이 우리를 덮칠 때마다 무엇이 우리를 쓰러뜨리는지를 알아차린 다음, 다시 일어나는 데 얼마나 오래 걸리는지 확인해야 합니다. 그리고 자신을 관찰하고 무엇이 균형을 찾는 데 도움이 되는지를 알아내야 하지요. 우리는 이런 훈련을 날마다, 하루 종일 할 수 있습니다.

내가 통제할 수 있는 것에 집중하고, 현실을 그대로 받아들이고, 또한 미덕으로 반응하기로 선택하는 일은 늘 내 능력 안에 있으므로 삶에 책임을 다하라는 스토아 철학의 개념은 큰 도움이 됩니다.

원칙 29

꼭두각시처럼 조종당하지 말라

"누군가 당신의 몸을 지나가는 사람에게 넘긴다면 당신은 분노할 것이다. 그런데 지나가는 사람에게 마음을 넘겨서 당신을 모욕하도록 하고, 그 결과 스스로 혼란스럽고 괴롭게 만든다면 이것이야말로 수치스러운 일이 아닌가?"

에픽테토스

우리는 늘 외적인 일이나 충동으로 곤경에 빠집니다. 그리고 꼭두각시 인형처럼 타인이 줄을 당겨 우리를 조종하도록 내버려두기도 하고요. 동료의 애매한 발언, 전화하지 않는 연인, 혹은 낯선 이의 지적 등 우리는 통제할 수 없는 일로 혼란스러워하곤 합니다. 그렇게 우리는 다른 사람이 우리를 화나게 만들도록 내버려둡니다. 다른 사람들뿐만 아니라 날씨, 소셜미디어, 뉴스, 스포츠 결과 등 때문에도 꼭두각시가 되곤 합니다. 우리는 맑은 날이면 좋아서 춤을 추고 비가 오면 화가 나서 쿵쿵거립니다. 또 응원하는 팀의 골에 환호하고 뒤늦게 터진 동점 골에 한탄합니다.

이는 어리석은 짓입니다. 정신은 우리 자신의 것입니다. 그러나 인식하지 못한 채 안타깝게도 우리 마음은 일기예보관이나 축구 심판의 손에 좌우되곤 하지요.

"모든 정념을 생기게 하며 꼭두각시처럼 당신을 마음대로 조종하는 것보다 훨씬 더 강력하고 신성한 힘이 당신 안에 있음을 자각하라." 여기서 마르쿠스가 의미하는 힘은 우리의 마음입니다. 그 마음으로 우리는 외적인 일들이 우리에게 무엇을 의미할지 결정할 수 있습니다. 그러니 주변에서 일어나는 일들로 곤경에 처할 필요가 없고, 상처를 받지 않고 또 짜증도 내지 않고 평정심을 유지할 수 있습니다.

우리는 마음을 잡아당기는 꼭두각시의 줄을 잘라내야 합니다. 우리 손에 달린 것을 되찾고 타인에게 조종당하는 격분을 멈추어야 합니다. 우리가 통제할 수 없는 일에 끌려가서는 안 됩니다.

마르쿠스가 말했듯이, 타인이 우리의 행동을 방해할 수는 있으나 우리의 의도와 태도를 방해할 수는 없습니다. 마음은 적응할 수 있어서, 일이 우리에게 불리한 듯 보일 때 우리는 적응하여 성장할 기회로 삼을 수 있습니다. 장애물을 기회로 바꿀 수도 있지요.

우리는 외부의 통제할 수 없는 세상에서 일어나는 일에 휘둘리지 말고 깊은 가치관에 따라야 합니다. 어떤 상황에서도 평정심, 인내, 친절, 수용, 정의, 투지, 자제력 등의 가치관을 굳게 지켜야 합니다.

현재 가치관을 지키고 마음가짐을 따르는 삶을 산다면 우리는 꼭두각시가 되지 않을 수 있습니다. 그런 삶은 저절로 이루어지지 않고 많은 노력이 필요하지요. 스토아 철학의 뜻을 품은 우리는 괴로운 일마다 휘둘리지 않고 열심히 노력해서 자신의 주인이 되기로 선택하면 됩니다.

"스스로 노인이라고 생각하라. 네 정신이 이제 더 이상 노예로 살아가게 하지도 말고, 온갖 충동에 끌려다니는 꼭두각시가 되게 하지도 말며, 현재의 운명에 불만을 품거나 미래에 닥칠 운명을 두려워하지도 말라." 이처럼 마르쿠스는 큰 틀을 정했습니다. 우리는 이렇게 활용해볼까요? **'우리는 성숙한 인간이고 외적인 일이나 타인에게 더 이상 휘둘리지 않을 것이다. 온갖 충동에 꼭두각시처럼 끌려다니지도 않을 것이며, 또한 현재의 순간에 불만을 품거나 미래에 대해 두려워하지도 않을 것이다.'**

다시 삶의 주도권을 되찾을 때입니다.

우리는 마음의 평화를 지켜내야 합니다.

"가장 먼저 해야 할 일은 흥분하지 않는 일이다"라고 하면서 마르쿠스는 평정심을 유지해야 함을 스스로 되새겼습니다. 일단 자신의 중심을 잡고 나면 가치관에 유념하면서 당면한 일이 무엇인지 깊이 생각해보아야 합니다. 그런 다음 친절, 겸손, 성실함으로 적절한 행동을 취해야 합니다.

첫째, 화를 내서는 안 됩니다. 둘째, 적절한 행동을 취합니다. 이 두 가지 순서만 지키면 됩니다.

상황을 인식한다면 언제나 그 상황을 이용할 수 있습니다. 먼저 화를 내지 않도록 합니다. 그런 다음 내가 가진 가치관에 유념하면서 상황을 객관적으로 살펴봅니다. 그리고 그 가치관에 맞춰 행동합니다.

이런 과정은 우리가 충동과 인상을 인식하고 판단하여 외부에 휩쓸리지 않고 뒤로 물러설 수 있게 해줍니다. 외적인 일에 경솔하게 반응하지 말고 평정심을 유지하세요, 그러면 우리는 꼭두각시처럼 휘둘리지 않을 것입니다.

원칙 30

삶은 도전적이어야 한다

"어려움은 사람의 인격을 보여준다. 어려움이 닥치면 신이 복싱 트레이너처럼 당신을 젊은 연습 상대와 붙여놓았다고 생각하라. 왜? 올림픽 출전 선수가 되기 위해서는 땀을 흘려야 하기 때문에! 자신보다 더 나은 도전은 없다. 운동선수가 젊은 연습 상대를 활용하듯이 당신도 자신을 활용하라."

에픽테토스

우리는 어떤 상황에 대해 금방 불평을 합니다.

누가 그 세상이 공평할 것이라고 했나요? 누가 인생이 쉽다고 했나요? 아무도요. 그래서 우리가 운명처럼 여기에 있는 것이지요. 그렇게 우리는 더 나아지고, 그렇게 우리는 인내와 끈기를 배우고, 또 그렇게 성숙한 인간으로 성장합니다.

"만일 사자, 히드라, 수사슴, 멧돼지, 악랄하고 야만적인 인간들이 없었더라면 헤라클레스는 어떻게 되었을까? 이런 도전이 없었다면 그는 무엇을 했을까?"

에픽테토스가 제시한 이런 헤라클레스의 사례는 반복해서 언급할 가치가 있습니다. 그는 또 이렇게 말했습니다. "헤라클레스는 그저 이불을 둘러쓰고 잠을 청했을 것이다. 코나 골며 삶을 호화롭고 편안하게 살았다면, 그는 전능한 헤라클레스가 되지 못했을 것이다. 설령 헤라클레스가 되었다한들 자신을 어떤 일에 쓸 수 있었겠는가? 만약 여러 위기나 상황이 그를 자극하지 않았다면 그 튼튼한 팔과 몸, 고귀한 정신을 어디에 사용했겠는가?"

삶이 힘들기를 바라지 말고, 또 힘들 때 삶이 더 수월해지기를 바라지도 말아야 합니다. 오히려 힘든 삶에 대처할 힘을 얻길 바라야 합니다. 힘든 삶은 성장할 기회이고, 우리에게 도전하는 젊은 연습 상대와 같습니다. 그 상대가 우리를 그냥 시험하고 있을 뿐이지요.

이런 질문을 스스로 해보세요. **'나는 도전을 어떻게 하는가? 나는 도전을 받아들이고 정면으로 맞설 준비가 되었나? 아니면 곤경에 처하자마자 포기해버리는 사람인가?'**

스토아학파의 조언대로 우리는 그 문제를 해결하려고 여기에 있습니다. 삶은 힘들어야 합니다. 이런 도전과 마주할 필요가 없다면 더욱 불행한 일입니다. 세네카의 말을 깊이 새겨두세요. "당신이 결코 불행한 적 없었기 때문에 나는 당신이 불행하다고 여긴다. 당신은 역경 없이 삶을 살아왔다. 그래서 누구도, 심지어 당신조차도 자신이 무엇을 할 수 있는지 모른다."

스토아학파는 삶에 몰두했습니다. 그들은 우리가 성장할 곳은 도전하는 삶이지 상아탑이 아니란 사실을 잘 알았지요. 이제 힘든 상황과 마주치면 성장할 기회로 받아들이면 됩니다. 걱정할 필요가 없지요. 성장만 할 수 있을 테니까요. 어쩌면 나중에 감사하게 여길 소중한 경험이 될 것입니다.

문제는 삶이 우리에게 시련을 던져주느냐가 아니라 언제 그런 일이 일어나느냐, 우리가 어떻게 그 일에 반응하느냐입니다.

성장에 중심을 두고 긍정적으로 반응하여 문제를 해결할 건가요? 아니면 어려울 듯한 낌새가 나타나자마자 불평하고 포기할 건가요? 삶의 시련을 배울 기회로 삼고 더 강해질 건가요? 아니면 좌절감에 빠져 눈물을 흘릴 건가요?

삶이 힘들면 여기서 스토아 철학을 배우는 이유를 되새겨보세요. 그러면 더 강해질 수 있습니다.

원칙 31

지금 이 순간에 집중하라

"당신의 전 생애를 생각하며 괴로워하지 말라.
과거에 일어났거나 미래에 일어날지도 모를 여러 고난을
한꺼번에 걱정하지 말라.
현재에 일어난 일마다 이렇게 자문하라.
'이 일에서 내가 견뎌낼 수 없는 것이 무엇인가?'"

마르쿠스 아우렐리우스

스토아 철학의 중요한 역할은 우리로 하여금 매순간의 인식을 높여 한 걸음 뒤로 물러나 상황을 객관적으로 살펴보고, 외적 인상을 분석하고, 유용한 것을 실행할 수 있게 한다는 점입니다.

정신없이 바쁜 순간에는 당면한 일에 집중하기 어렵고 삶의 엄청난 무게 때문에 길을 잃기가 쉽지요. 우리는 불확실한 미래의 먼 일까지 내다보다가는, 확실하고도 지나가버린 과거로 다시 돌아가곤 합니다. 우리가 삶에 압도당하는 것도 당연합니다.

과거와 미래는 우리가 통제할 수 없는 일이란 것을 잊지 마세요. 과거와 미래는 스토아학파에게 중요하지 않은 일입니다. 마르쿠스가 말했듯이, 모두가 소유하는 것은 현재의 순간입니다. **"아무도 과거나 미래를 잃을 수 없다. 지금 소유하지도 않는 것을 어떻게 빼앗길 수 있겠는가?"**

과거는 바꿀 수 없게 지나가버렸습니다. 미래는 지금 우리가 취하는 행동에 의해서만 영향을 받고요. 스토아학파는 현재를 유념하고, 실제적이며 완전히 파악할 수 있는 것에 집중해야 한다고 말했습니다.

우리가 완전히 통제할 수 있는 건 결국 이 순간입니다. 우리는 바로 지금 자신이 내린 선택을 통제할 수 있습니다. 독자 여러분은 지금 이 책을 읽기로 선택했습니다. 제가 쓰기로 결정했던 책 말이에요.

우리의 자발적인 사고와 행동이야말로 우리가 유일하게 통제할 수 있는 일입니다. 그것도 지금 이 순간에만.

매순간 최고의 자아를 발휘하고 싶다면 현재의 순간 우리의 행동을 인식해야 합니다. 이런 마음가짐이 스토아 철학을 실천하기 위한 필수 조건입니다. 그런데 문제는 **우리가 과거나 미래에 대한 사고에 휩쓸려버린다는 점입니다. 그러는 동안 지금 이 순간이라는 현실을 인식하지 못하지요.** 이것이 우리가 삶에 압도당하는 주된 이유입니다. 동물과 달리 우리는 통제할 수 없는, 오래전에 지나갔거나 아직 오지 않은 일에 대해 걱정합니다. 이에 관한 세네카의 말을 깊이 새겨두세요. "야생 동물은 위험을 보면 도망친다. 그리고 그 위험에서 벗어나기만 하면 불안감은 사라진다. 그러나 우리는 미래와 과거 때문에 고통을 받는다."

세네카가 말했듯이, 현재만으로는 우리가 비참해지지 않습니다. 그러니 우리는 삶에 압도당할 때 자신을 파악하려 노력해야 하고 이렇게 질문해보아야 합니다. "바로 지금, 바로 이 순간, 당면한 과제는 무엇인가? 왜 견딜 수 없는 듯 보이는가?"

우리가 현재의 순간에 집중할 수 있다면 그 순간을 개별적인 방식으로 살펴보세요. 그러면 이 힘든 순간을 견뎌내고 대처하기가 갑자기 쉬워질 것입니다. 힘든 순간을 있는 그대로 받아들이고, 상황을 개선하고 최대한 이용하기 위해 지금 당장 할 수 있는 일에 집중할 수 있습니다.

한 번에 한 걸음씩, 조금이라도 노력하세요. 지금 이 순간에 다시 집중하는 일이 능숙해질수록 매순간의 행동에 더욱 유념하게 되고 최고의 자아를 발휘하는 일에 더욱 가까워질 것입니다.

마르쿠스 아우렐리우스가 말했듯이, 우리에게는 다음과 같은 실천이 필요합니다.

- ♣ **지금 이 순간에 해야 할 판단의 확실성** 상황이 객관적으로 어떻게 보이는가?
- ★ **지금 이 순간에 해야 할 외적인 일에 대한 수용** 통제할 수 없는 일을 받아들이고 만족해야 한다.
- ♣ **지금 이 순간에 해야 할 공공의 이익을 위한 행동** 내가 지금 취할 수 있는 최선의 행동은 무엇일까?

스토아 철학에 뜻을 품은 우리는 현재의 순간에 집중하도록 노력해야 하며, 과거나 미래에 정신이 팔려서는 안 됩니다. 그런 노력이 우리가 외적 인상에 도전하여 상황을 객관적으로 살펴보고, 평정심으로 통제할 수 없는 일을 받아들이고, 지혜 · 정의 · 용기 · 절제 같은 깊은 가치관에 따라 행동하기로 선택할 수 있는 유일한 방법입니다. 그리고 그런 노력이면 충분하지요.

원칙 32

지금 누리는 것에 감사하라

"당신이 소유하지 않은 것을 소유하고 있는 듯 생각하지 말라.
오히려 소유한 것들 가운데 제일 좋은 것에 감사하고, 만일 이마저도
갖지 못했다면 얼마나 갈망했을지 반성해보라.
그리고 이것을 잃어버리더라도
괴로워지는 일이 없도록 주의하라."

마르쿠스 아우렐리우스

힘든 시기에는 자신이 현재 무엇을 소유하고 있는지를 떠올리면 도움이 될 수 있습니다. 우리가 사실 얼마나 좋은 것을 가지고 있는지, 과거에 삶이 얼마나 원만했는지를 종종 잊기 때문이지요.

역경에 처하더라도 현재 소유하고 있는 것에 감사하는 마음을 잊지 말아야 합니다.

마르쿠스는 다음 세 가지를 우리에게 일깨웁니다.

♣ 물질적인 것은 중요하지 않으니 물건을 모아서 쌓아두지 말라.

★ 현재의 모든 소유물에 감사하라.

♣ 소유물에 집착하지 않도록 주의하라.

다른 사람이 무엇을 소유하고 있건 무슨 상관인가요? 무엇이 진정

으로 중요한가, 또 안 중요한가는 스스로 결정할 수 있습니다. 자신에게 집중하고 삶이 얼마나 원만했는지를 떠올려보세요. 우리는 물건이 더 많이 필요하지 않고, 또 거의 필요하지도 않습니다. 그런 삶을 받아들이면 우리는 더 자유로워질 것입니다.

우리는 더 많이 소유할수록 더 많이 잃게 됩니다. 현재 소유한 것에 고마워하고, 이미 가진 것을 활용할 방법을 찾으세요.

에픽테토스는 다음과 같은 신성한 법칙을 우리에게도 아낌없이 나눠줍니다. "그 신성한 법칙은 무엇인가? 자신의 소유물을 지키고 남의 것을 요구하지 말고 주어진 것을 사용하는 것이다. 자신에게 주어지지 않은 것은 바라지 말고, 물건을 빼앗기면 즉시 포기하며 그것을 사용할 수 있었음에 감사하는 것이다."

> 소유하지 않은 것을 바라지 말고 현재 소유한 것에 감사하라. 자신에게 주어진 것을 늘 돌려줄 준비를 하고 소유물로 사용할 수 있었던 시간에 고마워하라.

정말 간단한 법칙이 아닌가요? 이 법칙을 우리의 마음속에 깊이 새겨둡시다. 세네카도 다음과 같이 동의합니다. "인류의 가장 큰 축복은 우리 마음에 있다. (…) 현자는 무엇이건 가지지 못한 것을 바라지 않고 자신의 몫에 만족한다."

우리는 늘 그런 감사하는 태도를 간직해야 합니다. 우리가 지금 소유하는 모든 것과 앞으로 나아가는 길에서 생기는 모든 것에도 감사해야 합니다.

감사하는 마음은 평소에 늘 가져야 합니다. 감사하는 마음을 구체적인 글로 매일 조금씩 써보는 일을 해볼 수 있습니다. 오전 일과에 마르쿠스의 다음과 같은 말을 추가해보세요. **"아침에 일어나면 살아 있는 것, 숨 쉬고 사색하고 즐기고 사랑하는 것이 얼마나 귀중한 특권인지 생각하라."**

우리는 주어진 것에 집착하지 않아야 합니다. 그 모든 것은 자연으로부터 빌렸을 뿐이며 순식간에 빼앗길 수 있습니다.

원칙 33

남에게 대입해보라

"우리는 공통된 경험을 상기하여 자연의 뜻에 익숙해진다.
친구가 유리잔을 깨뜨리면 우리는 재빨리 '아, 운이 나빴어'라고 말한다.
그렇다면 나 자신이 유리잔을 깨뜨릴 때도
그 상황을 똑같은 인내심으로 받아들이는 것이 타당하다.
비슷한 손실이 타인들을 괴롭힐 때
나 자신이 어떻게 반응하는지 기억하는 것이 좋다."

에픽테토스

똑같은 사건이 다른 사람이 아닌 나에게 일어나면 나는 그 사건을 얼마나 다르게 볼까요?

동료가 컵을 깨뜨리면 우리는 그 일을 대수롭지 않게 받아들이고 독일 속담에 나오듯 '파편이 행운을 가져온다고 생각해'라거나 '개 같은 일들이 일어나기도 하지, 내가 치우는 것을 도와줄게!' 하고 말할 수도 있습니다.

그러나 그 일이 나 자신에게 일어나면 우리는 자신을 어설프거나 무능한 존재로 재빨리 판단해버리지요. 당연히 불운이 자신이 아닌 다른 사람에게 일어나면 당황하지 않고 평정심을 유지하기가 훨씬 쉽습니다. 어떤 일이 나에게 영향을 준다면 타인에게 영향을 줄 때와 똑같이 반응하는 것이 더 현명하지 않을까요? 다시 말해, 우리는 특별하지 않다는 뜻입니다. 왜 우리는 나 자신에게 안 좋은 일이 생기면 사소한 문제를 크게 만들면서 타인에게 그런 일이 일어나면 웃으며 가볍게 넘기려고 하는 걸까요?

세상이 우리를 다른 사람들과 다르게 대할 리도 없고 우리만 쫓아다니는 것도 아니지요. 어떤 일이 때로는 나에게 일어나고 또 때로는 다른 사람에게 일어날 뿐입니다. **우리에게 일어나는 일들은 흔한 것들입니다.** 그런 사실로 위안을 얻으세요.

이제 우리에게 불편한 일이 생기면, 그 일이 타인에게 일어났다고 상상해보세요. 예컨대, 동료에게 똑같은 일이 일어났을 때 우리가 어떻게 반응할지를 자문해봅시다. 동료에게 그런 일이 일어났을 때 끔찍하지 않다면 우리 자신한테도 끔찍한 일이 아닙니다. 이런 방법으로 우리는 모두에게 일어나는 '안 좋은' 일이 상대적으로 무의미하다는 사실을 인식하게 될 것이고, 그에 따라 평정심도 잃지 않게 될 것입니다.

에픽테토스는 한 걸음 더 나아가 이렇게 말했습니다. "더 중요한 일로 옮겨가보라. 누군가의 아내나 자녀가 세상을 떠나면 우리는 모두 그 사람에게 '인생에는 그런 일도 생기지'라고 상투적으로 말할 것이다. 그러나 내 가족이 그렇게 된다면 우리는 바로 '불쌍해, 불쌍해서 나 이제 어떡해!'라고 할 것이다."

왜 동료가 남편을 잃었을 때는 그리 나쁘지 않은 일이 내가 남편을 잃었을 때는 최악의 상황이 되는 걸까요? 물론 사랑하는 사람의 죽음을 컵이 깨진 상황처럼 가볍게 다룰 수는 없습니다. 그러나 타인에게 그런 일이 생길 때 우리의 반응에 대해 생각해보는 것은 도움이 될 수 있지요. 이런 태도는 우리에게 일어나는 일이 타인에게도 일어난다는 것을 일깨워줍니다.

마찬가지로, 타인에게 일어나는 일이 내게도 일어난다고 생각하면 타인을 이해하고 공감하는 데 도움이 될 수 있습니다. 우리는 때때로 누군가를 보며 과잉 반응이라고 판단하며 그 감정을 무시하곤 합니다. 그러나 그와 똑같은 일이 우리에게 일어난다고 생각해보세요! 우리도 똑같이 취급당하거나 더 나쁠 수도 있지요. **안 좋은 일이 생겼을 때는 그 일이 타인에게 일어날 때 내가 어떤 반응을 보일지 생각해보세요. 그러면 평정심을 유지할 수 있게 됩니다. 또한 불운에 대한 타인의 반응을 판단하기 전에 그 불운에 대한 자신의 반응을 생각해보세요. 그러면 타인을 더욱 이해할 수 있게 됩니다.**

원칙 34
높은 곳에서 내려다보듯 바라보라

"플라톤의 말은 참으로 훌륭하다. 사람들에 관해 논하는 사람은 집회, 군대, 농사, 결혼, 이혼, 탄생, 사망, 법정의 소란, 황무지, 다양한 야만족, 축제, 애도, 장터 같은 지상의 사물들을 마치 높은 곳에서 내려다보듯 바라보아야 한다. 이런 모든 것의 혼합과 상반된 것들의 잘 배열된 결합이라는 면에서 바라보아야 한다."

마르쿠스 아우렐리우스

정말 좋은 훈련이 아닌가요? 내 몸을 떠나 하늘 위에 떠 있는 모습을 상상해보세요. 더 높이 올라가 나를 비롯해 자신의 집, 이웃, 주변 사람들, 호수와 강이 있는 도시 등을 내려다보세요. 내 몸이 작은 씨앗처럼 보일 때까지, 그리고 더 나아가 내 나라, 바다, 지구 전체까지 볼 수 있도록 더 높이 올라가보세요.

이런 훈련으로 우리는 자신을 세상의 한 부분으로 인식할 수 있습니다. 모든 인간을 멀리서, 처음에는 새처럼 하늘에서, 다음에는 우주비행사처럼 우주에서 바라보는 겁니다.

마르쿠스가 말했습니다. "당신은 방해물 가운데 많은 쓸모없는 것들을 없앨 수 있다. 그러한 방해물은 완전히 상상속에 존재하기 때문이다." 우리는 멀리서 바라보는 이런 관점으로 문제들을 대부분 해결할 수 있습니다. 인간의 이런저런 일들과 자신의 불행은 이런 관점에서 보면 사소하게 보이지요.

"영원한 시간을 숙고하고, 모든 개별적인 사물의 신속한 변화를 생각하고, 생성되었다가 소멸하는 기간이 얼마나 짧으며 생성 이전의 시간과 소멸 이후의 시간은 얼마나 무한하고 끝없는가를 새긴다."

우리는 자신의 문제들을 대수롭지 않게 여기고 빠르게 해결할 뿐만 아니라 사물의 덧없음도 깨닫게 됩니다. 우리는 매우 작고 덧없는 존재입니다. 이에 관해 마르쿠스는 이렇게 말했지요. "시간과 공간 전체를 끊임없이 그려보라. 모든 개별적인 사물은 공간적 측면에서는 작은 씨앗에 지나지 않고, 시간적 측면에서는 나사를 한 번 돌리는 정도에 지나지 않는다는 사실을 잊지 말라."

이제 불행하다는 생각이 들 때는 높은 곳에서 내려다보듯 바라보세요.

우리는 종종 자신의 마음에 사로잡힙니다. 그래서 일을 망쳤고 큰 문제가 생겼다고 여기지요. 우리는 생각에 빠져 그 틀에 갇혀 있다는 인식을 하지 못합니다. 당면한 문제에만 집중하느라 그 문제가 세상에서 가장 중요한 일 같지요. 마치 심각한 문제라도 생긴 것처럼 말이에요.

이때 그런 문제를 높은 곳에서 내려다보듯 바라보세요. 우주의 광활함에 비하면 우리의 심각한 문제는 완전히 하찮은 일이 됩니다. 그러면 우리는 사물을 균형 있는 시각으로 보고, 더 큰 그림을 그릴 수 있습니다. 또한 재물, 외모, 사회적 지위 등 다른 사람들이 잘못 평가하는 외적인 일에 무덤덤해질 수 있습니다.

원칙 35
세상 일은 늘 같음을 기억하라

"이 세상에 일어나는 모든 일은 봄에 피어나는 장미나 여름에 맺히는 과일처럼 단순하고 익숙하다. 질병, 죽음, 신성 모독, 음모… 그 외에 어리석은 사람들을 행복하게 하거나 화나게 하는 모든 것들도 그러하다."

마르쿠스 아우렐리우스

"한 세대가 가고 또 한 세대는 오되, 땅은 영원히 있도다." 마르쿠스 아우렐리우스가 했던 이 말은 사실 성경에서 비롯되었습니다.

세상은 늘 똑같았습니다. 인간은 자신들이 하는 일을 여러 세대에 걸쳐 해오고 있었지요. 어떤 태도와 관습들은 나타나고 사라졌지만 결혼하고, 아이들을 키우고, 병에 걸리고, 죽고, 싸우고, 울고, 웃고, 연회를 열고, 시늉하고, 투덜대고, 사랑에 빠지고, 갈망하고, 철학적으로 사색하는 등 사람들과 삶은 늘 똑같았습니다.

새로운 것은 없습니다. 세상의 일들은 열 세대 전과 같고 미래의 세대도 마찬가지일 것입니다. 세네카, 에픽테토스, 마르쿠스 아우렐리우스는 2천 년 전에도 우리가 지금 겪고 있는 분투를 똑같이 겪었습니다. 그래서 그 철학자들의 글이 오늘날에도 여전히 의미가 있는 것이지요. 마르쿠스는 세상의 모든 일이 계속 반복되고 있음을 다음과 같이 일깨워줍니다. "악은 무엇인가, 지금까지 자주 보아온 것이다. 무슨 일이 일어나든 그것은 자주 보아온 일임을 잊지 말라. 세상의 한쪽 끝에서 다른 쪽 끝까지 어디를 보아도 동일한 것이 있다. 이 동일한 것이 고대에서 지금까지의 역사를 가득 채우고 있고 현재의 도시들과 집들도 가득 채우고 있다. 새로운 것은 하나도 없다."

사람들은 지금 일어나는 일이 특별하다고 쉽게 믿습니다. 그러나 의지가 강한 우리는 이런 생각을 거부해야 하며, 몇 가지를 제외하고는 상황은 늘 똑같았고 앞으로도 그럴 것이라고 인식해야 합니다. 세상의 일은 옛날과 마찬가지라고 말이에요.

우리는 옛날에 살았던 사람들과 다르지 않습니다. 우리가 사라지고 우리 같은 다음 세대들이 나타날 때까지 잠시 머물고 있을 뿐이지요. 이 땅은 영원히 있으나 우리는 왔다가 떠날 것입니다.

상황을 너무 심각하게 받아들이기 전에 우리에게 일어나는 일은 특별하지 않다는 사실을 기억하세요. 우리 이전에 무수히 많은 사람들이 똑같은 일을 경험했고 또 우리가 세상을 떠나면 더 무수히 많은 사람들이 똑같은 일을 경험할 것입니다. 이런 생각으로 우리는 세상을 균형 있는 시각으로 볼 수 있습니다. 그리고 자신과 모든 것을 너무 심각하게 받아들이지 않도록 해야 합니다. 세상의 일은 옛날과 마찬가지입니다.

이런 생각은 우리가 사소한 일에 놀라지 말아야 하는 이유이기도 합니다. 사소한 일들도 반복해서 일어난다는 것을 알아둡시다. 상황이 좌절시키고, 사람들이 세상을 떠나고, 경기에서 지고, 실패하는 등의 일들은 봄에 피어나는 장미나 여름에 맺히는 과일처럼 늘 반복될 것입니다.

원칙 36

객관적으로 관찰하라

"눈앞에 고기나 그런 음식이 놓여 있을 때,
우리는 이것이 물고기의 주검이고 새나 돼지의 주검이라는 인상을 받는다.
또한 팔레르노 포도주는 작은 포도의 즙에 불과하고 이 자주색 옷은 조개를
염료로 염색한 양모에 지나지 않는다는 인상을 받는다. 동침할 때에는 내적
소모와 경련에 따르는 정수의 사출에 불과하다는 인상을 받는다.
이러한 인상들이 사물 자체에 도달하고 사물 자체에 침투함으로써
우리는 그 사물이 진정 무엇인지 알게 된다."

마르쿠스 아우렐리우스

스토아학파는 사물이나 상황을 가능한 객관적으로 보라고 조언합니다. 사실을 그대로 말하고 사건을 가능한 객관적이고 사실에 가깝게 설명해야 합니다. 그것이 전형적인 스토아 철학자의 사고입니다. 다시 말해, 사건 자체는 객관적이지요. 다만 우리가 사건에 대한 자신의 판단으로 의미를 부여할 뿐입니다.

마르쿠스는 사물의 기본적인 구성 요소를 살펴보라고 말합니다. 외적인 일에 너무 많은 중요성을 부여하지 않기를 바라면서요. (참고로, 동침에 관한 이야기는 점잔을 빼려는 의도가 아니라 욕구 자체를 위한 욕구의 억제로 의도된 말입니다. 마르쿠스는 자녀를 열셋 두었습니다.)

우리는 사물을 있는 그대로 보아야 합니다. "사물을 벗겨놓고 그 무

가치함을 보며, 이 사물을 추켜세우는 말들을 박탈해야 한다."

우리는 외적인 일을 그 자체로 보고 이렇게 분석해야 합니다. "그 일의 인상을 완전히 바꾸어 어떤 것인지를 확인하고, 노년 · 질병 · 죽음으로 어떻게 되는지를 보라."

마르쿠스는 사물의 인상을 완전히 바꾸어 신중하게 살펴보았습니다. 그는 황제인 자신의 복식을 "조개를 염료로 염색한 양모"라고 언급했습니다. 그 옷은 값이 비쌀지는 모르나 악취가 나는 뿔고둥의 혈액을 추출하여 염색한 양모일 뿐입니다. 그간 글을 눈여겨보았다면 이 염료는 제논이 스토아 철학을 창시하기 수년 전에 난파선에서 잃어버린 물건이었다는 사실이 기억날 것입니다.

사물은 사실 귀중할 수 있으나 객관적으로 살펴보면 퍽 쓸모없어집니다.

마르쿠스는 가능한 최선의 방법으로 삶을 살아가라고 조언합니다. 그럴 수 있는 힘은 우리의 영혼 속에 간직되어 있습니다. 우리의 영혼이 외적인 일에 무덤덤해질 수만 있다면 말입니다. 우리의 영혼이 "외적인 일들을 개별적으로 보든, 총괄적으로 보든, 그리고 외적인 일들이 우리의 마음속에 자체의 판단을 형성하지 못한다는 사실을 명심한다면" 무덤덤해질 수 있을 거예요.

무엇보다도, 사물을 사실 그대로 객관적으로 본다면 우리는 최고의 자아를 발휘할 수 있습니다. 사물은 완전히 무의미하고 그 사물에 가치와 의미를 부여하는 것은 우리의 가치 판단일 뿐임을 명심해야 합니다.

스토아 철학의 관점에서, 우리는 사물을 모든 각도에서 보면 상황을 더 잘 이해하게 됩니다. 흔히 외적인 일을 객관적으로 나타내면 우리는 그 일을 명확하게 볼 수 있으며 또 거기에 의미를 너무 많이 부여하지 않을 수 있습니다.

삶의 도전을 받고 힘이 들면 상황을 객관적으로 보려고 해보세요. 사물의 인상을 완전히 바꾸고 그대로 벗겨내어 알기 쉽게 해석해보세요. 가능한 사실 그대로 이렇게 질문해보세요. **'이 일은 어떻게 보이는가? 어떤 요소로 구성되어 있는가? 얼마나 오래 지속될까?'**

원칙 37

인상을 따져보고 경솔함을 피하라

"그러니 모든 강렬한 인상에 대해 즉시 '당신이 가진 건 고작 인상일 뿐, 그 인상의 원천은 아니다'라고 말하라. 그런 다음 그 인상을 당신의 기준으로 검사하고 평가하라. 다만 먼저 해야 할 일이 하나 있다. '이것이 내가 통제할 수 있는 것인가, 그렇지 않은 것인가?'라고 묻는 것. 당신이 통제할 수 있는 게 아니라면, '그러면 그건 내 관심사가 아니다'라고 반응할 준비를 하라."

에픽테토스

우리는 자연스럽게 기분 좋은 것에 접근하고 기분이 나쁜 것을 피하도록 진화되었습니다. 그것이 우리의 생존 본능이며, 일상생활에서 우리의 행동에 큰 영향을 미칩니다.

그런 본능이 우리가 일을 미루는 주요 원인이지요. 운전할 때 끼어드는 다른 운전자에게 욕을 하는 이유이기도 하고요. 어떤 자극이 외적 인상을 유발하면 우리는 그에 따라 행동합니다. 대부분은 다음과 같이 자동으로 일어납니다.

- 다른 운전자가 끼어들면 고함 친다.
- 할머니가 쿠키를 주면 먹는다.
- 형이 TV를 보고 있으면 덩달아 앉아서 본다.

이런 행동들의 문제는 무엇일까요?

우리의 감정을 자극하는 인상은 오늘날 세상에서 역효과를 낳습니다. 기분이 좋아지는 일을 접하기만 하면 우리는 넷플릭스 몰아 보기, 초콜릿 폭식하기, 폭음하기 등으로 결국 삶을 낭비하고 맙니다.

요컨대, **옳다고 느끼는 것은 종종 올바른 일이 아닌 것이지요.**

앞서 배웠듯이, 스토아 철학에 뜻을 품은 우리는 최선의 행동을 신중하게 선택하고자 합니다. 그러니 외적 인상에 충동적으로 반응하지 않고 반응하기 전에 잠시 시간을 내는 것이 중요합니다. 그러면 자신의 통제력을 유지하는 것이 훨씬 쉬울 것입니다.

행동할 때 경솔함을 피해야 합니다. 에픽테토스가 말했습니다. "선명한 인상에 빠져들지 말고 이렇게 말하라. '인상이여, 잠시 기다리게. 네가 무엇인지, 무엇을 나타내는지 살펴보게 해주게. 너를 따져보게 해주게.'"

우리의 감정을 자극하는 인상을 이렇게 따져보세요. 이 일이 정말 그렇게 나쁠까요? 정확히 무슨 일이 있었던 걸까요? 내가 정말 그 길로 가고 싶은 걸까요? 왜 나는 마음속에 그런 강한 충동을 느낄까요? 나는 이 사람에 대해 무엇을 알고 있나요?

잠시 멈추고 그런 질문을 할 수 있다면 인상에 빠져들어 경솔한 행동을 하는 일이 거의 없을 것입니다. 이는 모두 자동 반응을 억제하는 일입니다. 이제 자신의 충동적인 인상을 받아들이지 말고 먼저 그 인상을 따져보세요.

다만 이런 일은 쉽지 않습니다. 인상을 따져보고 싶다면, 뒤로 물러나 그 인상을 그저 가설로 보기를 바란다면, 맨 처음에 그 인상을 **찾아**

낼 수 있어야 합니다. 그때 자기 인식이 필요하지요.

이 과정은 두 단계로 정리할 수 있습니다.

1. 인상을 찾아내어 바로 빠져들지 않도록 한다.
2. 인상을 살펴보고 다음에 무엇을 할지 침착하게 결정한다.

"인상이여, 잠시 기다리게"라고, 격정적인 인상에 대한 반응을 미루는 능력은 아레테를 추구하며 살아가기의 기본입니다. 그리고 기분이 좋아지는 일을 삼가고 기분이 좋아지지 않는 일을 할 수 있는 유일한 방법이기도 합니다.

경솔함을 피하고 필요한 자제력을 지닐 수 있다면 우리는 다른 사람들이 거부할 수 없는 일을 거부하고 다른 사람들이 하기를 두려워하는 일을 할 수 있는 사람이 됩니다. 우리는 계속 인상을 따져봄으로써 날 화나게 하거나 기쁘게 하는 것은 사건 자체가 아니라 그에 대한 내 반응임을 깨닫게 될 것입니다. 사소한 불편에 전혀 반응하지 않기로 한다면 우리는 마치 아무 일도 일어나지 않은 것처럼 더이상 마음을 쓰지 않을 거예요.

반응하기 전에 시간을 벌고 기다린다면 본능적으로 즉시 반응할 충동을 거부할 수 있습니다. 이런 충동적인 반응은 대부분 도움이 되지 않습니다. 충동적인 반응을 거부하면 경솔한 감정 반응을 피할 수 있습니다. 그런 다음에 우리가 할 수 있는 일이 있는지 없는지를 따져보아야 합니다. 통제할 수 없는 일은 우리가 할 수 없는 일이니 마음을 쓰지 말아야 합니다.

우리는 나 자신의 반응만을 통제할 수 있습니다. 따라서 가장 현명한 반응(무반응)을 선택하고 다음으로 넘어가야 합니다. 쾌락의 인상을 다루는 에픽테토스의 전략에 귀를 기울여볼까요? "어떤 쾌락의 인상에 사로잡혔을 때, 다른 인상의 경우와 마찬가지로 그 인상에 휩쓸리지 않도록 자신을 경계하라. 오히려 그 인상이 당신의 행동을 기다리게 하고 또 당신 자신에게 생각할 수 있도록 여유를 주어라. 그다음에 이 두 시기를 상기하라. 첫째는 당신이 그 쾌락을 즐길 때이고, 둘째는 그 쾌락을 즐긴 다음 당신이 후회하고 자책하게 되는 때이다. 이런 시기를 비교하고 멀리했을 때 당신이 얼마나 기뻐하고 만족할지를 상기하라."

요컨대, 반응하기 전에 이렇게 말해보세요. "인상이여, 잠시 기다리게… 너를 따져보게 해주게."

원칙 38

선을 행하고 선한 사람이 되어라

"영원히 살 것처럼 행동하지 말라.
죽음이 닥쳐오고 있다.
살아 있는 동안, 아직 능력이 있을 때 선한 사람이 되어라."

마르쿠스 아우렐리우스

우리는 이 책을 왜 읽고 있는 걸까요?

스토아 철학을 배웠다고 명예훈장 같은 상을 받지는 못할 것입니다. 아무도 우리가 무슨 책을 읽는지, 고대 철학에 대해 무엇을 알고 있는지 전혀 신경 쓰지 않지요. 우리 역시 혼자 읽기 때문에 누가 관심을 기울이든 개의치 않습니다. 최고의 자아가 되려고 노력하고 싶고, 삶의 도전에 잘 대처하길 바라고, 행복하고 원만하게 흘러가는 삶을 살고 싶으니까요.

바로 그 점이 핵심입니다. "철학은 겉으로 드러내는 것이 아니라 필요한 것에 주의를 기울이고 마음속에 깊이 간직하여 성찰하는 것이다." 무소니우스 루푸스는 이렇게 일깨워줍니다.

중요한 것은 우리가 어떤 존재이고 무엇을 하느냐입니다. 인간을 아름답게 하는 것은 인간의 탁월성이라고 에픽테토스는 말했습니다. 정의, 평정심, 용기, 자제력, 친절, 인내 등의 자질을 발전시키면 우리는 아름다워질 수 있습니다.

아무도 진정한 아름다움을 속일 수 없습니다.

선행과 악행은 우리의 선택에 달려 있습니다. 중요한 것은 주어진 카드로 무엇을 하기로 선택하느냐입니다. 선한 사람이 되려고 하고, 최선을 다하려고 한다면 그 결과는 중요하지 않습니다.

우리는 자신으로부터 선량함을 얻을 수 있습니다. 마르쿠스가 말했습니다. "운이 좋은 사람은 자신에게 행운을 부여하는 사람이다. 행운은 영혼의 좋은 성향, 좋은 충동, 좋은 행동이다."

기쁨은 우리가 의도적으로 선택한 행동으로부터 나옵니다. 좋은 의도의 행동은 마음의 평화를 안겨줄 것이며, 마음의 평화는 행복을 위한 최고의 기회입니다.

올바른 일이기 때문에 선을 행하세요. 대가로 아무것도 기대하지 말고, 스스로 선을 행하세요. 그러면 내가 원하는 최고의 자아가 될 수 있습니다.

정의로운 행동을 했을 때 온 세상이 다 알도록 외치는 사람이 되어서는 안 됩니다. "포도나무가 철이 되면 또다른 포도송이를 맺는 것처럼 다음 행동으로 넘어가야 한다." 마르쿠스는 **'선 그 자체를 위해 선을 행하라'**고 일깨웁니다.

그것이 바로 우리의 본성이고, 우리의 임무입니다.

우리가 무엇을 잘했는지를 알리는 일은 유치한 행동입니다. 어린 시절, 우리 가족 모두에게 도움이 되는 일을 했을 때 저는 모두에게 그 사실을 알렸습니다. 그러나 부모님은 어떤가요? 부모님은 가족들 모르게 매일 가족을 위하는 일들을 합니다. 어렸을 때는 그 모든 것을 당연히 여기고 고마움을 모르지요.

우리는 점점 성숙해지면서 올바른 일을 하고 다른 사람들을 돕는 것이 나의 의무임을 이해합니다. 그 외에 다른 것은 없습니다. 감사의 말이나 인정, 또는 명예훈장을 받기 위해서가 아니라 선행을 의무로서 실천하는 일, 그것이야말로 리더가 하는 일입니다.

"이제 자연이 당신에게 요구하는 것을 수행하라. 할 수 있다면 바로 시작하라. 사람들의 인정을 받기 위해 주위를 둘러보지 말라."

로마의 황제로서 마르쿠스 아우렐리우스는 확실히 우리보다는 더 많은 권력이 있었습니다. 그의 행동은 영향력이 컸지요. 그러나 당시에 세상에서 가장 큰 영향력을 가졌던 그도 "가장 작은 전진에 만족하고 그 결과를 대수롭지 않게 여겨야 한다"고 되새겼습니다.

가능할 때마다 한 걸음씩 앞으로 나아가세요. 어떤 결과가 나오느냐는 중요하지 않습니다.

"당신의 임무는 무엇인가? 선한 사람이 되는 일이다."

이 대답이 가장 간단한 설명이 아닐까요? 이 임무가 쉬운 일이라는 의미는 아니지만 우리가 선한 사람이 되려는 목표를 세운다면 도달할 수 있습니다. 한 번에 하나씩 선행을 해나가면 말이에요.

힘든 인간관계를
위한 원칙

08

우리가 일상에서 자주 겪는 가장 힘든 문제는 인간관계겠지요.

매일 적어도 한 명 이상이 우리를 화나게 하려고 합니다. 그렇다고 이런 사람들을 떼어버릴 수는 없지요. 우리는 사람들과 더불어 삶을 살아가니까요. 우선 가족과 친구들이 있고, 무엇보다 사회적 의무도 있습니다. 스토아 철학은 다른 사람들을 돕고 인류의 행복에 관심을 기울이라고 가르칩니다.

우리는 모두 한 세계의 일원이기 때문에 다른 사람들을 인류애로 대하고 공동체에 헌신해야 합니다. 우리는 서로가 없이는 존재할 수 없는 사회적 관계로 이루어져 있습니다. 무엇보다 다른 사람들에게 베푸는 선행은 우리 자신에게 유익하지요.

마르쿠스가 말했듯이, 사회적 의무를 이행하는 일은 우리에게 행복한 삶을 살 가장 좋은 기회를 줍니다.

그러나 거짓말하는 사람들, 나를 모욕하는 사람들, 내 감정을 상하게 하는 사람들, 내 물건을 훔치는 사람들, 날 화나게 하는 사람들 등등 우리를 무척 힘들게 하는 사람들도 있지요.

그렇다면 우리는 어떻게 사회적 의무를 이행하면서 평정심을 유지하고 다른 사람들과 상호작용을 할 수 있을까요? 그 해답이 바로 다음에 나오는 원칙과 전략들입니다.

원칙 39

우리는 모두 하나의 생명체다

"나는 그러한 사람들로부터 해를 입지 않는다.
나와 비슷한 사람들에게 화를 내거나 그들을 미워하지 않는다.
우리 인간들은 발처럼, 손처럼, 눈꺼풀처럼, 윗니와 아랫니처럼
협력하지 않으면 안 된다.
서로 불리한 행동을 하는 것은 자연에 어긋나는 짓이다.
상호 간에 불리한 행동이란 화를 내고 외면하는 일이다."

마르쿠스 아우렐리우스

마르쿠스는 말했습니다. "항상 우주를 하나의 생명체로 생각하라." 우리는 스스로를 어떤 거대한 생명체의 팔다리로 인식하고 서로 협력해야 합니다. "당신 자신은 하나의 사회 조직을 완전하게 하는 구성 요소이므로 당신의 모든 행동도 그 사회생활을 완전하게 하도록 공헌해야 한다."

우리는 인류의 행복에 공헌할 수 있는 행동을 해야 합니다. 우리는 하나의 생명체에 속하기 때문에 서로 협력해야 합니다. 세네카도 우리가 모두 대자연의 품에서 태어난 형제라는 사실에 동의합니다. 대자연은 우리에게 상호 간의 사랑도 심어주었습니다.

"우리의 동료애는 서로를 떠받쳐 아치형을 이루는 돌멩이들처럼 서로 지탱하지 않으면 허물어질 것이다." **서로를 받쳐주지 않으면 우리**

전체는 무너질 것입니다. 우리는 모두 서로 연결되어 있고 서로 의지하고 있습니다.

가능한 최선의 삶을 살고 싶다면 서로 협력해야 합니다. 우리는 모두 하나의 생명체에 속하므로 타인을 돕고 공공의 복지를 위해야 합니다. 그러면 우리는 모두 행복한 삶을 살 수 있습니다.

타인에게 선행을 베풀고 인내와 친절과 용서와 관대함으로 그들을 형제자매처럼 대해야 합니다. 마르쿠스가 말했듯이, 서로 연결되어 있음을 인식하지 못하고 공공을 위한 행동을 하지 않는다면 우리는 분열된 삶을 살 것입니다. 이는 분리와 부조화로 이어집니다.

우리 인간은 서로를 위해 창조되었다는 사실을 명심하세요. 우리는 손과 눈꺼풀처럼 서로 협력하도록 태어났고, 조화를 이루기 위해 인류에 공헌할 수 있는 행동을 해야 합니다.

마르쿠스의 이 말을 깊이 새겨두세요. "벌 떼에게 유익하지 못한 것은 한 마리의 벌에게도 유익하지 못하다."

원칙 40

고의로 실수하는 사람은 없다

"거짓에 찬동하는 사람이라 해도 그럴 의도는 없었음을 알게 된다.
플라톤이 말했듯이,
'스스로 동의하여 진실을 빼앗기는 사람은 없다.'
그 사람에게는 거짓이 진실처럼 보인 것이다."

에픽테토스

사람들은 자신들에게 옳은 것처럼 보이는 일을 합니다. 사람들이 잘못된 일을 한다면 그 일이 자신들에게 진실처럼 보이기 때문입니다. 그러므로 다른 사람들로부터 무례하고 부당하게 대우받더라도 그들을 비난해서는 안 됩니다. 그들이 고의로 그런 것은 아니니까요. 소크라테스는 말했습니다. **"아무도 자청해서 나쁜 짓을 하지 않는다."**

예수는 십자가를 짊어지도록 강요받고 매를 맞고 모욕을 당한 뒤에도 비슷한 말을 했습니다. 지극히 불쾌하고 고통스러운 상황에도 불구하고 예수는 하늘을 우러르며 이렇게 말했지요. "아버지여, 저들을 용서하소서. 저들은 자기가 하는 일을 알지 못하나이다."

스토아학파에 따르면, 사람들은 가장 좋은 방법이라고 생각하는 대로 행동합니다. 만약 사람들이 거짓말을 한다면, 그 거짓말이 자신들에게 이익이 되리라 여기기 때문입니다. 만약 사람들이 물건을 훔친다면,

그 일이 최선이라고 생각하기 때문이고요. 만약 사람들이 비열하다면, 그들은 왠지 그 방식이 상황을 최대한 활용한다고 느끼기 때문이지요.

이런 사람들은 확고한 지혜가 부족합니다. 그들은 옳은 것과 잘못된 것을 구분하지 못합니다. 그들은 자신들의 행동이 잘못된 일이 아닐까 생각하면서도 계속 그릇되게 해석하고, 또 그릇된 행동이 자신들에게 유리할 것이라고 여깁니다.

요컨대 그들이 고의로 잘못된 일을 행하는 것은 아닙니다. 그저 좀 더 이해하지 못할 뿐이지요.

우리는 이런 사람들에게 인내심을 가져야 합니다. 무소니우스는 우리에게 다음과 같이 일깨웁니다. "어떤 사람들은 예리하고 또 어떤 사람들은 둔하다. 어떤 사람은 더 나은 환경에서 자랐고 또 어떤 사람은 더 나쁜 환경에서 자랐다. 안 좋은 습관에 젖어 있고 제대로 양육을 받지 못한 사람이 가르침에 익숙해지고 단련되기 위해서는 입증과 신중한 교육이 더 필요하다. 건강이 나쁘면 완전히 건강해지려고 많은 치료를 받아야 하는 것과 같다."

우리가 혜택을 누리고 있다는 사실을 잊지 말아야 합니다. 모두가 똑같이 교육받은 것도, 모두가 같은 유전자나 이른 체험 등의 환경을 갖추는 것도 아닙니다. 이런 일들은 한 개인에게 큰 영향을 주지만, 통제할 수 있는 일은 아닙니다.

건강하지 못한 신체가 건강한 신체보다 치유할 시간이 더 필요하듯, 지혜가 많이 부족한 사람은 현명한 부모 밑에서 좋은 교육을 받은 사람보다 이해력을 높이는 데 더 오랜 시간이 필요합니다. 이런 사람들에게 화를 내는 것은 말이 안 되지요. 그 사람들의 잘못이 아닙니다. 그들을 대하는 더 좋은 방법은 모범을 보이는 것입니다. 화를 내며 반응하는 대신 친절하고 이해심 있게 반응해야 합니다. 그들을 비판하는 대신에 그들을 돕고 지지하도록 노력해야 합니다.

잘못된 행동을 하는 듯 보이는 사람들과 마주칠 때마다 성장의 기회로 여겨야 합니다. 자제력, 용서, 친절, 인내라는 미덕을 실천할 수 있으니까요.

마르쿠스는 다음과 같은 사실을 명심해야 한다고 조언했습니다. "플라톤이 말했듯이, 모든 사람은 자신의 의지와는 반대로 진실을 빼앗긴다. 정의, 자제력, 타인에게 베푸는 호의 등과 같은 모든 미덕에 대해서도 마찬가지다. 이런 사실을 계속 명심해야 한다. 그러면 당신은 모두에게 더욱 부드럽게 대할 것이기 때문이다."

원칙 41

자신의 결점을 살펴보라

"타인의 잘못 때문에 화가 날 때는 곧장 당신 자신을 돌이켜보고
자신도 그런 잘못을 저지르고 있지는 않은지 생각해보라.
예컨대 돈이나 쾌락, 보잘것없는 명성 등을 소중히 여기지는 않았는가를
스스로 돌아보라. 그러면 당신은 '이 사람도 압박에 못 이겨서 저지른
것이겠지, 그렇지 않다면 어떻게 그런 잘못을 저지를 수 있겠는가?'라고
생각하게 되고, 화도 재빨리 가라앉을 것이다. 그리고 할 수만 있다면
그가 받고 있는 압박을 없애주도록 하라."

마르쿠스 아우렐리우스

실수는 인간이 하는 일입니다.

우리는 모두 실수를 저지르고 곧 잊어버립니다. 그러면서 우리가 얼마전에 했던 실수를 타인이 똑같이 저지르면 화를 내지요.

사람들은 고의로 실수하지 않습니다. 악의도, 의도도 없이 잘못한 때를 모두 떠올려보세요. 정확한 진실을 말하지 않은 것, 나쁜 정보에 따라 행동한 것, 상사병에 시달리느라 엄청나게 무례하게 군 것, 경청하지 않고 오해하여 정반대의 행동을 한 것……

실수했다고 사람들을 비판해서는 안 됩니다. 우리는 모두 실수를 저지른 경험들이 있으니까요. 에픽테토스는 **"어떤 사람의 잘못으로 기분이 상하면 자신을 돌아보고 자신의 결점을 살펴보라. 그러면 자신**

의 분노를 잊게 될 것이다"라고 했습니다.

우리는 종종 타인의 잘못된 행동을 비판하지만 사실 우리가 그 사람보다 더 나은 것은 아닙니다. 그저 내가 낫다고 생각하고 싶을 뿐이지요.

나 자신의 결점을 한 번 살펴보세요. 아주 많지요? 우리는 자신의 잘못은 그냥 관대하게 받아들이고 거리낌없이 넘깁니다. 흔히 '내가 진짜로 그러는 건 아냐, 나는 좋은 의도로 그러는 거야'라고 생각하지요. '실제로는 안 그래, 이거보단 나은 사람이야. 이번은 예외야'라고요.

우리는 자신의 결점을 보기 좋게 합리화하는 뇌의 기능 때문에 내 결점을 살펴보려고 하지 않습니다. 그러나 똑같은 결점이 타인에게서 발견되면 우리는 뇌의 감시망을 즉각 작동시켜 그 사람을 비난하며 가볍고 재빠른 판단을 내리고 맙니다.

다른 사람이 어리석다는 첫 외적 인상에 사로잡히지 말고 우리가 예전에 저지른 잘못을 떠올려야 합니다. 우리도 예전에 바로 그 어리석은 행동을 한 적이 있으나, 그 잘못을 대수롭지 않게 넘겼지요. 그리고 우리는 자신의 잘못을 더욱더 인식하여 바로잡고 더 이상 똑같은 실수를 하지 않으며 타인을 향한 평정심과 이해력을 늘 유지해야 합니다.

다음 두 가지 사실을 기억해두세요.

1. 사람들은 고의로 실수하지 않는다.
2. 나는 지금까지 많은 실수를 저질렀고 지금도 계속 실수를 하고 있다.

처음에 쓴 격언에는 두 번째 문장이 있습니다. 즉 이런 말이 되지요.
"실수는 인간의 일이고 용서는 신의 일이다."

원칙 42

잘못한 이를 용서하고 사랑하라

"누군가가 당신의 적인 것처럼 행동하고 당신을 모욕하거나
반대할 때는 그가 자신에게 옳은 일인 것처럼 보이는 행동을
하고 있을 뿐이라고 생각하라.
그리고 스스로 이렇게 되뇌어라.
'그 일은 그에게 그렇게 보인 것이다.'"

에픽테토스

스토아 철학은 용서하라고 가르치고, 잘못을 저지르는 사람들의 무지에 관해 일깨웁니다. 그 사람들은 고의로 잘못을 저지르지 않지요. 그들이 저지르는 잘못은 그들의 상황에서 옳은 일인 듯 보입니다.

마르쿠스는 "잘못을 저지르는 사람들까지 사랑하는 것"은 인간만이 할 수 있는 일이라고 말했습니다. 그리고 다음 네 가지를 일깨웁니다.

1. 잘못을 저지르는 사람들도 우리의 동족이다.
2. 그 사람들은 무의식적으로 잘못을 저지른다.
3. 우리는 모두 언젠가 죽을 운명이다.
4. 우리는 타인으로부터 해를 입지 않기로 선택할 수 있다.

잘못을 저지르는 사람들까지 사랑하는 것은 우리의 능력과 의무 안에 있습니다. 마찬가지로 세네카도 이렇게 말했습니다. "많은 일을 용서하고 아무에게도 용서를 구하지 말라."

세네카는 사람들이 진실처럼 보이는 행동을 한다는 것을 잘 알고 있었습니다. 그래서 거리낌 없이 그들을 용서했지요. 또 그는 사람들이 그를 용서하지 않으면 그들에게 필요한 것 같지 않아서라는 사실도 알고 있었습니다.

우리는 타인이 용서하지 않더라도 용서하는 사람이 되어야 합니다. 우리가 아는 것을 그들은 잘 모르기 때문에 우리는 모범을 보여야 합니다.

어떤 의미에서 스토아학파는 잘못을 저지르는 사람들을 악의적인 사람이라기보다 지혜가 부족하고 그 지혜를 잘못 이해하는 존재로 봅니다. 잘못을 저지르는 사람들은 그런 잘못된 행동이 자신에게 득이 되지 않는다는 사실도 모르지요. 한 치 앞도 못 보는 것입니다.

잘못을 저지르는 사람들은 자신들이 무엇을 하고 있는지 모릅니다. 그들은 마치 질병에 걸린 것처럼, 아프기 때문에 그 문제에서 선택의 여지가 없었던 셈입니다. 그렇다면 도대체 우리는 왜 그들을 비난할까요? 그들이 하는 일에 화를 낼 필요가 없습니다. 이는 그들의 병에 화를 내는 것이나 같은 것입니다.

잘못을 저지르는 사람들에 대한 적절한 반응은 오직 동정심과 용서입니다.

마르쿠스는 이에 관한 멋진 비유를 들었습니다. "무지한 사람이 잘못을 저지르지 않기를 바라는 것은 무화과나무가 무화과를 맺지 못하기를, 아기나 말이 울지 않기를 바라는 일과 같다. 이런 일들은 불가피하며 자연스럽게 일어날 뿐이다."

사람들이 잘못을 저지르지 않기를 바라지 말고, 사람들을 인내하고 용서하는 힘이 우리에게 있기를 바라야 합니다. 다른 사람들의 실수를 불가피하며 자연스러운 일로 보거나 어떤 질병에 걸린 것 같다고 여긴다면 우리가 얼마나 더 많이 용서하게 될지 생각해보세요. 그들은 그저 길을 잘못 들었을 뿐입니다.

다시 말해 잘못을 저지르는 사람들에 대한 적절한 반응은 오직 동정심과 용서이며, 이들을 비난하기보다 도와주도록 노력해야 합니다.

이번에는 우리가 잘못을 저지를 수 있음을 늘 명심하세요. 어쩌면 우리는 지금도 실수를 하고 있는지 모릅니다.

원칙 43

나쁜 짓 하는 이를 비난하지 말고 동정하라

"우리는 눈먼 사람과 다리를 절뚝이는 사람들을 불쌍히 여기듯이, 가장 중요한 능력에서 눈이 멀고 다리를 절뚝이는 사람들을 불쌍히 여겨야 한다. 이 말을 기억하는 사람은 그 누구에게도 화내지 않고, 욕하지 않고, 비난하지 않고, 미워하지 않고, 불쾌하게 여기지도 않을 것이다."

에픽테토스

사람들은 고의로 나쁜 짓을 저지르지 않습니다. 그저 정신이라는 가장 중요한 능력, 논리적으로 생각하고 이성을 사용할 능력에서 결함을 갖게 된 사람들입니다.

안타깝게도 이런 사람들은 우리에게 상처를 주더라도 그들 자신이 무슨 짓을 하는지 볼 수가 없습니다. 우리가 이런 상처를 분별할 수 있다면 그 누구에게도 화내거나 욕하거나 비난하거나 불쾌하게 여기지 않을 것입니다.

이런 실천이 스토아학파가 우리에게 요구하는 일입니다. 우리는 모욕을 당하더라도 최선을 다해야 하지요. 나쁜 짓을 하는 사람은 가장 중요한 능력에 결함이 있다는 사실만 이해해도 엄청난 도움이 됩니다.

우리는 부상을 당한 팀 동료가 공을 잡지 못한다고 비난하지는 않을 것입니다. 마찬가지로 부상을 당한 선수도 자신을 꾸짖는 사람을 비난해서는 안 됩니다. 무례한 사람도 비록 겉으로는 보이지 않으나 마음에 상처를 입은 사람이기 때문이지요.

무례한 사람은 자신의 가장 중요한 능력을 상실한 상태이므로 충분히 벌을 받고 있는 것입니다.

우리에게 해를 입히는 사람들의 이런 마음의 상처를 인식하기가 어렵다면 간단히 이렇게 알면 됩니다. **"나쁜 짓을 하는 사람은 자신에게 나쁜 짓을 하는 것이다. 부당한 사람은 자신에게 부당하고 자신을 사악하게 만든다."**

마르쿠스 아우렐리우스는 사람들이 나쁜 짓을 저지르면 궁극적으로 그들 자신에게 상처를 준다고 강조했습니다. 어쩌면 그들은 부당하게 행동한 뒤 죄책감이나 수치심을 느낄 수도, 아무런 감정을 느끼지 않을 수도 있습니다. 그러나 그런 사실은 중요하지 않습니다.

우리는 이제 미덕이 최고의 선이라는 사실을 잘 압니다. 올바른 일을 행하면 우리는 행복한 삶을 살아갈 것이고, 나쁜 짓을 저지르는 사람들은 행복한 삶을 살지 못할 것입니다.

남에게 잘못한 만큼 자신에게 돌아오는 법입니다.

누군가가 우리에게 잘못을 저지를 때 우리에게는 고를 수 있는 몇 가지 선택지가 있습니다. 이를테면, 우리는 나쁜 일이 일어났다고 판단하고 상처를 받을 수 있습니다. 또는 그 사람을 악으로 판단하고 그에게 화를 낼 수 있습니다. 아니면 그 상황을 중립적으로 보고 최대한 활용할 수 있습니다. 나쁜 짓을 하는 사람이 이성을 사용하는 능력을 잃었다고 생각하여 그를 비난하기보다 동정할 수도 있습니다.

사람들에게 친절을 베푸는 일은 우리의 뜻대로 할 수 있습니다. 우리의 길을 충실하게 지키고 동정심과 용서와 친절로 악인들에게 반응하는 일도 마찬가지입니다.

나쁜 사람들이 하는 말이나 행동이 우리에게 상처를 주더라도 우리는 그들의 가장 중요한 능력에 결함이 있으며 궁극적으로는 그들 자신에게 상처를 주게 된다는 사실을 잘 알고 있습니다.

원칙 44
친절은 강하다

“인간이 있는 곳에는 어디든
친절을 베풀 기회가 있다.”

세네카

다른 존재를 만날 때마다 친절을 베풀 기회가 생깁니다. 꼭 사람일 필요는 없습니다. 고양이나 개 등의 동물이나 식물에도 친절을 베풀 수 있습니다.

최고의 자아가 되고 싶다면 친절을 우리의 발전에서 중요한 가치로 삼아야 합니다. 그 무엇도 우리의 친절한 행동을 방해할 수 없습니다. 아침에 이웃에게 미소를 보내거나, 버스 운전사에게 인사를 건네거나, 슈퍼마켓의 직원에게 감사하다는 말을 건네는 일 등은 늘 가능하지요.

마르쿠스가 말했습니다. “친절은 진실하기만 하면 매우 강한 힘을 발휘한다. 아무리 악의적인 사람이라도 우리가 친절을 계속 베풀면 무엇을 할 수 있겠는가?”

이제 무례한 대접을 받으면 맞서 싸우지 말고 그냥 받아들이세요. 일어나는 일에 저항하지 마세요. 그 일을 있는 그대로 받아들이고 인내와 친절로 반응해야 합니다. 그런 반응이 우리가 할 수 있는 최선입니다. “무례함과 비열함과 잔인함은 대부분 깊이 자리 잡은 나약함의 가면과 같다. 이런 상황에서 친절은 위대한 힘을 지닌 사람들만 발휘할 수 있다"라고 라이언 홀리데이는 말했습니다.

친절을 베풀어 그 힘을 보여주세요.

마르쿠스가 말했듯이, 우리는 친절을 타고났습니다. 타인에게 친절을 베풀고 격려하는 행동은 우리의 천성입니다. 우리는 모두 형제자매이며 타인이 실수하더라도 친절하게 반응해야 합니다. 그런 마음이 동족애입니다.

오늘 어떤 상황에서 친절을 더 많이 베풀고 싶은지 자문해보세요. 언제 어디서 미소를 보내고, 실수하는 사람들에게 인내하고, 사려 깊고 진심 어린 감사를 나누고, 도움의 손길을 빌려주고 싶은가요?

세네카의 이 말을 꼭 새겨두세요. **"인간이 있는 곳이라면 어디든 친절을 베풀 기회가 있다."** 그는 또 이런 말을 했습니다. "헤카테가 말하길, 사랑받고 사랑하게 된다면 약물이나 약초나 특별한 마법 없이 사랑의 묘약 만드는 법을 가르쳐줄 수 있다."

원칙 45

모욕을 잊고 모범을 보여라

"부당하게 입은 피해를 복수하지 않고 치유하는 것이 얼마나
더 좋은 일인가! 복수는 많은 시간을 낭비하고 처음보다 더욱 큰
피해를 안긴다. 분노는 늘 상처보다 더 오래 지속되니,
정반대로 행동하는 것이 가장 좋다.
노새에게 발길질당하고 개에게 물렸다고
그대로 갚는 것을 그 누가 정상이라고 하겠는가?"

세네카

못된 말은 내 하루를 망칠 수 있습니다. 다만 내가 그렇게 허용한다면 말이에요.

화를 내고 모욕으로 대응하기는 쉽습니다. 또는 내 마음에 안 드는 행동을 하는 사람에 대해 '으음, 그에게 그대로 갚아주겠어!'라고 생각할 수도 있습니다. 이런 대응은 나쁜 행동에 대한 최악의 반응입니다.

스토아학파는 모욕에 어떻게 반응할까요? 윌리엄 어빈은 자신의 저서 《좋은 삶을 위한 안내서》에서 모욕에 관한 전략을 공유합니다. 그의 전략을 비롯한 스토아학파의 전략을 몇 가지 살펴보겠습니다.

한 가지 전략은 모욕으로 들었던 말이 사실인지 잠시 의문을 품어보는 일입니다. "어째서 자명한 사실을 듣는 것이 모욕인가?"라고 세네카는 물었습니다.

더욱이 누가 우리를 모욕했는지 확인해보세요. 만일 그 대상이 우리가 존경하는 사람이라면 그의 의견을 소중히 여기고 자신을 개선할 기회로 받아들이면 됩니다. 만일 존경하지 않는 사람이라면, 신경 쓸 이유가 있을까요?

이성적이고 현명한 사람은 타인에게 적어도 고의로 모욕을 주지 않는다는 사실을 명심하세요. 그러므로 우리에게 모욕을 주는 사람은 결점이 있고 미성숙한 인격을 지녔음을 알 수 있습니다. 어빈은 다른 사람에게 모욕을 받았다는 생각은 개 짖는 소리를 개인적으로 받아들이는 것과 같다고 비유합니다. 그러면 그 개 때문에 화를 내며 그날 내내 "아, 이런! 그 개가 나를 좋아하지 않다니!"라고 생각하는 바보가 되는 것입니다.

마르쿠스 아우렐리우스는 모욕을 주는 사람을 반면교사로 여겼습니다. **"가장 좋은 보복은 상처를 입힌 사람과 달라지는 일이다."** 가장 좋은 보복은 받은 상처를 잊어버리고 훌륭한 모범을 보이는 일입니다.

그렇다면 모욕을 당했을 때 우리는 어떻게 대응해야 할까요? 스토아학파는 모욕에 대응하지 말고 유머로 웃어넘기라고 조언합니다. 하지만 그 상황에서 적당한 농담을 떠올리기는 어렵지 않을까요? 그래서 더 나은 전략은 전혀 반응하지 않는 일이 될 수도 있습니다. 무소니우스 루푸스는 모욕에 반응하지 말고 "침착하고 조용하게 참아야 한다"고 했습니다.

묵묵히 따르는 마음에 관한 원칙을 떠올려보세요. 우리는 모든 일을 일어나는 그대로 받아들이기를 바라지요. 공격, 방어, 후퇴 등의 방식으로 반응하지 말고 모욕이 우리를 그냥 지나가도록 해야 합니다. 마치 우리가 그 자리에 없는 것처럼 지나가도록 두세요. 저항할 필요가 없습니다.

상처를 받는 사람은 아무도 없습니다. 이런 식의 훈련으로 우리는 상처를 받을 수 없는 존재가 됩니다. 모욕은 우리를 이내 지나가고, 모욕을 주는 사람은 우리의 감정을 통제할 힘을 잃습니다.

그러나 원한다면 우리는 모욕을 주는 사람에게 그들의 행동이 용납될 수 없다는 사실을 알릴 수 있습니다. 특정 상황에서는 이런 방식이 필요할 수 있지요. 올바른 행동에 대해 아이들에게 가르쳐야 할 때입니다. 선생님이나 다른 학생들에게 모욕을 주어 수업을 방해하는 학생이 있다면 선생님은 올바른 강의 환경을 위해 그 학생을 꾸짖어야 합니다. 그런 질책은 모욕에 대한 감정 반응이 아니라 이성적으로 선택한 행동으로, 모욕하는 사람의 행동을 개선하도록 돕고 올바른 환경을 보장하기 위한 일입니다.

또 하나의 전략으로 에픽테토스의 말을 되새겨볼까요? "모욕을 주는 것은 당신을 괴롭히거나 때리는 사람이 아니라 그들이 모욕하고 있다고 판단하는 당신의 생각이다."

그런 일이 일어나도록 허용해야만 모욕을 받을 수 있습니다. 타인이 뭐라고 하든 신경 쓰지 않는다면, 우리는 모욕감을 느끼지 않을 것입니다. 결국 다른 사람들의 행동은 우리가 통제할 수 없으므로 궁극적으로 중요하지 않은 무덤덤한 일입니다. 이에 관한 마르쿠스의 조언을 들어보세요. "사람들이 자신을 누구보다 더 사랑하면서도 자신에 대한 평가에서 자기 의견보다 타인의 의견을 더 신뢰하는 점이 놀랍다. 사람들은 '동료가 나를 어떻게 생각하는가'를 '내가 나를 어떻게 생각하는가'보다 더 신뢰한다."

이 말을 마음에 새기고 우리에 대한 다른 사람의 의견을 너무 심각하게 받아들이지 않도록 합시다. 모욕을 참을 수 있도록 자신을 훈련하세요. 그러면 우리는 더욱 효과적인 적절한 방법으로 반응할 것이고, 더 강해질 것이며, 또한 의지가 강한 존재가 될 수 있습니다. 에픽테토스가 말했지요. **"그렇다면 누가 의지가 강한 존재일까? 이성적인 선택만 할 뿐, 어떤 일에도 화를 내지 않는 사람이다."**

원칙 46
삶을 훈련으로 여겨라

"훈련을 할 때는 상대의 손톱에 긁히기도 하고 머리를 부딪쳐
상처를 입기도 하지만 상대에게 화를 내거나 항의하거나
그에게 악의가 있다고 의심해서는 안 된다. 상대를 조심해야 하지만
상대를 적으로 여기거나 의혹을 품으며 경계해서는 안 되고
상대의 공격을 조용히 피해야 한다.
인생의 다른 경우에서도 이렇게 행동하는 것이 좋다."

마르쿠스 아우렐리우스

날마다 모든 상황을 훈련이라고 생각하세요. 그러면 힘든 상황도 더 빨리 받아들이게 될 것입니다.

운동을 할 때는 생채기가 생길 수 있으므로 훈련 상대를 탓하지 않습니다. 그와 마찬가지로 우리는 외적인 일을 탓해서는 안 됩니다. 우리는 모두 그저 훈련을 하고 있을 뿐입니다. 상황은 잘못 돌아가고 사람들이 우리를 힘들게 하기도 하지요. 훈련을 하고 있다고 생각하면 그런 힘든 상황은 갑자기 훨씬 가벼워집니다. 우리는 실수를 더욱 관대하게 해석하고, 여유 시간도 허용하게 됩니다. 그러면 삶의 회복력이 크게 향상되지요.

그 반대로 상상해보세요. 모든 상황이 아슬아슬한 챔피언 같은 처지라고 가정해보세요. 그러면 우리는 늘 조바심을 내고 모든 사소한 일에

반응할 것입니다. 그러니 고개를 끄덕거리는 정도로 가벼운 타격들은 툭툭 떨쳐내는 것이 훨씬 현명합니다. 상황을 그냥 훈련으로 여기고 털어버리세요. 아무 일도 없었다는 듯이 그냥 넘어가세요.

삶의 생채기 때문에 화내는 사람이 되고 싶지는 않을 거예요. 사람들은 터무니없어 보일 만큼 상황을 심각하게 받아들입니다. 그들은 잘 보이지도 않는 점이 자신의 외모를 망친다고, 상스러운 말에 싸울 가치가 있다고, 우유가 한 모금 남은 것이 당황할 이유라고 여깁니다. 이런 일들을 중요하게 여긴다 해도 버럭 화를 낼 필요는 없습니다. 생채기가 생기더라도 평정심을 유지하고 미소를 짓고 그냥 넘어가세요. 그리고 만약 적절하다면 아이스크림을 먹는 방법, 사람들과 대화하는 방법, 병에 우유를 어느 정도 남기는 게 괜찮은지에 대한 여러분의 의견을 다른 사람들에게 알리세요.

1장에서 배운 바 있지요. "삶의 기술은 무용보다 레슬링에 더 가깝다. 숙련된 삶에는 갑작스럽고 예상치 못한 공격을 만나고 견뎌낼 준비가 필요하기 때문이다."

마르쿠스는 삶의 갑작스러운 타격에 대비하고 있어야 한다는 사실을 일깨웁니다. **인생이 우리에게 가하는 이 모든 타격은 훈련을 위한 기회입니다.** 타격을 받을 때마다 평정심을 유지하고 원하는 존재에 더욱 다가설 기회를 잡을 수도, 화를 내고 내가 되고 싶지 않은 존재가 될 수도 있습니다.

우리는 전사와 같습니다. 그 어느 것도, 그 누구도 우리의 평정심을 쉽게 잃도록 만들 수 없습니다. 우리는 삶이 날리는 주먹질과 옆차기에 대처할 준비가 되어 있습니다. 멋진 것은, 우리가 이런 타격을 받아도 더 강해진다는 것을 알고 그 타격을 두 손 비비며 기다리고 있다는 점입니다. 삶은 예기치 않게, 강한 타격을 줄 것입니다.

우리는 강해지기를 바랍니다. 역경에 부딪혀도 스스로 대처하기를 바랍니다. 폭풍의 한가운데서도 흔들리지 않기를 바랍니다. 그리고 다른 사람들이 두려움에 빠질 때에도 침착성을 잃지 않기를 바랍니다. 그러니 삶의 생채기가 생길 때마다 신경 쓸 필요가 없습니다. 그저 훈련 과정일 뿐이니 미소를 짓고 그냥 넘어가면 됩니다.

원칙 47

자신도 타인도 포기하지 말라

"당신이 올바른 이성에 따라 앞으로 나아갈 때 방해하려는 사람들도 존재할 것이다. 당신을 방해하거나 그밖의 일로 괴롭히는 자들에 대해 좋은 판단과 행동을 할 뿐 아니라 부드러운 태도를 잃지 않도록 하라. 화를 내는 것도 일을 포기하거나 공포에 굴복하는 것만큼 약점이다. 또한 공포로 뒷걸음질치는 자나 가족과 친구에게서 멀어진 자나 모두 똑같은 도망자이다."

마르쿠스 아우렐리우스

우리가 독서가라면 새로운 개념을 배우고 상황에 접근하고 행동할 여러 방법을 배웁니다. 가장 마음에 와닿는 개념을 실천하며, 낡은 행동을 버리고 새로 배운 지식을 취하지요.

요컨대 우리는 시간이 지나면서 변합니다. 그저 편리하다며 오랜 습관에 집착하지 않고, 새로운 방법을 시도하고 갈고 닦지요.

몇 년 전에 저는 우유와 유제품에 대해 많이 배웠고 선행을 위해 그 식습관을 버리기로 마음을 먹었습니다. 이런 변화는 저에게 큰 영향을 미쳤습니다. 그리고 다른 사람들에게도 영향을 주었겠지요. 예컨대 아버지에게 "죄송해요, 우유가 들어가서 오믈렛을 먹을 수 없어요"라고 말했을 때나, 우유가 들어간 디저트나 음식을 단호하게 거절했을 때 말입니다.

내가 그 길을 가지 않기로 선택한 것은 단순한 이유였습니다. 나 자신과 다른 사람들을 위해서였지요. 소량의 우유라도 들어간 음식을 먹지 않을 때마다 직접 설명하고 싶지 않았거든요. 누군가는 나를 위해 특별한 것을 만들고 싶기도 했을 거예요. 게다가 내가 평생 우유를 많이 마셔온 것은 문제가 되지 않았는데 왜 우유 한 모금 때문에 그토록 법석을 떨어야 할까요? 어쨌건 우유를 끊는 일은 순조로웠고, 이는 제가 100퍼센트 엄격하지 않기로 선택했기 때문입니다.

그러나 다른 변화로 우리는 더 강한 역풍을 만날 수도 있습니다. 마르쿠스가 말했지요. "당신이 올바른 이성에 따라 앞으로 나아갈 때 방해하려는 사람들도 있을 것이다." 우리가 새로운 습관을 자리 잡게 하고 앞으로 나아가려 노력할 때, 다른 사람들은 느리게 따라줄 수도 따르지 않으려 거부할 수도 있습니다.

이제 과제는 우리의 새로운 길을 포기하지 않으면서도 친구와 가족도 포기하지 않는 것입니다.

라이언 홀리데이는 그런 문제를 한 집단의 식습관에 비유합니다. 이를테면 당신의 집단에서 모든 사람이 건강에 좋지 않은 음식을 먹고 있다고 해볼까요? 그 집단에는 자연스럽게 조정된 식습관이 있겠지요. 그런데 당신이 갑자기 어떤 책을 읽은 뒤 건강한 음식을 먹기로 한다면 그 집단에는 갑자기 반대되는 의견이 발생하게 됩니다. 이제 '어디서 먹어야 하는가'도 논쟁거리가 되지요.

라이언은 말합니다. "**다른 사람들이 문제 삼을 수 있다는 이유로 당신의 새로운 길을 포기하지 말아야 하듯이, 당신도 다른 사람들을 포기해서는 안 된다.** 그들을 단념하거나 압도해서는 안 된다. 또한 그들에게 화를 내거나 싸워서도 안 된다. 결국 그들은 오래전 당신이 있었던 바로 그 자리에 있는 것이기 때문이다."

예컨대 《밀가루 똥배》(*Wheat Belly*, 에코리브르, 2012)를 읽고 이제 글루텐을 먹지 않기로 선택했다고 해도 글루텐을 계속 먹고 있는 친구를 모두 버릴 수는 없습니다. 불과 며칠 전에 피자 파티를 계획한 사람은 바로 **나**였으니까요. 결국 우리는 모두 이런 도전에 직면하게 될 것입니다. 꼭 글루텐이 아니라 다른 개념이나 가치관이 될 수도 있습니다. 고기를 덜 먹거나(아예 안 먹거나), 비디오 게임에 시간을 덜 낭비하거나, 뉴스를 덜 시청하거나, 야외에서 시간을 더 보내거나, 책을 더 많이 읽거나, 물건을 덜 사거나, 운동을 더 자주 하거나, 매주 폭음을 멈추거나, 불평을 덜 하는 등의 일이 될 수도 있습니다.

자신의 새로운 길을 굳게 지키면서 다른 이들을 포기하지 않는 것은 어려운 도전입니다. 그 차이가 클 수도 있거든요. 그러나 우리가 노력하고 시간을 들인다면 분명 방법을 생각해낼 수 있을 것입니다. 피자 파티에 직접 만든 음식을 가져가기로 하거나, 필요하다면 금식할 준비를 하거나, 그러는 이유에 대해 알려주거나, 또는 한 달에 한 번은 다른 사람들과 타협을 하기로 선택할 수 있습니다.

다른 사람들을 친절하게 대하고 인내심을 가져야 합니다. 어쨌든 우리도 얼마전에 그들과 똑같은 위치에 있었으니 말입니다. 그러면서도 내 새로운 길을 굳게 지킬 방법을 찾고, 가치관을 굽히지 않도록 해야겠지요.

원칙 48

평정심에 그만한 값을 치러라

"사소한 일부터 시작하자. 올리브유를 쏟고
포도주를 도둑맞았을 때 이렇게 되뇌도록 하라.
'나는 마음의 평정심을 얻기 위해 그만한 값을 치렀다.'"

에픽테토스

"나는 대가를 치르고 평정심을 얻는다." 에픽테토스의 이 말을 무척 좋아합니다. 이 문장은 화를 내거나 짜증이 날 때마다 셀 수 없이 저를 구원했습니다.

우리는 얼마나 자주 사소한 일에 화를 낼까요? 또 우리는 얼마나 자주 하찮은 일에 당황을 할까요? 우리는 사소한 일에 화를 내고, 또 우리의 결과적인 행동이 다른 사람들에게 분노를 불러일으키도록 내버려 둡니다. 스토아학파는 폭풍의 한가운데서도 평정심을 유지하기를 바라지만 우리는 룸메이트가 설거지 당번을 잊어버리거나 변기에 얼룩을 남기거나 자신이 맡은 허드렛일을 하지 않으면 분노가 치밀지요.

분노할 필요가 없습니다. 내면의 분노에 반응하기 전에 자신에게 이렇게 말하세요. "나는 대가를 치르고 평정심을 얻는다." 그러고는 미소를 짓고 가벼운 마음으로 끝내야 할 일을 하며 계속 나아가면 됩니다.

아무 일도 일어나지 않았습니다. 평소에 우리를 짜증나게 하는 사소한 일들은 수고를 들일 가치가 없습니다. 내면에 어떤 감정이 올라오더라도 그냥 삼키고 넘어가세요. 그러면 우리는 신경을 많이 쓰지 않아도 되고 삶의 에너지도 아낄 수 있습니다. 그 방법을 살펴볼까요?

우선 우리는 올라오는 감정을 인식해야 합니다. 그렇게 하여 자극과 자동 반응 사이에 개입할 수 있어야 합니다. 그런 다음에는 자제력을 발휘하여 그 대가로 평정심을 얻고 전혀 반응하지 않도록 해야 합니다. 평정심은 자주 대가를 치르고 얻을수록 더욱 쉽게 갖출 수 있습니다. 그러면 더욱 힘든 상황에서도 평정심을 얻을 수 있게 됩니다.

예컨대 우리는 속옷에 얼룩이 생기면 곧바로 깨끗하게 지울 수 있으므로 대수롭지 않게 여기지요. 흰 드레스에 적포도주가 묻는다 해도 그냥 옷일 뿐이니 쉽게 넘어갈 수 있습니다. 좋아하는 팀을 상대로 뒤늦게 결정적인 동점 골이 터진 것도 그냥 경기일 뿐이니까 견딜 수 있습니다. 그러나 남자친구가 나를 속인다면 그런 일은 슬픔과 분노의 감정을 일으키기 때문에 매우 견디기 어려운 문제가 될 수 있습니다.

중요한 점은, 대가를 치르고 평정심을 얻는 단련을 할수록 우리는 더 나아진다는 사실입니다. 우리는 지옥의 불 속 같은 고통에서도 평정심을 얻을 수 있을 때까지 노력해야 합니다.

궁극적으로 이런 훈련은 모두 **우리를 화나게 하는 것은 사건이 아니라 그 사건에 대한 우리의 판단**이라는 스토아학파의 원칙으로 이어집니다. 자신의 능력을 알아보고 충분한 인식과 훈련을 도전적인 상황에 적용한다면 정서적 회복력이 있고 굳건한 사람이 되는 길을 갈 수 있습니다. 그런 길을 가기를 바란다면 스스로 이렇게 물어보세요. "평정심을 얻는 단련은 어떤 상황에서 더 많이 할 수 있을까?"

원칙 49

타인의 입장이 되어보라

"다른 사람이 당신을 비난하고 증오할 때… 그의 영혼을 살펴보라.
그의 내면으로 들어가, 그가 어떤 사람인지 확인해보라.
그러면 그를 이해시키려고
애쓸 필요가 없다는 것을 알게 된다."

마르쿠스 아우렐리우스

우리는 타인을 종종 재빨리 판단해버립니다.

- 기차 안에서 시끄러운 자녀들에게 조용히 하라고 타이르지 않는 아빠. → "아버지 노릇을 할 생각이 추호도 없군."
- 붉은 신호등에도 멈추지 않고 달리는 운전자. → "바보 같은 사람 같으니!"
- 놀이터에서 날 야단치는 어머니. → "진짜 어이없어."

이렇듯 대부분의 경우에 우리는 상대방에 대해 별로 알지 못하면서 그들에 관해 판단을 내리고 불평합니다. **스토아학파는 판단을 내리기 전에 타인의 입장이 되어 그들의 관점을 살펴보라고 가르칩니다.**

마르쿠스가 말했듯이, 우리는 다른 사람들의 내면으로 들어가 그들이 어떤 존재인지 확인해보아야 합니다. 그리고 그들은 무엇으로 사랑과 존경심을 떠올리는지 살펴보아야 합니다. "그들의 영혼이 벗겨졌다고 상상해보라." 그 사람들을 판단하기 전에 그들의 관점을 살펴보려고 노력해야 합니다.

스토아학파에게는 사랑받는 것보다 사랑하는 것이 더 중요합니다. 그들은 힘들게 하는 사람들에 대처하기 위해, 특히 분노와 충동적인 반응을 피하려는 자기 훈련을 합니다.

우리는 상대의 입장이 되어보려고 노력하고 그 사람의 행동 이면에 어떤 이유가 있는지 파악하려고 애써야 합니다. 어쩌면 그 이유를 알게 되어 상대를 이해하게 될 수도 있고, 어쩌면 상대가 자신의 이유를 잘못 알고 있다는 결론이 나올 수도 있습니다.

기차 안에서 시끄러운 자녀들을 데리고 있는 아버지는 과연 아버지 노릇을 할 생각이 추호도 없을까요? 지금부터 그 남자와 자녀들에 관한 이야기를 간단히 살펴보겠습니다. 기차 안에서 아이들의 아버지는 두 손으로 얼굴을 감싼 채 앉아 있는데, 비참해 보입니다. 두 자녀는 이리저리 뛰어다니며 소리를 크게 지릅니다. 사람들은 그 아이들 때문에 화가 나 있습니다. 당신도 화가 치밀고 그 아버지가 자녀들을 더 잘 돌보아야 한다고 생각합니다. 참다못한 당신이 벌떡 일어나 그 남자에게 다가가 이렇게 말합니다.

"실례합니다만, 선생님 자녀들이 너무 시끄러운데요. 아이들에게 조용히 하도록 타일러주시겠어요?"

"아, 죄송합니다. 제가 지금 어찌할 바를 몰라서요. 방금 아이들 엄마를 세상에서 떠나보내고 병원에서 오는 길이거든요."

아뿔싸!

우리는 사람들을 쉽게 판단하지만 그들이 처한 상황은 알지 못합니다. 우리는 그들의 배경이 되는 내용을 모르고 그들이 무엇을 왜 하는지도 모릅니다. 근본적으로 그들에 대해 전혀 모릅니다.

스토아학파의 조언을 마음에 새기고 타인을 판단하기 전에 늘 다시 생각해보세요. 타인의 입장이 되어 그가 왜 그렇게 행동하는지 그럴 만한 이유를 생각해보세요. 같은 처지에 놓인다면 나 역시 그와 똑같은 행동을 할지 누가 알겠어요?

원칙 50

좋은 친구를 사귀어라

"방탕한 생활을 하는 점잖지 못한 사람들과 어울리지 말라.
그들과 어울려야 한다면 그들의 수준으로 떨어지지 않도록 주의를 기울이라.
지저분한 이들과 어울리면 내가 아무리 깨끗해도
더러움이 묻을 수밖에 없다."

에픽테토스

우리는 상대할 사람들을 항상 선택할 수는 없습니다. 그래서 스토아학파는 힘들게 하는 사람들을 대하는 전략을 많이 제시합니다.

그렇다 해도 어느 정도까지는 함께 어울릴 사람을 선택할 수 있지요. 우리는 대부분의 여가를 함께 보내고 싶은 사람을 선택할 수 있고, 어떤 일에 참여하고 누구와 함께 갈지도 선택할 수 있습니다.

에픽테토스가 말했듯이, 지저분한 이들과 어울리면 내가 아무리 깨끗해도 더러움이 묻을 수밖에 없지요. 세네카는 악덕이 전염될 수 있다고 경고합니다. 악덕은 들불처럼 퍼지지만 눈에 띄지는 않습니다.

우리는 이런 현상을 또래 압력(동료나 또래 집단으로부터 동일 행동을 하도록 가해지는 사회적 압력.—옮긴이)이라고 합니다. 또래 압력으로 우리는 평소에 하지 않던 일을 하고, 갑자기 자신의 가치관에 반대되는 행동을 합니다.

우리는 살면서 주변 사람들에게 적응하게 됩니다. "당신은 대부분의 시간을 함께 보내는 5명의 평균이다"라는 짐 론Jim Rohn의 유명한 개념을 들어본 적 있을 것입니다. 우리는 친구들을 신중하게 선택해야 합니다. 그 친구들은 우리를 그들의 수준으로 끌어올리거나 내릴 힘이 있습니다. 우리는 함께 시간을 보내는 사람들 때문에 더 나아지거나 더 나빠질 수 있습니다.

"수준 낮은 사람들과의 연회를 피하라. 술에 취하지 않은 상태에서도 겸손하지 못한 사람은 술을 마신 뒤 더 무례해진다"라고 세네카는 타당한 지적을 하며 이렇게 조언했습니다. **"당신을 개선해줄 사람들과 어울려라."**

자, 여러분이 사랑하는 사람들이 있을 수도 있지만, 그들은 심지어 술이 안 취했더라도 그 태도로 여러분을 끌어내릴 수도 있습니다. 그들은 게으릅니다. 도덕적 기준에 대해 크게 신경쓰지도 않고요. 그들은 스토아 철학은 말할 것도 없고 자신을 향상시키는 데 관심이 없습니다.

우리는 그런 사람들을 어떻게 해야 할까요? 에픽테토스는 말했습니다. "그 해결책은 당신에게 희망을 주는 사람, 그 존재만으로도 당신이 최선을 다하도록 힘이 되는 사람들과 계속 어울리는 일이다."

날 힘들게 하는 사람들이 기꺼이 더 좋은 모습으로 바뀌지 않는 한, 그들과 시간을 되도록 보내지 않는 것이 좋습니다. 친구들이 나를 더 나은 사람이 되도록 하지 않고, 앞으로 발전하도록 격려하지 않으며, 도덕적인 삶을 추구하도록 지지하지 않는다면, 그들과 어울리지 말아야 합니다.

그런 친구들과 헤어지거나 절연할 필요는 없으나 의식적으로 시간을 덜 보낼 수는 있습니다. 사람들과 소통하고자 한다면 우리가 새롭게 얻은 지식과 개념과 활동에 대해 귀를 기울여줄 사람들은 늘 있을 것입니다.

세네카는 또한 늘 불평하는 사람을 피하라고 충고했습니다. "늘 화가 나 있고 모든 것에 불만인 사람은 평정심의 적이다."

우리는 기운 빠지게 하는 사람이나 불평을 멀리해야 할 뿐만 아니라 자신을 개선해줄 사람과 시간을 더 보내야 합니다. 모범적인 사람과 함께 시간을 보내면 그 사람처럼 될 가능성이 크겠지요.

그렇다면 우리를 개선할 사람을 어디에서 찾아야 할까요? 창의성을 발휘해보세요. 요가 수업을 듣거나, TED 토크 등 강연을 듣거나, 북클럽이나 어학 강좌에 참여하는 등 무엇이든 좋습니다. 세상에는 우리가 배울 수 있는 사람들이 많습니다.

그러나 우리도 짜증내는 사람이 될 수 있음을 명심해야겠지요. 우리는 모두 결점이 있습니다. 더 나은 사람들과 함께 어울리는 일을 깊이 생각하면서 우리에게 결점이 있음을 잊지 말아야 합니다. 우리는 실수를 하고, 부당할 때도 있으며, 투덜대기도 합니다.

결론적으로 **친구를 잘 사귀라**는 원칙은 좋은 시간을 함께 보내는 사람에 대해서만이 아니라 소중한 시간을 낭비하지 않는 일에 대한 조언입니다. 시간 낭비 요인의 유혹은 도처에 숨어 있으니 우리가 무엇을 하고 누구와 함께 시간을 보낼지 주의를 기울여야 합니다.

최고의 자아가 되기를 바란다면 최고의 사람들과 함께 시간을 보내야 합니다. 나 자신이 화를 내거나 짜증내지 않기를 바란다면 화나게 하거나 짜증나게 할 것 같은 사람들과 함께 시간을 보내지 않도록 해야겠지요.

원칙 51

나 자신 외에는 판단하지 말라

"어떤 사람은 목욕을 빨리 한다. 그가 목욕을 잘못한다고 말하지 말고 재빨리 한다고 말해야 한다. 어떤 사람이 포도주를 많이 마실 경우, 그가 포도주를 잘못 마신다고 말하지 말고 포도주를 많이 마신다고 말해야 한다. 그가 무슨 이유로 그렇게 하는지 모르는데 그가 잘못하고 있는 것인지는 어떻게 알겠는가? 한 가지를 명확하게 인식한다고 해서 다른 사실에 동의하지 말라."

에픽테토스

우리의 마음은 판단을 매우 빨리 내립니다.

우리는 아주 적은 정보를 기준으로 사람들에게 꼬리표를 붙이지요. 그리고 다른 사람들에게서 매우 흔한 실수를 찾아냅니다.

그런 판단은 그저 자동으로 일어나고 이상하게도 마음속에 떠오릅니다. 그러나 **우리는 자신의 판단에 책임을 져야 합니다.** 우리는 그 판단을 받아들일지 말지를 선택할 수 있기 때문입니다. 앞서 언급한 남자가 자녀들을 돌보지 않는 나쁜 아버지라는 판단이 들더라도 우리는 이런 생각을 받아들일지 아닐지를 선택할 수 있습니다.

우리에게는 자동으로 떠오르는 생각을 잠시 멈추고 상황을 객관적으로 살펴볼 능력이 있습니다. '이 사람에 대해 무엇을 알고 있는가?' '그 상황은 정확히 무엇일까?' 하고 고려해볼 수 있지요.

객관적이지 않은 모든 상황은 받아들이지 않아야 합니다. 정확한 사실들만 고수하고 상황을 중립적인 방식으로 표현해야 합니다. 거기에 어떤 가치도 더해서는 안 됩니다.

기억해두세요, 우리는 외적인 일들을 덤덤하게 바라볼 수 있을 때에만 자유롭습니다. 외적인 일에 즉각 가치를 더하는 것은 그리 좋지 않은 일입니다.

우리는 사실과 추가된 가치판단을 구분해야 합니다. '사실은 무엇일까?' '나는 무엇을 추가했을까?' 하고 확인해보아야 합니다. 그런 구분을 할 수 있는 해결책은 "인상이여, 잠시 기다리게… 너를 따져보게 해주게"라는 말처럼, 우리의 반응을 미루는 일입니다.

그리고 이제는 실제로 (어쨌든 중요하지 않은) 인상을 따져보는 대신에 삶의 목표를 스스로 상기해야 합니다. 철학의 조언을 마음에 새기고 있다면 자신을 개선하여 더 나은 사람이 되어 최고의 자아를 발휘하는 일이 목표임을 잊지 않을 것입니다.

"다른 사람의 결점을 꾸짖는 방편이 아닌 자신의 결점을 벗겨내기 위한 철학을 실천하라."

이런 조언으로 세네카는 철학이 무엇을 위한 것인가를 일깨웁니다. 우리는 자신의 결점을 벗겨내기를 바랍니다. 그 초점은 내부에 있습니다. 이렇듯 철학은 우리가 스스로 나아지기 위한 일, 다른 사람들도 스스로 나아질 수 있도록 하기 위한 일입니다. 사람들은 모두 자신의 길을 가야 합니다.

내 결점은 스스로 통제할 수 있습니다. 다른 사람들의 결점은 내가 통제할 수 없지요. 우리는 나 자신의 결점을 스스로 벗겨내고 다른 사람들은 그들 스스로 벗겨내도록 해야 합니다.

무엇보다 철학에 왜 몰두해야 하는지 잊지 마세요. 나 자신을 개선하기 위해서라는 사실 말이에요. 철학은 타인을 바로잡기 위한 수단이 아닙니다. 그러려고 하면 고통만 생겨날 뿐입니다.

다른 사람들의 결점은 그들에게 맡겨야 합니다. 스토아 철학은 우리에게 타인을 판단할 권한을 부여하지 않습니다. 타인을 있는 그대로 받아들이고 사랑할 뿐이지요. 내면에 초점을 맞추세요. 나 자신을 바로잡는 것만으로 충분합니다.

이제 잠시 멈추고, 우리가 모두 서둘러 판단하지 않고 자신의 결점을 벗겨내는 데 중점을 두는 세상을 상상해보세요. 어떤 세상이 보이나요?

원칙 52

방관하지 말고 선을 행하라

"당신이 하는 일만이 아니라
아무것도 하지 않는 일도 불의가 될 수 있다."

마르쿠스 아우렐리우스

물론 동료들을 괴롭히지 않는 것은 좋은 일입니다. 그러나 옆에서 구경하면서 동료를 괴롭히는 사람의 비열한 말에 웃고 있다면 우리도 그 불량배보다 더 나을 것 없습니다.

성숙하지 못한 행동은 멈추어야 합니다. 괴롭힘을 당하는 사람이 있다면 끼어들어 그를 도와야 합니다. 용기를 약간 내어 옳은 일을 하세요.

선량한 시민들이 불의에 나서지 않고 보고만 있다면 악은 승리를 거둘 것입니다. "선의 방관이 악을 꽃피운다"라는 유명한 격언도 있듯이 말입니다.

아무것도 안 하는 사람이 되어서는 안 됩니다. 우리가 잃을 것은 없습니다. 우리가 본보기로 이끌면 더 많은 사람이 뒤따를 것입니다. 사람들에게는 이끄는 이가 필요할 뿐입니다. 우리는 이끄는 이가 될 수 있고요.

한 명의 무례한 사람이 다른 모든 이들을 짜증나게 만들기도 하지요. 그런 경우는 흔히 벌어집니다. 모두가 골칫덩어리를 보면서 화를 내지만 아무도 그 어리석은 사람을 막으려 하지는 않지요. 그런데 한 용감한 사람이 나서서 그 골칫덩어리에게 걸어가 뭔가를 말하고는 보란 듯이 문제를 해결합니다. 누구나 해결할 수 있는 일이었을 것입니다. 그러나 아무도 그런 옳은 일을 할 수 있으리라 생각하지 않았거나 용기가 없었겠지요.

용감한 사람이 언제나 나타나는 것은 아닙니다. 그래서 그 골치 아픈 일은 경기가 끝나거나 영화가 끝날 때까지, 또는 골치 아픈 저녁을 보낸 뒤 집으로 돌아갈 때까지도 계속됩니다. 그렇다고 우리를 화나게 하는 사람에게 맞서기란 어렵지요. 특히 위험한 경우에는 말이에요. 칼을 든 사람과 싸우기를 자청하는 사람은 없을 것입니다.

작은 일부터 시작해볼까요? "다른 사람들처럼 줄을 서주세요" "소리를 줄여주세요" "문을 닫아주세요" 등등 정중하게 요구하면 됩니다. 그러느라 다소 완벽주의자가 된 듯 보일 수도 있습니다. 그러나 난처한 상황에 과감히 맞서는 편이 훨씬 현명하지 않을까요? 속으로는 화를 내면서도 아무것도 하지 않는 것보다는 곤란에 처한 사람을 돕는 게 낫지 않을까요?

우리가 낯선 사람에게 옳지 못한 행동을 멈추거나 고치도록 정중하게 부탁하기보다 그들에게 화를 내기로 선택하는 것은 우스운 일입니다. 이에 관해 라이언 홀리데이는 말합니다. "우리는 마법처럼 성난 눈초리로 다른 사람들의 두개골에 구멍을 뚫어 그들을 바꿀 수 있기를 바란다."

마르쿠스 아우렐리우스는 그런 상황에서 이성을 사용하도록 일깨웁니다. "당신은 겨드랑이에서 냄새가 나거나 입에서 악취를 풍기는 사람에게 화를 내는가? 화를 낸다고 무슨 소용이 있겠는가? 그에겐 그런 입과 겨드랑이가 있어 냄새를 풍길 수밖에 없는 것을. 그에게도 이성이 있으므로 조금만 주의하면 자신이 남들의 기분을 얼마나 상하게 하는지 알아낼 수 있다고 말하는 사람도 있으리라. 옳은 말이다. 당신에게도 이성이 있다. 당신의 이성으로 그의 이성을 일깨워라. 그에게 잘못을 가르쳐주고 타일러라. 그가 당신의 말에 귀를 기울인다면 그를 바로잡을 수 있고, 화를 내지 않아도 된다. 문제를 일으키지 않아도 되고 필요 이상으로 참을 필요도 없다."

저도 그런 일에 용감하게 맞서기보다 아무 말도 안 하고 괴로워하는 것이 더 쉽고, 그러고 나면 만족스러울지 모른다는 생각이 종종 듭니다. 그러나 스토아 철학에 뜻을 품은 우리는 오히려 용기를 내어 상황과 관련된 사람들 모두를 도우려고 노력해야 합니다. 우리를 화나게 하는 사람은 그런 사실을 모를 수 있습니다. 그렇다면 그 사실을 지적하여 바로잡을 기회를 주어야 하지 않을까요? 이는 동시에 우리 자신에게도 마음의 평화를 얻을 기회를 주지 않을까요?

나쁜 짓을 하지 않는다는 것만으로는 충분하지 않습니다. **우리는 사소한 상황에서도 세상의 선을 위한 힘이 되어야 합니다.** 우리가 할 수 있는 최선을 다해야 합니다.

원칙 53

꼭 필요한 말만 하라

"대부분의 시간에 침묵을 지켜라. 꼭 필요한 말만 하고 그것도 간단하게 말하라. 자주 말하지 말고 필요할 때만 말하라. 일상적인 화제나 검투사나, 경마나, 육상경기나, 음식 같은 평범한 일들에 대해서는 말하지 말라. 무엇보다 사람들에 관해 칭찬하거나 비판하거나 비교하는 등의 소문을 전하지 말라."

에픽테토스

다음에 타인과 이야기를 나눌 때 대화를 관찰해보세요. 모두가 자신에 관한 이야기를 한다는 사실을 알게 될 것입니다. 주제가 무엇이건 간에, 사람들은 모두 대화에 더하여 채울 이야기를 자신의 삶에서 찾을 것입니다.

이렇듯 우리는 자신에 관해 이야기하기를 좋아합니다. 우리는 사실 다른 사람들의 말에 귀를 기울이지 않고 우리 차례가 될 때를 준비합니다. 그리고 다른 사람들에 관해 이야기한다면, 그 내용은 거의 그들의 결점에 관한 것입니다. 말하자면, 우리는 타인을 험담하고 있습니다. 우리는 자신이 더 낫다고 생각하는 부분에서 다른 사람들과 비교합니다. 이 사실을 곰곰이 따져보면, 그 자리에 없어 자신을 변론하지 못하는 사람들을 비판하고 험담하는 일은 공평하지 않아 보입니다.

이 문제에 관해 스토아학파는 확실한 조언을 남겼지요. **험담하지**

말라. 남을 비난하지 말라. 불평하지 말라. 너무 많은 말을 하지 말라. 특히 의미 없는 일에 대해서는 말하지 말라.

"대화할 때는 자신의 행적이나 모험에 대해 지나치게 길게 말하지 말라. 내 무용담을 이야기하는 것은 신나는 일일지 모르나 다른 사람들은 그 이야기를 듣는 것이 즐겁지 않을 수 있다." 에픽테토스는 정도가 지나친 이야기는 하지 말라고 경고했습니다.

아무도 우리의 과장된 고등학교 시절이나 스포츠나 파티 경험 등의 이야기를 듣고 싶어하지 않습니다. 우리의 그런 자아도취에 빠진 행동은 다른 이들을 짜증나게 만들지요. 우리야 대화의 중심에 있으니 기분 좋을 수 있으나 다른 사람들은 어떨까요?

마르쿠스 아우렐리우스는 우리가 공정하다고 생각하는 내용만 말하고 늘 친절하고 겸손하고 정직하게 말하라고 충고했습니다.

요컨대, 우리는 꼭 필요한 말이라는 확신이 들 때만 말해야 합니다.

또한 우리가 말한 것을 실천으로 옮겨야 합니다. 말보다 행동으로 더 많이 표현해야 합니다.

이 원칙은 실천하기가 매우 쉽습니다. 대부분을 경청하려는 의도로 대화를 시작하세요. 다른 사람들이 무엇에 대해 이야기하는지 지켜보세요. 내면에서 무언가 말하고 싶은 충동(자아와 관련된 일일 것입니다)이 일어나는지 지켜보고 꼭 필요한 말을 하고 싶을 때만 하세요.

사람들과 소통하되 그들을 위한 공연을 해서는 안 됩니다. 대부분의 대화는 다른 사람들에게 맡기고 경청해야 합니다.

원칙 54
이해하려는 의도로 들어라

"다른 사람들이 하는 말을 주의 깊게 듣는 습관을 길러라.
될 수 있는 대로 그 말을 하는 사람과 같은 마음으로 들어라."

마르쿠스 아우렐리우스

스토아학파는 말하기보다는 경청하라고 가르칩니다.

경청할 때는 말하는 사람이 무엇을 표현하려고 하는지 이해할 수 있도록 그가 말하는 바에 집중해야 합니다. 그래야 상대방의 가치관과 자율성을 인정하게 됩니다.

대화를 시작할 때의 목표는 상대가 우리에게 무엇을 말하고 싶은지를 이해하는 일입니다. 상대의 말을 이해하려는 의도로 경청해야 합니다. 그런 태도를 공감적 경청이라고 합니다. 공감적 경청은 대화를 나누는 사람들의 관계를 크게 개선해줄 것입니다.

말하고 싶은 충동을 참아야 합니다. 우리의 마음속에서 뭔가가 즉시 반응하기를 바란다는 사실을 받아들여야 합니다. 대화에 뭔가를 추가하기를 바라는 반응입니다. 그러나 흔히 이런 반응은 대화에 필요하지 않고 해롭기까지 합니다. 이와 관련하여 마르쿠스는 말했습니다. "대화를 나눌 때 상대의 이야기, 그리고 대화에서 발생하는 모든 충동에 주의를 기울여야 한다. 후자의 경우에는 그 충동이 어떤 목적과 관련되어 있는가를 처음부터 알아야 하고, 전자의 경우에는 사람들이 말하려고 하는 의미가 무엇인지를 신중히 살펴보아야 한다."

우리는 '상대방은 무엇을 표현하려고 하는가?'라는 중요한 질문을 떠올려야 합니다.

상대방의 이야기에 귀를 기울이고 또 거기에 함께 생기는 감정도 헤아려보아야 합니다. 그런 식으로 우리와 화자 사이의 이해력과 인간관계가 발전합니다.

스토아철학의 창시자를 기억하세요? 배가 난파당하는 시련을 겪은 키티온의 제논입니다. 그리스의 전기작가 디오게네스 라에르티오스는 제논이 쓸데없는 말을 하는 어떤 젊은이에게 이런 말을 했다고 적었습니다. **"우리에게 귀는 두 개이되 입은 하나뿐인 이유는 우리가 더 많이 듣고 적게 말할 수 있기 때문이오."**

타인과 대화를 나눌 때는 함부로 입을 열지 않는 것을 원칙으로 해야 합니다. 대부분 상대의 말을 경청하고 대화가 나아질 때만 말을 하는 사람이 되세요. 사람들은 말을 하지 않아도 이득을 볼 것입니다. 그리고 우리는 자신의 공감적 경청 능력을 개선할 뿐만 아니라 대화 능력과 관찰력, 인간관계까지 개선할 수 있습니다.

"말로 상처를 받는 것보다 발을 헛디뎌 상처를 입는 것이 낫다"라는 제논의 유명한 말을 깊이 새겨둡시다.

원칙 55

모범을 보여라

"선한 사람이 어떤 사람이어야 하는가에 대해 논쟁하느라 시간을 낭비하지 말라. 그냥 선한 사람이 되어라."

마르쿠스 아우렐리우스

우리는 행동으로 솔선수범해야 합니다. 적극적인 본보기가 설교보다 훨씬 효과가 있습니다.

가르치지 말고 조용히 행동으로 보여주세요. 에픽테토스는 말했습니다. "자신의 원칙대로 행동하라. 예컨대, 연회에서 음식 먹는 방법을 말하지 말고 행동으로 보여라."

그는 또한 우리가 배운 것에 대해 말하는 것은 위험이 크다고 말했습니다. 잘 소화되지 않은 것은 토해질 위험이 있기 때문입니다. "양들도 얼마나 먹었는지 목동에게 보여주기 위해 먹은 풀을 토하지 않는다. 대신 양들은 안에서 소화시켜 양털과 젖을 밖으로 내보낸다."

마찬가지로 우리도 소화되지 않은 원칙에 대해 말하지 말고 완전히 소화된 원칙에서 나온 행동을 보여주어야 합니다. 배운 원칙을 말하지 말고 행동으로 보여주세요.

우리를 무례하게 대하는 사람들이 있다면 우리는 배운 원칙을 행동으로 보여주고 친절과 용서로 반응할 수 있습니다. 똑같이 무례하게 대응하면 아직 아무것도 배우지 못했음을 증명할 뿐입니다. 그리고 우리도 무례한 사람들과 똑같은 존재가 됩니다.

그러나 평정심과 신중함을 유지하고 관대하고 동정심 많은 반응을 선택하기로 한다면 그런 행동은 본보기가 됩니다. 그러면 다른 사람들이 따르게 되고, 어쩌면 악인까지도 따르게 될 것입니다.

이 책의 원칙들 가운데 일부에 감탄한 적이 있나요? 또는 그 원칙들 가운데 일부에 동의한 적이 있나요? 그렇다면 우리는 원칙에 따라 사는 진정으로 선한 사람이 될 수 있습니다.

자신에게 이렇게 질문해보세요. "나는 세상에서 어떤 존재가 되고 싶은가?" 그런 다음 그 질문의 해답에 따라 살아야 합니다. 만약 친절한 존재가 되고 싶으면 친절하게 살고, 인내하는 존재가 되고 싶으면 인내하고 살아야 합니다. 정직한 사람이 되고 싶으면 정직하게 살아야 하지요. 신념과 원칙에 따라 산다면 인지 조화(cognitive consonance, 인간의 다양한 태도, 신념, 행동 가운데 평형 상태를 유지하려는 경향성.—옮긴이)가 생길 것입니다. 하나의 길만 생각하고 그 길을 따라 행동한다면 기분이 매우 좋아집니다.

우리는 옳다고 확신하는 원칙을 실천해야 합니다.

우리가 모범을 보이면 다른 사람들이 따를 것입니다. 사람들은 지시보다 행동을 더 따르지요. 그러므로 우리는 최고의 일이라고 생각하는 원칙을 적극적인 행동으로 보여야 합니다. "변화된 세상을 바란다면 자신부터 변화하라"라는 말처럼 말입니다.

"선한 사람이 어떤 사람이어야 하는가에 대해 논쟁하느라 시간을 낭비하지 말라. 그냥 선한 사람이 되어라."

감사의 말

우선 처음으로 책을 펴낸 무명 작가에게 스스로 입증할 기회를 준 독자 여러분에게 감사드리고 싶습니다. 소중한 시간을 내어 이 책을 읽어주셔서 진심으로 감사드립니다.

동업자이자 친구이자 형제인 닐스에게 고마운 마음을 전하고 싶습니다. 이 책은 아낌없이 지원해준 닐스가 없었다면 결코 빛을 보지 못했을 것입니다.

또한 라이언 홀리데이의 스토아 철학에 대한 통찰력과 헌신에 감사드립니다. 그는 나를 잘 모르지만 그의 멋진 철학에 영향을 받았습니다.

그리고 이 힘든 여정에서 나를 지지해준 분들에게 모두 감사하는 마음을 전하고 싶습니다. 그 힘든 여정의 분투는 충분한 가치가 있었습니다.

참고문헌

나심 탈레브, 《안티프래질》*Antifragile: Things that Gain from Disorder*, New York: Random House, 2012.

도널드 로버트슨, 《스토아 철학과 행복의 기술》*Stoicism and the Art of Happiness: Ancient Tips for Modern Challenges*, London: Hodder & Stoughton, 2013.

도널드 로버트슨, 《인지행동치료의 철학》*The Philosophy of Cognitive Behavioural Therapy (CBT)*, London: Karnac, 2010.

댄 밀먼, 《평화로운 전사의 길》*Way of the Peaceful Warrior: A Book that Changes Lives*, Novato, CA: New World Library, 2000.

디오게네스 라에르티오스Diogenes Laertius, 《위대한 철학자들의 생애》*Lives of the Eminent Philosophers*, Vol. 2. Translated by R.D. Hicks. Cambridge, MA: Harvard University Press, 1925.

라이언 홀리데이, 《돌파력》*The Obstacle Is the Way: The Art of Turning Adversity to Advantage*, London: Profile Books, 2015.

라이언 홀리데이, 스티븐 핸슬먼, 《데일리 필로소피》*The Daily Stoic: 366 Meditations on Wisdom, Perseverance, and the Art of Living*, New York: Portfolio, 2016.

마르쿠스 아우렐리우스, 《명상록》, London: Penguin Group, 2006.

마시모 피글리우치, 《그리고 나는 스토아주의자가 되었습니다》*How to Be a Stoic: Ancient Wisdom for Modern Living*, London: Rider, 2017.

무소니우스 루푸스, 《무소니우스 루푸스의 강연과 금언》*The Lectures and Sayings of Musonius Rufus*, Translated by Cynthia King, Createspace, 2011.

바이런 케이티, 스티븐 미첼, 《네 가지 질문: 내 삶을 바꾸는 경이로운 힘》*Loving What Is: Four Questions that Can Change Your Life*, New York: Harmony Books, 2002.

빅터 프랭클, 《죽음의 수용소에서》, Boston, MA: Beacon Press, 2006.

브라이언 존슨Johnson, Brian, https://www.optimize.me/plus-one/howto-high-five-your-inner-daimon.

세네카, 《대화 및 서간집》*Dialogues and Letters*, Edited and translated by C.D.N. Costa. London: Penguin Group, 2005.

세네카, 《스토아 철학자의 편지》*Letters from a Stoic*, London: Penguin Group, 2004.

세네카, 《도덕 서간집》*Moral Essays*, Vol. 1. Translated by John W. Basore. Cambridge, MA: Harvard University Press, 1928.

에픽테토스, 《어록》*Discourses*, http://classics.mit.edu/Epictetus/discourses.html.

에픽테토스, 《엥케이리디온》*Enchiridion*, Translated by George Long, New York: Dover Publications, 2004.

윌리엄 스티븐스Stephens, William O, 〈스토아 윤리학〉*Stoic Ethics*, http://www.iep.utm.edu/stoiceth.

윌리엄 어빈, 《좋은 삶을 위한 안내서》*A Guide to the Good Life*, New York: Oxford University Press, 2008.

줄스 에번스Evans, Jules. 《세네카와 기대치를 관리하는 기술》*Seneca and the Art of Managing Expectations*, https://www.cbu.ca/wpcontent/uploads/2017/01/8-Why-is-it-important-to-Manageour-Expectations.pdf.

피에르 아도Hadot, Pierre, 《삶의 방식으로서의 철학》*Philosophy as a Way of Life*. Edited by Arnold I. Davidson. Cambridge, MA: Blackwell, 1995.

피에르 아도, 《내면의 성채: 마르쿠스 아우렐리우스의 명상록》*The Inner Citadel: The Meditations of Marcus Aurelius*, Cambridge, MA: Harvard University Press, 1998.

A.A. 롱, 《에픽테토스: 스토아학파와 소크라테스의 인생 지침서》*Epictetus: A Stoic and Socratic Guide to Life*, Oxford: Clarendon Press, 2002.